Jiaoyu Guanlixue de Wenhua Luxiang

教育管理新概念丛书

丛书主编：陈如平

教育管理学的文化路向

彭虹斌◉著

教育科学出版社
·北 京·

总序

对教育管理进行系统研究，最早始于19世纪末至20世纪初的美国。此后，无论从教育管理研究的领域看，还是从教育管理著作的数量看，或是从教育管理学家及其核心思想的影响力看，美国的教育管理研究始终处于“一枝独秀”的国际领先地位，而其他教育发达国家则是在20世纪60年代后才开始有组织地开展教育管理方面的研究。首先是加拿大、澳大利亚两国“亦步亦趋”，沿循美国教育管理“理论运动”的步伐，努力在教育管理理论层面拓展各自的研究领域；而英国则始终注重务实的研究，未发展出类似美国教育管理实证性理论体系，这种倾向直至20世纪90年代初才略有改变。日本、德国的教育管理研究更多地带有本国的特色，侧重教育行政研究和教育法制建设。20世纪90年代后，受各国社会经济快速发展、社会思潮多元化、信息网络化以及教育本身发展的影响，各国更加重视和加强教育管理，教育管理研究同时出现了一些令人欣喜的新趋势。“教育管理研究已经上升到了一种潜在的主宰位置。不仅有关教育管理各方面的文本开始成为教育管理出版物中的重头戏，而且更为普遍的是，有关管理的语言、设想、理念开始主宰着那些教育工作者们的语言、意识、行为和分析问题的方式”。① 从各国教育管理研究的总体情况看，进入21世纪后，再现教育管理理论的“丛林”。与此同时，

① Grace, G.. On the Study of School Leadership: Beyond Educational Management [J]. British Journal of Educational Study, 1993, 41 (4): 353.

在当代教育管理学的领衔学者人物的积极推动下，“新管理主义”的教育管理思想在全球范围内逐步传播和采纳，出现教育管理理论趋同的国际化倾向。①

我国教育管理研究的发展经历了一个曲折而复杂的过程。20世纪前半叶，我国早期的教育管理研究紧随欧美，“带有鲜明的外来移植性的特点”。② 在20世纪20、30年代间，以杜佐周、罗廷光等人为代表的教育管理学者，致力于美国教育管理思想的引进，并将它应用到我国教育管理理论和实践中，出版了一大批至今仍有影响的教育管理著作，促进了我国教育管理学科体系的初建。与此同时，教育统计、智力测验、学校调查等许多先进的管理方法和技术引入并立即运用到我国教育管理实践当中，加速了我国教育管理的科学化，效果较为理想。新中国成立后，我国教育研究曾一度出现“一边倒”的倾向，教育管理学科被置于教育学的附属地位，教育管理研究出现停滞局面。直至改革开放后，在20世纪80年代初，我国的教育管理研究才逐渐恢复元气，并形成了学科建设蓬勃发展、研究队伍不断壮大、各类著作精彩纷呈、国际交流与合作等相辅相成的喜人气候。由于长期的闭塞状态，国外先进的教育管理和方法给人耳目一新的感觉，与我国教育管理的落后状况形成鲜明的反差，这种状态激起我们学习和借鉴国外先进教育管理理论与实践的兴趣。

迈入21世纪后，我国的教育管理研究出现了新的气象。这主要表现在以下几个方面：首先，国内著名大学纷纷开设教育管理学课程，有的还开设教育管理学硕士课程，招收教育管理学专业的硕士和博士研究生，大大扩充了教育管理研究的队伍，近20年来我国所存在的教育管理研究队伍老化、人才“断层”现象得到进一步的缓解；尤为欣喜的是，国内一批中青年教育管理学者异军突起，他们广泛发表学术论文，出版专著和教

① 杰夫·惠迪．教育中的放权与择校：学校、政府和市场［M］．马忠虎，译．北京：教育科学出版社，2003：70.

② 张济正．我国教育管理学科的过去、现在和未来［J］．华东师范大学学报（教育科学版）1989（3）．

材，展开实证研究，深入课题研究，展示了我国教育管理研究的新生力量。其次，教育管理学名著译介工作得到明显的加强，大批20世纪90年代后出版的国外优秀教育管理学著作被陆续介绍、引进和翻译到国内来，而且形成比较广泛的读者群，使最新的国外教育管理理论和知识得到同步传播，并得到即时的响应，以往那种学术滞后的现象已大为改变。第三，近年来，国际著名的教育管理学家纷纷来华访问或者与国内学者建立起合作研究关系，使得当代教育管理学领衔学者的核心思想得到更为直接的宣传，国内学者在他们的指导和帮助下掌握了大量的新的教育管理研究范式，不仅开阔了研究视野，而且开拓了新的研究领域和研究方向。这些状况为繁荣我国教育管理学科建设和促进教育管理研究营造了非常好的学术环境。当然，目前我国教育管理研究中还存在诸多明显的问题，究其原因，主要有三个：没有出现泰罗（Frederick W. Taylor）、苏霍姆林斯基式的人物；欠缺实证研究精神；深受“三大误会”的干扰。[①] 这些问题都需要我们进行深入的、扎实的研究和反思，以便得到合理的解决。

基于以上这些原因，我们组织编写了这套“教育管理新概念丛书”，不仅要全面而充分地展示近年来我国教育管理研究方面的最新进展，提供更为丰富的、鲜活的教育管理学知识，搭建我国教育管理学科的新框架；而且要拓宽教育管理研究的视野和领域，运用新的教育管理研究范式，将教育管理理论研究的丰富成果应用到教育管理实践当中，同时将来自学校管理第一线的鲜活的成功示例和先进经验提炼上升为理念、观点、学说，乃至流派；更为重要的是，通过这种梳理，为我国的教育管理研究提供更广阔的发展平台。

本丛书自命为“新”，在于“新题”、“新作”和“新人”，试图反映出本丛书的三个基本特点。

所谓“新题”，是指本丛书选题突出综合性，既要反映纵向的历史脉

① 冯大鸣．沟通与分享：中西教育管理领衔学者世纪汇谈［M］．上海：上海教育出版社，2003：354．“三大误会”是指：管理理论发展三阶段似乎已成定论，不可更改；教育管理本身无理论，只能移植经济管理或企业管理理论；西方管理理论的发展似乎在20世纪七八十年代后停顿了。

络，又要体现横向的平面整合。这样纵横交错，给教育管理研究勾勒出一种新的画面。

所谓“新作”，是说本丛书注重原创性。各本著作要求以近年来个人的研究和深刻思考为基础，绝非倚单拼凑的编撰之作，杀青之作应该代表作者本人新近的研究水平。新作均冠以“新概念”之名，无非是强调两层意思，一是对原先未曾整理、挖掘的材料进行重新的整理，另一是要求对新问题加以概括、提炼，形成新的框架体系或者作新的解释。

所谓“新人”，特指本丛书的作者均为近年来活跃在教育管理研究和教学岗位上的中青年学者。在我国蓬勃发展的教育管理研究中，他们当中有些人已占一席之地，有些人才小有成就，有些人还尚待锤炼。但总的来说，他们都已投身于我国的教育管理研究的事业之中，他们对我国教育管理理论与实践的发展具有强烈的使命感和责任感，他们的敬业精神、专业基础以及研究能力更毋庸置疑。至于著作的水平和质量，自当交由读者们去评价细说。

本丛书的写作和出版是作者们的一种“斗胆”的尝试。尽管作者们日常的教学、研究和管理工作缠身，但本丛书写作所富有的挑战性，使得作者们在接受、撰写和完成所有著作时，都怀有“敢先吃螃蟹”、义无反顾的精神；尽管整个过程是在焦虑、困惑和问题交织的情境中进行的，但作者们得到了各种支持，包括团队互助。在这里，我们首先要感谢教育管理学界的前辈学者们，正是他们的雍容大度和无私提携，使这套丛书更有生命力。其次，我们还要特别感谢教育科学出版社的领导和编辑，正是他们的大力支持和真诚帮助，这套丛书才得以正式出版。最后，我们还要感谢丛书的读者们，他们可能是教育管理的理论工作者，也可能是在学的教育管理学专业的学生，还可能是战斗在第一线的中小学校长，正是他们的共同体验和快乐分享，使这套丛书更有生命力。我们有理由相信，本丛书的出版会产生“一石激起千层浪”的效应，真正为我国教育管理研究的发展添砖加瓦。

陈如平

目录

前 言

教育管理现象作为人类教育活动中的一种特定现象，自学校教育产生之日起就已存在。我国在夏朝就创立了最早的学校，学校的名称有“校”、“序”、“庠”三种，汉代学者郑玄认为“东序，东胶，亦大学，在国中王宫之东；西序，虞庠，亦小学也”，庠是殷、周时的学校。在许多典籍中均有记载，如“庠，礼官养老，夏曰校，殷曰庠，周曰序。”（《说文》）；“殷曰序，周曰庠。”（《孟子·滕文公上》）；“庠序，官也。”（《尔雅·释官》）；“有虞氏养国老于上庠，养庶老于下庠。”（《礼记》）。郑玄注：“上庠，右学，大学也，在西郊。下庠，左学，小学也，在国中王宫之东。”由此，我们可以认为，庠即古代的乡学；校一般设在乡里，主要承担着对乡民的道德教化任务；序，原是射箭比武的场所，夏朝在“国”设“序”为大、小学，足以见得夏朝的教育是以军事教育为重点的。学校发展到商代，增开了“瞽宗”和“学”，至西周我国在奴隶社会已建成了比较完备的国学和乡学平行发展的体制，学在官府是此时期共同的特点。自秦汉开始，我国便创立了封建社会的教育管理体制，至唐朝，官学的管理体制日臻完备。

西方自古希腊开始，学校教育开始产生，斯巴达学校有严密的组织管理制度，规定在“教练所”和“青年军训团”中以体育和军事训练统治阶级的子弟。在雅典，学制可以分为学前教育和学校教育两个阶段：儿童在六七岁进入角力学校和音乐学校，十二三岁以后开始五项竞技训练。儿童大约在 16 岁由角力学校转入体育馆，接受训练，18 岁成为青丁（Ephebe）接受军事训练，此外，还有柏拉图创办的哲学学校。

自从有了学校教育，教育管理便得以产生，不过教育行政的产生要迟于学校管理。在英国的工业革命以后，各个发达资本主义国家迅速发展，人们认识到教育的生产性和公益性，为了满足军事、政治、社会等各方面的需要，实现国家的目的，于是大力兴办教育，相继颁布义务教育法，建立义务教育制度，例如，英国 1870 年颁布了《初等教育法》；美国 1830 年后，公立学校蓬勃发展，马萨诸塞州于 1852 年颁布了《义务教育法》，以后各州纷纷仿效；联邦德国 1872 年颁布了《普通教育法》，1919 年颁布了《魏玛宪法》；法国 1882 年颁布了《费里教育法》；日本 1872 年颁布了《学制》和 1886 年颁布了《小学校令》。作为公共教育的义务教育体制的建立，迫切需要国家对教育进行领导，对教育事业进行立法、规划、协调和监督，于是教育行政体制得以建立。行政体制的产生是国家干预、控制、引领学校的结果。

教育管理学作为一门学科，其产生的时间及标志，国内存在不少争议。目前主要有以下几种观点：第一种观点认为，教育管理学最早产生于 19 世纪末的德国，施泰因（L. V. Stein）在他的 1868 年出版的《行政学》及 1884 年出版的《行政》中论证了对教育行政的看法，提出了国家干预教育的问题。由此，日本学者久下荣志郎认为，他是“现代行政学的创始人”[①]，根据久下荣志郎的论述，国内有人指出，“西方学者普遍认为施泰因是教育行政学的创始人”[②]。华东师范大学的吴志宏教授通过认真考

① 久下荣志郎．现代教育行政学［M］．李兆田，等，译．北京：教育科学出版社，1981：21.

② 李进才．中国当代教育行政管理［M］．武汉：湖北教育出版社，1992：13.

察后指出，在他所见的英文著作中，没见过相关论述及有关施泰因的报道，并指出，在瑞典学者胡森和德国学者波斯特尔斯威特主编的权威性的《国际教育百科全书·教育管理卷》中，也查不到有关施泰因的介绍，因而他对此表示怀疑。① 我本人也同意吴志宏教授的观点，施泰因只是提出了教育管理的问题，没有单独出版教育论著。历史上的柏拉图在《理想国》中就提到了通过培养哲学家和军人来维护国家教育的观点，也就是国家干预教育的问题，但我们不能说教育管理学起源于柏拉图。第二种观点认为，教育管理学产生于20世纪初的美国，其标志是美国学者达顿（S. T. Dutten）和斯奈登（D. Snedden）于1908年出版了他们合著的《美国教育行政》（The Administration of Public Education in the United States）一书。此时期，一些经济发展较快的国家，陆续发表了一批以教育行政管理活动为研究对象的著作。以美国为例，这一时期发表的论著有《学校管理》（School Management，1903）、《城市学校支出》（City School Expenditure，1905）、《教育行政学》（Educational Administration，1912）。在日本，这一时期也有不少类似的著作，如山田邦彦的《日本普通教育行政论》、木场贞长的《教育行政》，等等。第三种观点认为，1954年美国教育行政会议在丹佛市召开，决定将威斯康星大学教授郭立（Rusell T. Gregg）以及坎贝尔（Roald F. Campbell）所著的《教育行政》一书在1957年出版。② 该年也是美国教育管理理论的发起之年，理论运动之前的教育管理研究主要是由一些退休的教育管理者来进行的，尽管这些人实践经验丰富，但缺乏学术研究的规范训练，使得以前的研究处于经验总结状态。因此，台湾学者林文达认为，1957年郭立和康伯等人合著的《教育行政》一书的出版，是教育管理学作为一门学科产生的标志。③最后一种观点认为，教育管理学最早产生于19世纪末的美国，以美国学者佩恩（Payne，W. H.）在1875年出版的第一本《论学校督导》，又译作《学校

---

① 吴志宏．教育行政学［M］．北京：人民教育出版社，2000：20－21.

②③ 林文达．教育行政学［M］．台湾：三民书局，1986：11－12.

行政》（Chapters on School Supervision）的著作为标志。[1] 在此书中，作者从教育自身的角度对教育管理进行了专门的研究，也是教育管理史上最早对教育管理进行专题研究的开端。

不论教育管理学是诞生于19世纪末，还是20世纪初，教育管理学的诞生必须以相关的单独的论著出版为标志，所以，我们认为，以1875年出版的第一本《学校行政》的著作为标志比较符合教育管理研究的实际，正如教育学的诞生以17世纪捷克伟大的教育家、思想家夸美纽斯于1657年发表了《大教学论》为标志一样。教育管理学诞生后，直至20世纪50年代的教育管理理论运动，这门学科才成熟起来，并具备了独立学科的地位。

自19世纪末教育管理学作为一门学科产生以后，教育管理学沿着两条路线行进。第一条是它仍以教育为出发点，沿袭过去的经验管理及其研究之路继续向前发展，至20世纪50年代，逐步建构起教育管理学的经验知识体系；另一条路是以管理为出发点，沿着科学管理及其研究之路向前发展，在20世纪50年代以前，它也逐步达到了简单应用的研究水平，并且此后有了较快的发展。[2] 20世纪50年代到70年代，在教育管理发展史上具有划时代意义的20余年轰轰烈烈的理论化运动中，这种化合又被推向生物学意义上的媾和，从而形成了西方教育管理研究的第三条路，并把教育管理的科学化提升到一个前所未有的高度，终于成就了有血有肉、形神兼备的现代科学意义上的教育管理学。正是基于这样一个发展史实，1984年坎贝尔（R. F. Campbell）、纽厄尔（L. Jackson Newell）为胡森主编的《简明国际教育百科全书·教育管理》卷撰写“教育管理史”辞条时，才将这条线归并起来，客观地反映了教育管理从经验到科学的来龙去脉。总之，20世纪70年代以前，教育管理学是以实证主义占主导地位的研究。70年代以后，实证主义的主导地位没有很大改变，但以现象学、

① Culbertson, J. A. A Century Quest for a Knowledge Base [M] // Boyan, N. J. (Eds). Handbook of Research on Educational Administration. New York: Longman Inc, 1988.

② 杨天平. 西方教育管理学研究100年 [J]. 外国教育研究，2004 (9)：22-25.

解释学、价值理论、批判理论和后现代主义等为武器，对以实证主义为主导的教育管理研究进行了批判，出现了各种理论思潮，如批判理论、组织文化理论、后现代主义、女性主义、新实用主义、建构主义，等等，这些理论均是在后实证主义的元叙述中兴起和发展起来的，其观点很大程度上依赖于相对主义和意识形态，理论多元色彩令人眼花缭乱，但西方教育管理学在一个世纪的探索中，教育管理学的研究并没有摆脱实证主义的研究范式，从过去的实证主义走向后实证主义的时候，它仍然彰显出浓厚的科学主义气息。西方教育管理学在实证主义占主导地位的情况下，人们并没有为教育管理理论提供多少普遍性、客观性的知识，在教育管理理论丛林中，教育管理的实践者仍然是根据具体的文化环境，凭着自己的悟性，灵活地从事教育管理活动。这说明教育管理是一种基于文化的管理，教育管理不是严格意义的科学（注：我在此指的是自然科学），而是一门文化“科学”[①]，这就是本书将要论述的议题——教育管理的文化路向。

本书以文化的框架为基础，结合关系论、复杂性哲学等理论来研究教育管理的文化性。

从词源上讲，Culture（拉丁文是 cultus）一词最初是农业术语，原义是种植和耕作，后来渐渐地转变为培养、教养和“修养”，其含义已逐步脱离了对改造自然活动的描述性使用，而与人类的智力发展和精神生活密切的联系在一起。Culture 一词，无论是作为耕作还是作培养之义来讲，都清楚的表明，它属于人类的范畴，即它表明了人类与自然或其他动物的差别，突出了人类的特殊性。从这个意义上讲，Culture 是与自然相对而言的人类活动。这种人类活动既指人类对自然界的改造，也指人类脱离野蛮走入文明的自我改造。

关于文化的定义，各种有关文化及教育文化的书籍均有论述。文化的概念为英国进化派人类学家泰勒首创。他给文化下的定义为“包括知识、信仰、艺术、道德、法律、风俗以及作为社会成员的人所掌握和接受的任

① 此处的“科学”意指广义的学问，后文将阐明科学有广义和狭义的区别。

何其他才能和习惯的复合体”[①]。首先，他把信仰、习惯等纳入“文化”的概念，突出了文化的习得性和整体性特征。他认为，诸多文化现象有广泛的共同性，在很大程度上，可以用相同的理由来说明相同的现象，对各种文化现象，可以用普遍的原理去进行研究；其次，他认为，文化的不同阶段是文化发展和进化的阶段，每一阶段都是前一阶段的产物，并影响未来发展的进程，可以表述为文化的“阶段性”和继承性。这一经典性定义为广大文化研究者所接受。不过，泰勒所寻求的是一般性典型文化，他对“文化”的定义是综合性的、现象性的、描述性的，也是迄今为止最有影响的文化定义。在泰勒之后，文化理论的发展经过了传播学派、历史学派、社会学派、结构主义学派、功能学派和心理学派。“文化”的概念除了泰勒所强调的习得性、整体性、阶段性、继承性特征以外，又获得了“价值性”、“生活方式”、“符号象征”等特征。

20世纪后期，一些学者跳出自己的学术圈子，摆脱了学科的束缚，开始对文化概念进行跨学科探讨，如A. 克罗伯（A. L. Kroeber）和C. 克拉克洪（C. KLuckhohn）、C. 詹克斯（C. Jenks）、T. 奥沙利（Tim O'Sullivan），值得一提的是R. H. 温思罗（Winthrop，R. H.）在《文化人类学概念词典》中提出的文化定义，具有一定的代表性，“①作为一个种的近代人类所特有的，对于适应方式是至关重要的种种能力；②习得的、积累的全部社会生活产物；③一个社会或社会群体的成员所特有的思维模式、行动模式和价值模式”。[②]

在我国，从词源上看，古代“文”与“化”是两个词，很少连用。“文”的本义是“花纹”，转义是“文字”、“文章”、“礼乐制度”等。“化”的本义是“变”、“改”，引申义是“转移人心风俗”。较早将两个字合在一起当名词用的是南齐的王融，在他的《曲水诗序》中有所体现，

① 泰勒．原始文化［M］．连树生，译．桂林：广西师范大学出版社，2005：1.

② Winthrop，Robert H. Dictionary of Concepts in Cultural Anthropology［M］．Connecticut：Greenwood Press，1991：50.

"设神理以景俗，敷文化以柔远"。[①] 我们现在所使用的"文化"大概是19世纪末从日本转译过来的，意思同西方文化的概念接近，与我国古代的"文"、"化"及"文化"在概念的内涵与外延上均不同。我国的梁启超、胡适、梁漱溟、毛泽东等人都对文化作过系统的论述。近些年，我国关于文化学或文化哲学的研究方兴未艾，显示出勃勃生机。从我国现在的研究进展来看，主要是从人与自然相对的角度看待文化，广义的文化指人类在社会历史实践过程中所创造的物质财富和精神财富的总和，包括三个层面——物质文化、制度文化和精神文化。狭义的文化主要是指社会的精神文化即社会的思想道德、科学、教育、艺术、文学、宗教、传统习俗等等及其制度的一种复合体。但有人并不赞同将文化的概念泛化，认为文化概念的泛化会导致泛滥无边而不可捉摸。[②] 这种观点在我国学术界得到部分人的赞同。但广义的文化观仍然大有市场，如冯天瑜就认为，文化就是人类化，是人类为了生存，将自然人化、人类化、对象化的过程及其产生物质精神文明的总和。[③] 这种泛化的文化观将使文化成为一个无所不包的箩筐，除了自然以外的东西都可以装到里面，致使研究的对象无限广博，难度会无限增大。这也使我们不得不对这种泛化的概念进行质疑；同时，这种泛化的概念会使文化等同于文明。根据斯宾格勒的观点"文化是活的文明，文明是死的文化"的说法，石中英教授认为，"文明多指人类活动产品中那些物质性的、技术性的、积累性的、制度化的、非人格的和客观性的东西，与人类发展的特定历史状态相联系，是人类发展的'切片'和'化石'，表征人类社会发展的特定发展状态，而'文化'则更多的指绵延在文明之中的那些规范性的、非制度化的、非积累性的、人格的和主观价值意义的东西。"[④]

那么，到底该采用哪一种文化定义呢？本书认为，人的生命存在及其

① 辞海［M］. 上海：上海辞书出版社，1990：173，235.

② 陈独秀在20世纪初的《文化运动与社会运动》一书中就持此说，参见《独秀文存》卷二。

③ 冯天瑜，何晓明，周积明. 中华文化史［M］. 上海：上海人民出版社，1990：26.

④ 石中英. 教育学的文化性格［M］. 太原：山西教育出版社，1999：87.

活动样式都可以称为文化。正如德国哲学家卡西尔（Ernst Cassiver）所云，“人的突出特征，人与动物不同的标志，既不是他的形而上学本性也不是他的物理本性，而是人的劳作”①。在他看来，人就是符号，就是文化——作为活动的主体，他就是“符号活动”、“符号功能”，作为这种活动的实现就是“文化”、“文化世界”；同样，文化无非是人的外化、对象化，无非是符号活动的现实化和具体化。核心是符号，正是“符号活动”在人与文化之间建立了桥梁：文化作为人的符号活动的“产品”成为人的所有物，而人本身作为它自身符号活动的“结果”则成为文化的主人。在他看来，人就是文化，人与文化存在某种统一性，这种统一通过活动来实现和升华。我国学者李鹏程也指出，“文化的本质就是人的自我生命存在及其活动，文化世界的本体就是人的自为的生命存在”②。可以说，文化就是人的活动的有机整体，人的活动方式就包括行为、风俗、交往、生存和发展等诸多方面。文化就是人的自我成长、自我组织和有目的改造世界、创造世界的生命活动和存在方式。教育管理学研究离不开文化与社会结构之间的关系，这里的社会结构指个人或群体之间通过文化形成的持久关系。

文化作为人的生命存在及其活动，具有以下特征。

1. 人就是文化，人与文化是一种整合的状态。“人——运用符号——创造文化”构成一个链条，“符号活动”在人与文化之间架起了桥梁，文化作为人的符号活动的“产品”成为人的所有物，而人本身作为他自身符号活动的“结果”则成为文化的主人。

2. 人是运用符号的动物，而“关系思维依赖于符号的思想”。③ 我们必须改变过去的实体性思维方式。实体性思维强调存在者或事物，且“实体”的定义恰恰是只就其自身而言它是什么，内在的脱离于宇宙中其他的实体，尽管也能够外在的相互联结。关系思维重视存在的不可分离性

① 卡西尔．人论［M］．甘阳，译．上海：上海译文出版社，1985：87.

② 李鹏程．当代文化哲学的沉思［M］．北京：人民出版社，1994：71.

③ 卡西尔．人论［M］．甘阳，译．上海：上海译文出版社，1985：48.

与互依性：存在者或事物在此是以“关系”来解释，而“关系”意味着不只就其身而言它是什么，而在本质上可认同于与其内在相关的其他关系。[①]

3. 文化强调功能性本质观。文化哲学家卡西尔提出了文化的“功能的统一性”的观点，将文化统一于人的、也就是“符号的”或文化的能动性创造活动。从事历史创造活动的人，尽管在不同的“符号”或“文化”活动中，具体的目标、具体的过程和具体的结果各不相同，但都必然地趋向于一个共同的目的、总的过程和总的结果，这就是在创造文化的活动中必然把人塑造成了“文化的人”，亦即在创造出一切文化的同时，又塑造了人之为人的东西。

4. 文化是人的活动方式、行为模式以及民族心理倾向等的构成物。特定民族从历史中继承下来并不断发展的行为模式、价值观念、风俗习惯、符号系统、知识体系的整体都是文化的体现。

5. 文化的核心是人的价值观，它主要表现为行为方式、风俗习惯、交往模式、生存状态，等等。

自20世纪70年代以来有两种不同的观点：第一种观点把文化与社会结构视为两个相互联系但截然不同的领域，文化处于次要和从属的地位，它是政治和经济结构的附随现象，文化是固定的和有序的，文化模式是政治经济结构的特定历史安排，文化对于社会形态在历史过程中的产生和转型产生不了重大的影响；第二种观点认为，文化与社会结构互为构成，两者融为一体，将文化和社会视为“双重结构”，也就是说，既构成彼又为彼所构成。社会文化环境在形成人的经验的同时又被人的经验所形成，二者不可分离。[②] 我们赞同第二种观点，文化是人的生命存在与活动，社会结构可以说就是由人组成一个有机体，自然而然是文化的一部分，它们相互交融，互相构成。

---

① 唐力权先生将关系思维称为界面性思想。参见唐力权．蕴徼论［M］．北京：中国社会科学文献出版社，2001：34.

② 萧俊明．文化转向的由来［M］．北京：社会科学文献出版社，2004：69－73.

第一章

教育管理理论运动的反思

西方教育管理现象或教育管理活动可以追溯到遥远的过去，但教育管理作为一个独立的学术研究领域发轫于第二次世界大战结束以后在美国兴起的教育管理理论运动。这场声势浩大的理论运动虽然备受抨击与批判，但也留下了有价值的历史遗产，其国际影响力并没有因此而消散。对理论运动进行反思并作出客观的评价，可以对教育管理领域乃至学科本身的一些根本问题作一清理，方便我们更好地理解教育管理学的文化路向的由来。

第一节　理论运动的背景

美国教育管理的理论运动可以追溯到20世纪40年代末。20世纪50年代前美国教育管理思想体现在许多教育管理著作中，就其学科水平而言，大多处在经验描述的层面，缺乏理论概括。在当时，那些旨在培训教育行政人员的教育管理教学同现代学术思想和研究脱节，教育管理的课程一直由担任过督学的教育行政领导讲授，教学内容集中于“应该是什么”（should be）和“如何做”（how to）这些实际问题，体现出明显的经验描述和实践导向的特点。正如格里菲斯（Daniel E. Griffiths）所说的，50 年代以来“教育管理的研究趋向已着重于理论的探索，不再单纯从实用的观点而把科学原则排除在外”，“这种理论的探索已经不再是个别的摸索，而已经通过全国性的组织从事集体的研究”。格利菲斯认为，在 1946—1950 年期间，教育管理领域在组织工作方面出现了三个重大进步，这些进步强烈的影响了教育管理理论运动的发展。这三件事是：1946 年，教育事业咨询委员会的几位成员成功游说凯洛格基金会（W. K. Kellogg Foundation），使其认识到支持教育管理事业就是一种改进社会生活的主要方式；1947 年，美国学校管理人员协会（AASA）接受了一项建议，即“积极参与学校管理的标准化培训课程建设，从而对大学校园和其他部门实行的督学培训施加影响”；1947 年，由《学校管理》主编科金（Cocking）牵头，成立了美国全国教育管理学教授会议，在 9 所大学里建立了“教育管理合作计划”，旨在加强教育管理学教授与其他社会科学家的合作。[①] 此后，美国全国教育管理学教授会议每年集会一次，1954 年在科罗拉多州丹佛市集会时邀请了几位行为学家和心理学家盖茨尔斯、哈尔平（A. W. Halpin）和科拉达西（Arthur P. Coladarci）作为大会的主要发言人。在这次划时代的会议上，社会科学家对教育管理研究现状作了毫无保留的批评，指出当前的教育管理是毫无理论与研究的学问，这表明合作计划取得成功。自此，该会议便特别注重管理理论的研究，最有代表性的两项研究成果是 1957 年葛雷格（R. T. Gregg）和坎贝尔（R. F. Campbell）的《教育管理行为》（Administrative Behavior in Education）以及 1959 年盖茨尔斯（J. W. Getzels）和科拉达西合著的《教育管理理论的作用》（The Use of Theory in Educational Administration），它们极大地推动了理论化的进展。“全国教育管理学教授会议”引发了对教育管理研究的批判性反省，而“合作计划”则以实际行动推动了行为

① See Danniel E. Griffiths. Administrative Theory [M] //Boyan, N. J. Handbook of Research on Educational Administration. New York: Longman Inc, 1988: 27.

科学在教育管理中的研究。

受益于凯洛格基金会的援助，1956 年在哥伦比亚大学师范学院美国大学教育管理委员会（University Council for Educational Administration，UCEA）成立，次年（1957）在芝加哥大学举办了一次有关教育管理理论的大型研讨会，拉开了理论运动的序幕。与会代表有 31 所大学的 52 位教授，他们分别来自管理学、心理学、社会学、经济学等领域，帕森斯（T. Parsons）、海姆费尔（John K. Hemphill）、格里菲斯、盖茨尔斯、坎贝尔、哈尔平等人是其中的代表人物。这次研讨会是一次跨学科的会议，主要讨论"教育管理理论的发展趋势"，研讨会的目的是探讨"教育管理理论的作用"，会后出版了题为《教育管理理论》的论文集。主办这次研讨会的大学教育管理委员会后来成为理论化运动的核心组织。由它组织这一研讨会，标志着理论化运动从一开始就以大学为中心，研究人员主要是大学教授，其目的是把教育管理发展成为注重经验研究、逻辑和数量化的社会科学，而不是社会哲学。

由于倡导理论化运动的教授们大多数受过严格的实证研究的训练，所以，理论化运动很快在美国教育管理研究中占据主导地位。从 1966 年起，大学教育管理委员会每四年举办一次国际研讨会，使理论化运动从国内走向国际。尽管 1974 年以后理论化运动所倡导的理想受到严厉的批判，美国教育管理的研究方法和理论形式趋向多元化，理论化运动所倡导的实证方法经过适当的修正但仍占有主导的地位。①

第二节　教育管理理论运动的哲学基础

理论运动主要是由一批非教育管理领域的社会科学研究者倡导并发动

① 杜育红．美国教育管理研究理论化运动的方法论及其批判［J］．国家高级教育行政学院学报，1999（2）：74－78.

起来的，他们试图用自然科学的方法与原则来改造教育管理学，使之成为类似自然科学的、价值无涉的学科。理论运动的倡导者本着实证主义（尤其是逻辑实证主义）的科学观念指导教育管理研究和教育管理学的构建，这种科学观念也就决定了他们认为教育管理学应该是什么形态的学科。实证主义是源于培根的经验哲学和牛顿、伽利略的自然科学方法，后经孔德形成为一个广泛影响社会科学及其研究的哲学思潮。就基本思想路线来说，实证主义可以说是对传统形而上学提出怀疑的休谟经验主义哲学在新的历史条件下的继续，但又根据新的形势对休谟等人的理论作了许多修改和补充，表现在他们仍然把经验当做全部哲学的基础，但认为经验应是按照实证自然科学的要求来获得，具有科学的意义和价值，能为科学所检验。这种哲学思潮主张理论研究只探讨经验，坚持价值中立、采用自然科学方法、强调自然科学的客观性、预测性和控制性。主要观点有：第一，科学应以经验或现象的观察为基础，而不是以纯粹的概念思辨为基础；第二，科学研究的目的是获得“实证的”知识，这些知识能够有助于个人和社会实际状况的改善，在所研究事物的性质所允许的范围内去得出结论，实事求是，人的认识由于受内外状况的限制，不能得出“思辨哲学家”们所谓的“绝对的知识”；第三，科学的研究应采取实证的方法，即纯粹的观察、试验、比较、分类，在逻辑上是运用归纳逻辑，通过运用这些方法，来发现现象世界的“先后关系”和“相似关系”，也就是实证主义的规律。不过他们所指的规律与一般意义上的规律①有所区别。

逻辑实证主义是以逻辑分析为特征、以经验主义传统为基础、在欧洲大陆以及北美广泛流传的哲学思潮。其主要观点有：①经验证实原则。形而上学命题是没有认识意义的，因为他们得不到经验的证实，只有经过经验证实的命题才可以看做是有意义的，所以，一切有认识意义的命题都必定是能够得到证实的命题，建立在这种命题之上的知识大厦才算是确定可靠的。②哲学的任务是对命题进行逻辑分析，这种分析主要研究语言中的

① 哲学辞典上的规律是物质世界内在的、本质的和必然的联系。

逻辑规则、定义、句子，由此组成各个符号的种类和排列等，而不涉及这些符号或句子的意义。这种句法理论包含了形成规则和变形规则，它的主要任务是对句子的恰当性做出判断，并详细说明如何从恰当的句子中引出他们的逻辑结论。③用科学的语言描述知识，把一切知识都建立在一种统一的、可靠的科学基础之上。把一切科学语言建立在一种统一的、可靠的科学基础之上，同时把一切科学语言都还原为物理学语言（指把可观察的特性归之为物质事物的语言，用这种语言描述的事件从原则上说是能够被使用这种语言的人所观察到的，如“这件衣服是绿色的”），实现物理语言与科学语言的统一。[①] 在理论运动进行的时期，逻辑实证主义的思想深深地影响了理论运动的主要任务，他们认为教育管理理论是关于“是什么”和“如何做的理论”，不包括“应该是”或者“应该如何做”。它把教育管理作为一种事实存在进行研究解释，说明这些教育管理事实，但不规定这些现象该如何，也就是将教育管理理论作为一种科学来对待。

在教育管理领域，决策理论的代表人物西蒙（Herbert A. Simon）率先把逻辑实证主义运用到管理理论中，他的《管理行为》成为教育管理“理论运动”的奠基之作。[②] 西蒙在第四版的前言中说《管理行为》也许属于当代组织理论研究的第二代，第一代就是所谓的以泰罗（Frederick Winslow Taylor）、法约尔（Henri Fayol）、古利克（Luther Gulick）和厄威克（Lyndall F. Urwick）为代表的古典理论。他在批判古典组织理论的同时发扬了古典组织理论的科学精神。该书把逻辑实证主义的原则作为决策理论的起点，发展了巴纳德（Chester I. Barnard）的组织理论。西蒙认为传统的古典组织理论是建立在不能测量的简单的格言上。他把管理看做是影响组织成员的一种理性决策过程。他的著作在20世纪40年代为管理科学引入到教育管理中提供了直接的渠道。这样，逻辑实证主义也就成为教育管理理论的基础。接着哈尔平运用范式的方法把科学研究的规范引进到

① 刘放桐．新编现代西方哲学［M］．北京：人民出版社，2000：269－271.

② 何玉静．西方教育管理理论运动述评［J］．河南教育学院学报：哲学社会科学版，2004(1)：49－51.

教育管理中，以其独特的经验和技能，把新观念清晰而生动地移植到教育行政领域中。他在1955年对行政官员和飞机指挥员在领导行为上作了比较研究，为新研究提供了范例。格里菲斯对当时的研究极为不满，而为新的科学观所深深吸引，因此，他通过发表论著在教育行政领域里传播有关理论及其新规范的思想，直接把一般科学的观点和管理行为理论运用到教育管理理论中，认为教育管理行为理论是一般人的行为理论的亚系统。他的《行政理论》一书有助于人们理解该理论及其逻辑实证主义基础。

第三节　理论运动的主要观点及其后果

由于理论运动的研究人员奉行逻辑实证主义，因此，理论运动的主要思想打上了科学主义的痕迹。埃沃（C. W. Evers）和拉科姆斯基（G. Lakomski）认为西方教育管理具有行为科学传统的连续性，具有如下四个逻辑实证主义的研究假设：①一种理论是一种假设—推理结构，较一般的和独立的断言，包括所期望的观察是从更普遍的断言和限定的情境中推断出来的；②理论的证明必须满足经验可检验的某种条件，如果推断的状况就是实际所观察的状况，这种理论就得到证实，反之就没有被证实；③一种理论的所有理论术语必须给出可操作性的定义，也就是认可某些限定的测量程序；④教育管理的科学论拒绝实体的（指某种精神力量或观念的普遍合理性）伦理性断言。[①] 由此我们发现，科学主义是贯穿于理论运动的一条主线，尽管此期他们依据的哲学基础是逻辑实证主义，但“证实”原则在理论运动中起着举足轻重的作用，教育管理研究的成果必须经过证实才能成为理论；理论的表述符合科学规范，具有可理解性。综观诸多学者对教育管理理论运动的总结，我们认为理论运动的基本观点主

① Evers, Colin W. Lakomski, Gabriele. Science in Educational Administration: A Postpositivist Conception [J]. Educational Administration Quarterly, 1996, 32 (3): 379－402.

要有：

第一，科学的教育管理理论应如实地对待现象本身，而不能规定现象。理论研究要提高研究质量，必须走科学化的道路。教育管理研究的任务是解释，旨在说明教育管理是什么，科学理论中不应包含应做什么的陈述；同时，强调量化研究，重视测量和数据统计，强调观察、实验的重要性，喜欢用图表和模型说明问题。如哈尔平提出“研究的即刻目标不在于提出人的行为如何为好的规范，而在于使我们能够对事件做出更为精确的预见”。[①] 他的意思是说，教育管理理论的研究是为了获得具有类似自然科学基础理论的一系列假设，而不是实践操作规范。从这些假设中，通过纯粹逻辑和数学程序能推导出更大的经验原理的系统。

第二，强调教育管理中事实与价值分离，研究中要摒弃价值观成分，要尽可能用实证手段描述教育管理问题。管理科学是价值中立的，在研究时应该“去价值”，只研究事实，而不关注情感、价值；教育管理科学应关注和研究纯粹的教育管理事实，它要回答的是“实际是什么”的问题，而不是“应该是什么”的问题。因此，研究中应在摒弃价值观成分的基础上，对教育管理进行客观评价。

第三，假设—演绎体系是比较好的理论范型。例如盖茨尔斯社会系统模式就具有某种假设演绎体系的特征。哈尔平认为，过去的教育管理对理论的界定和理解过于模糊，理论应被理解成一种假设演绎体系。要用社会科学理论和方法描述教育管理问题。管理最好是被看做一种在所有组织中都能存在的普遍现象。如美国大学教育管理委员会主任卡伯特森在考察教育管理中的“科学”理念的变化时指出，“在 1951 年至 1966 年期间，教育管理研究的对象主要是管理行为与组织行为，研究策略遵循的是演绎规则，在管理和组织研究中社会科学的教授们扮演着主要角色，知识的目标是要科学地确证经验法则，而理论合法性的模式是假设—演绎模式。研究中的所有假设都严格地从理论中产生，并在实践中去证实或者证伪这些假

① Halpin A. W. Administrative Theory in Education [M]. London: Macmillan, 1969: 6.

设"，"'形容词的'管理定义应当被摒弃"。[①]

第四，社会科学的理论框架的应用将能照亮教育管理实践之路。[②] 教育管理要集中关注教育管理过程中人的行为问题，社会科学对于理论发展和培训是极其重要的。社会科学理论能够也应该在管理实践中发展，增进人们对组织和社会的理解。

格林菲德在《教育管理科学的衰落与倒塌》一文中指出，从理论运动中建立起来的组织理论与管理科学，尽管他承诺尽可能做到客观、量化与价值中立，但他依然伴随了重要的价值与哲学假设。理论运动产生了四个需要引起人们重视的后果。[③]

首先，管理是科学的信念日益增强。这种信念引发了两个大的问题：作为主体的具有责任和道德的个体消失了，取而代之的是组织，组织被当做一种脱离个体而存在的真实可见的力量，接管了人类事物，它比个体更重要。二是管理科学使得人们将注意力投放在组织问题的研究之上，而管理者的现象学事实，也就是运用权力的那些人的现实与受权力控制的那些人的知觉（感受）却被忽视了。

其次，管理研究的"去价值"。理论运动的倡导者宣称价值中立，驱除价值的影子，正是因为价值被剥离，组织行为被缩减为纯粹的技术术语。这种"去价值"导致了两个问题：一是将管理问题从教育问题中分离出来，以为管理可以脱离具体背景而抽象地存在；二是"教育管理"徒有虚名，虽然从名称上看，他要说的似乎是教育的管理，但常常却不见对教育问题的分析和讨论，教育管理的论著通篇写的是怎样领导、激励、沟通，怎么提高士气，如何维持组织的动态平衡，看不到对任何实质性的教育问题的讨论。

---

① Culbertson J. A. Theory in Educational Administration: Echoes from Critical Thinkers [J]. Educational Researcher, 1983, 12 (10): 15 –22.

② 冯大鸣．沟通与分享［M］．上海：上海教育出版社，2002：109 –112.

③ Thomas Greenfield. The Decline and Fall of Science in Educational Administration [M] //Thomas Greenfield, Peter Ribbins. Greenfield on Educational Administration: Towards a Humane Science. London : Routledge, 1993: 145 –151.

第三，管理科学的潜在价值。我们知道休谟难题："应该"能否由"是（事实）"产生和推导出来？这个问题的难度之大，竟至从休谟起一直到19世纪末，没有一人能对其进行系统论述。[①] 他写道，"在我所遇到的每一个道德体系中，我一向注意到，作者在一时期中是照平常的推理方式进行的，确定了上帝的存在，或是对人事作一番议论；可是突然之间，我却大吃一惊地发现，我所遇到的不再是命题中通常的'是'与'不是'等联系词，而是没有一个命题不是由一个'应该'或一个'不应该'联系起来的。这个变化虽是不知不觉的，却是有极其重大的关系的。因为这个应该与不应该既然表示一种新的关系或肯定，所以就必须加以论述和说明；同时对于这种似乎完全不可思议的事情，即这个新关系如何能由完全不同的另外一些关系推出来的，也应该指出理由加以说明。不过作者们通常既然不是这样谨慎从事，所以我倒想向读者们建议要留神提防；而且我相信，这样一点点的注意就会推翻一切通俗的道德学体系。"[②] 管理科学尽管表面上提供了客观化的知识，但有时不知不觉地转向了价值辩护。正如格林菲德所言，"管理科学并未像它所标榜的那样，提供了一种有关世界和人类选择的客观描述。相反，管理科学仅仅只是提供了另一套价值取向的处方"。[③]

第四，科学使培训合法化。管理理论运动是培训计划和证书制度合法化。这是因为，政府和科学彼此都需要对方。格林菲德认为，"站在科学

① 1903年，摩尔发表元伦理学革命的代表作——《伦理学原理》，系统论述了这个问题。但他只是揭示了以往伦理学在这个问题上的所谓"自然主义谬误"，而并没有真正从正面解析这个难题。从那以后，近百年来，元伦理学家们对于这个难题进行了大量研究。从这些研究可以看出，解决这个难题的关键是：应该以及善和价值等诸如此类的东西究竟是客体的什么属性？它们究竟如同形体、质量一样，是客体的"第一性质"，还是如同重量、颜色一样，是客体的"第二性质"？抑或如现代英美哲学家亚历山大（S. Alexander）和桑塔耶那（George Santayana）所言，是客体的"第三性质"？换言之，它们究竟是客体的不依赖主体而独自存在的"固有属性"，还是客体的依赖主体而存在的"关系属性"？

② 休谟．人性论（下册）［M］．北京：商务印书馆，1983：509.

③ Greenfield，T. The Decline and Fall of Science in Educational Administration［M］//Greenfield，T. and Peter Ribbins. Greenfield on Educational Administration：Towards a Humane Science. London：Routledge，1993：149.

的立场上，对政治来说是有利可图的。只是如此，我们可以看到，政府当局正逐渐转向科学取向的培训计划。这对于双方来说，均是愉快的，统治者可以宣称其决策的科学合法化，而科学则从统治者当局获得了近乎利益的特权。”①

第四节　管理理论运动的反思

这场“理论运动”倡导者的出发点是希望通过引进实证研究的方法，来使教育管理学科具有科学的色彩。该运动对教育管理的贡献主要在以下几个方面。

首先，它使当时的研究方向发生重要变化，具体体现在科学概念的界定由不严谨到精确，从强调质量到强调数量，从经验取向转到理论取向。这就推动了教育管理科学理论的发展，使得教育管理理论成为一种独立的科学研究领域，有了自己的概念和体系，提高了教育管理理论的理论化、系统化和严密性，为教育管理培训提供了理论基础。理论运动使教育管理学由实际技艺的地位逐渐变成有学术地位的科学，使教育管理学科与商业管理、工业管理、公共管理、政府管理等管理学科同样快速发展。② 同时也形成了教育管理研究的重要流派——教育管理科学论，这一理论在当今多元的教育管理理论流派中仍占据主流地位。

第二，管理的词汇较之于 1954 年已有很大不同，教育管理的研究者和研究内容都发生很大变化。那些从事教育管理研究并有所著述的人，大多来自于其他专业，而不是教育专业或管理专业。很多教育管理的博士论

① Greenfield, T. The Decline and Fall of Science in Educational Administration [M] //Greenfield, T. and Peter Ribbins. Greenfield on Educational Administration: Towards a Humane Science [C]. London: Routledge, 1993: 150.

② Griffiths, D. E. Administrative Theory [M] // Boyan, N. J. Handbook of Research on Educational Administration. New York: Longman Inc, 1988: 31.

文选题也出现了很大变化，论题性质大多归属在理论运动的核心思想之下。①

第三，推动了教育管理研究实践的进程。从20世纪50年代到70年代，短短二十多年间，教育管理领域出现了大量的理论建树和实验研究，从而大大加深了人们对教育管理的认识，极大地丰富了教育管理学科的内容。例如哈尔平把科学研究的规范引入到教育管理中；盖茨尔斯以科学理论为背景，将一般系统理论应用于教育管理研究，提出了社会系统理论（即盖茨尔斯模式）；格里菲斯也是极力主张教育管理理论的理论化与科学化，强调以逻辑实证主义为基础，借助于“科学范式”研究教育管理。

第四，教育管理的研究和理论文章增长极快。20世纪后半叶，一个有目共睹的变化是，教育管理领域的研究以及理论文章增长极快，尽管与商业管理相比还存在很大差距。在教育管理的教科书中，讨论的主题和研究的性质也变得越来越具有理论性，越来越指向社会科学。

尽管教育管理理论运动使教育管理学确立了自身的学科地位，使之成为一个规范的学术领域，提供了一些“客观性”的知识，形成了一套比较系统的理论体系，但理论化运动并没有完全实现它的目的，也就是通过对教育组织行为的解释和描述，来解决教育组织中的一些问题，达到提高学校效率的最终目的。理论运动的结晶——教育组织行为学能够说明和解释教育组织中的一些问题，却对教育组织中迫切需要解决的问题，如性别问题、公平问题、性与吸毒等问题没有关注或无法解决。所以，自20世纪70年代以来理论运动遭到了各方的批评。

一、教育管理实践对理论运动的批判

教育管理理论运动的初衷是为了使教育管理学成为像自然科学一样的学科，将教育管理专业实践建立在一个纯粹的事实取向的科学之上，利用

① 张新平. 教育组织范式论［M］. 南京：江苏教育出版社，2001：148.

数据、具体的事实和可观察的行为来说明问题，揭示学校组织行为的类型等，以获取客观的、普遍的知识。正是因为它把自己定位在基础研究上，一方面理论运动也没有提供多少普遍的、客观的知识；另一方面，理论运动的成果并不能直接转化为实践性的、可供操作的技术。我们知道，在自然科学的学科构架中，较为明显地形成了基础理论学科、应用理论学科和工程技术学科，这些学科的分化和相互配套有力地促进了自然科学理论与实践的密切结合。它们与实践的关系比较复杂，其中基础理论是不指导实践的，它只是提供一些规律性的知识，与实践最直接相关的是工程科学，它直接与生产实际的要求相吻合，其次是技术科学，它提供工程科学的原理。在教育管理理论中也存在同样的问题，基础研究中所获取的是关于事实的知识，这些知识并不具备自然科学规律和原理所具有的客观性、普遍性和可重复性，它们并不指导实践，因而，它引发了教育管理实践者的批判。

二、理论界对理论运动的批判

我们知道，理论运动后出现了各种教育管理的思潮，教育管理理论呈现多元化趋势，这些思潮大致有以下几种。

主观主义思潮（又称现象学派），其代表人物是加拿大教育管理学者格林菲德，其代表作是他与彼得斯一起主编的《格林菲德论教育管理：走向人文科学》；价值论思潮，代表人物是加拿大维多利亚大学教授霍金森（Christopher Hodgkinson），他的主要著作有《走向管理哲学》、《领导哲学》、《教育领导学》以及《管理哲学：管理生活中的价值与动机》；批判理论思潮，代表人物有美国印第安纳大学的教育领导学教授福斯特（Foster，W.），澳大利亚批判理论家、教育管理学家贝茨（Bates，R. J.）。福斯特于1986年出版的《范式与承诺：教育管理学的新视角》是批判理论的重要著作；组织文化理论思潮，最有影响的代表人物是彼得斯（Peters，Tom）和沃特曼（Waterman，Robert H.），他们在1982年出版了《追求卓越》；除他们俩人以外，代表人物还有迪尔（Deal，Y. E.）和肯尼迪（Kennedy，A. A.）；女性主义思潮，代表人物是哈丁（Harding，Susan），她于1986年出版了《女性主义中的科学问题》；新实用主义思潮，代表人物是霍伊（Hoy，Wayne K.），他于1996年在《教育管理季刊》第3期发表重要论文《教育管理实践中的科学与理论：实用主义的视角》，美国教育管理学家格里菲斯在讨论教育管理的知识基础时，提出了可行性、振奋性、情景性、成本、对用户的友好性及有效性六项标准，也持有新实用主义观点①；建构主义思潮，代表人物是莱姆巴特（Linda Lambert）和沃克（Deborah Walker），他们于1995年出版了《建构主义领导者》；整合论思潮，代表人物是香港大学教育系的澳大利亚籍学者埃夫斯（Evers，C. W.）和澳大利亚墨尔本大学的教育管理学教授拉科姆斯基（Lakomski），她们自1991年合作出版了《认识教育管理：当代教育管理研究中的方法论论争》以后，又分别在1996年合作推出了系列著作《探索教育管理：整合论之运用及批判论争》与《从事教育管理：关于管理实践的理论》。

这些思潮的代表人物或多或少对理论运动都做过批判，其中以现象学派的格林菲德和批判理论的代表人物福斯特和贝茨对理论运动的批判最具代表性。综合他们的观点，本书认为教育管理理论运动至少存在以下问题。

1. 逻辑实证主义科学观并非尽善尽美

管理科学具有价值，是价值负载的。如前所述，理论运动的主要哲学基础是逻辑实证主义，格林菲德对这种逻辑实证主义者的科学观进行了猛烈抨击。他指出理论运动的科学观主张管理科学是中立的，是价值无涉的，“管理科学”只研究事实，不研究情感、价值，不关注人的生存状态。但教育管理本身是和人的活动密切相关的，人和事物相区别的重要一

① Griffiths，D. E.. Theoretical Pluralism in Educational Administration［M］//Donmoyer，R.，Imber，M. Scheurich，J. J. The Knowledge Base in Educational Administration：Multiple Perpectives. NY：State University of New York Press，1995：300－309.

点就是人是有价值（喜好、荣誉、羞耻心）的。理论运动试图将教育管理专业实践建立在一个纯粹的事实取向的科学之上，必然会带来种种弊端。格林菲德认为这种管理科学观具有四个缺陷：①管理科学并没有像科学那样发挥作用。管理科学没有增进我们对组织的理解和控制；②管理科学忽视了权利关系，对实质性的教育问题视而不见，只讨论一些无关痛痒的“管理问题”；③管理科学将它的全部力量都集中在组织上，而不是集中在行使权力与做决定的经验上；④管理科学舍弃了人类选择和理性研究当中的价值。[①] 管理科学主张，决定问题完全可以用理性的逻辑的术语加以解释。这就使得管理科学在客观和公平的伪装下，能够暗中处理价值问题。格林菲德认为，对于学校及其管理问题，不能单纯地从科学的角度还需要洞察、鉴赏判断和责任，因为学校从本质上讲就是道德秩序，它要为那些重要的价值服务。这些价值包括从发展阅读能力到培养一个有教育和有文化的人等各个方面。[②]

福斯特也对他们所信奉的逻辑实证主义提出了质疑，1986 年他在《范式与承诺：教育管理学的新视角》中曾指出：实证主义的组织理论宣称，只有科学知识、只有原则上可检验的知识才是真知识，这些知识可以用逻辑的形式加以表达。他写道，“只有科学才是能够提供真实地、可检验的知识的唯一体系”。[③] 因而，实证主义从不关注人的发展，不重视社会公平与人的自由。它只重视量的研究、数据的收集、将事实从价值中分离出来并盲目相信科学研究可以很轻松地做到价值中立。

2. 理论运动使用的研究方法过于单一

理论运动使用单一的实证主义方法，排斥思辨研究、隐喻、习俗、宗

① Evers, C. W., Lakomski, G. Science in Educational Administration: A Postpositivist Conception [J]. Educational Administration Quarterly, 1996, 32 (3): 278－279.

② Greenfield, T. and Ribbins, P. Science and Service: The Making of the Profession of Educational Administration [M] //Greenfield, T. and Ribbins, P. Greenfield on Educational Administration: Towards a Humane Science. London: Routledge, 1993: 225.

③ Foster, W. P. Paradigms and Promises: New Approaches to Educational Administration [M]. Prometheus Books, 1986: 35.

教以及艺术的认识方式，这样导致研究显得太单调，整个研究充满了量化，忽视了人文社会学科的独有价值——理解。希冀在教育管理世界发现类似自然科学那样的规律，抹杀了自然现象和社会现象，自然认识和社会认识，自然规律和教育管理规律之间的质的区别，这并不是尊重事实，恰恰是歪曲事实。这种只重视量的研究，不重视质的分析，只讲统计的结果，不讲统计的前提，把客观性建立在数学的基础上，但是它却忽视了统计学的基本原理。因为，归纳法在逻辑上是不成立的，因为归纳法本身就存在问题。波普尔认为，从逻辑上看归纳推理是不合理的，具体表现在：①全称命题不能从单称命题的堆积中推出；②通过归纳做出的结论总是可错的；③作为归纳推理基础的归纳原理无法得到证明；否则必定陷入循环论或先验论。卡尔纳普（Rudolf Carnap）也力图告诉人们，从相当数量的个别陈述概述出一般陈述不具有演绎推理那样的绝对可靠性。

3. 组织不是自然实体，而是社会的构成物

理论运动在解释组织构成时认为，组织是自然实体，是一种事实的存在。但我们知道组织是由人构成的，组织存在于个人和社会之中，因而组织不能等同于自然实体，即它不是客观实在。格林菲德把组织比作剧场，一切都是为人安排的，这至少有两方面含义：一是人们知道自己在戏剧中看到的都是演员，但他们还跟着剧情走，相信这一切，从中得到愉悦、启迪，原因在于把不相信的意识搁置一旁。二是由于我们相信这种幻象而使生活变成了戏剧。所以，组织就是一种构造的现实，一种社会的构造物，一种幻象。在这样的组织中，管理者决不是仅仅合乎工具理性、只承认客观事实的人，而是积极的、有兴趣的和有意志的人。[①]

4. 理论运动所创制的理论缺乏批判性

理论运动持工具理性的理性观。在理论运动的影响下，管理者只重视结构、形式、工具和手段的运用，至于教育目的的重要性则置之不顾，即

① 杜育红．美国教育管理理论运动化运动的方法论及其批判［J］．国家高级行政学院学报，1999（2）：74－78.

分离事实与价值，只关心是什么或如何去做，而不考虑应该做什么。这种工具理性的实质是一种使人消极顺应现实，而不是积极改变现状的思维方式。相应地，它要求人养成一种对现实社会的顺从态度，依从统治的合理性，工具理性导致了当代资本主义社会的各种异化现象。从这种观点出发，福斯特、贝茨等人批判了理论化运动的基本前提，即价值与事实的分离，批判了最高理性就是与制度相吻合的工具理性的思想。因为，在这种理性观的指导下，组织理论成为研究如何使个人适应组织，如何使组织适应于环境的理论，完全把组织的控制放在人之上。[①] 一个成功的管理者必须既重视手段、工具，又重视目的，也必须分析和反思目的和手段的关系。

对理论化运动理论观的批判。批判理论把理论分为传统的和批判的两类。理论化运动倡导的理论观，是由基本命题和基本命题推出的命题组成的有逻辑联系的推理系统。这样的理论只是一种描述事实的工具，将理论看做是脱离社会实践的独立的封闭的知识体系，并认为通过纯粹的智力活动就能获得自圆其说的理论，而对现实的资本主义采取一种非批判的态度。它所起的作用是肯定和维护社会现实，使理论与实践、价值与事实相分离。而批判理论认为，理论的本质不在于它是事实与价值分离的科学命题体系，而在于它是把握社会现实的辩证的思维方式。它关注的是人存在的本质，关注人的自由、幸福及潜能以及这些理想的实现，而这必须通过改变社会现实、建立合理的社会结构来实现。因此，理论的本质不是对支离破碎的事实的描述，而是对现实的超越，对现实的批判和否定。它不完全派生于逻辑和数学的智力源泉，它更重要的是社会活动的组成部分，对他们的理解只能放到社会过程的脉络中才能实现。

对理论化运动研究内容的批判。理论运动持这样一个假设——学校是价值中立的机构。批判理论对此持不同的看法，他们认为，由于把已有的

① 杜育红．美国教育管理理论运动化运动的方法论及其批判［J］．国家高级行政学院学报，1999（2）：74－78.

事实作为前提，当做是价值中立的东西，理论化运动解释不了为什么不同人、不同团体对资源、权力和社会控制拥有不平等的权力。对于这一点，批判理论认为，只有通过文化和思想观念的分析才能真正理解问题的本质。经济学家鲍利斯（Bowles）和金梯斯（Gintins）最早从经济的角度分析了学校在社会阶层流动和劳动力社会划分上如何加剧了不平等。阿普尔（Apple）进一步分析学校在保护和分配文化财产上的不平等。他认为，进行这些分析，必须把学校教的知识、主导教师的社会关系、学校作为经济和文化的保护与分配的机制以及学校中工作的人放回到他们原来的社会背景中去。学校中教的知识是从广泛的可选择的社会知识中选择出来的，这里选择是最关键的。为什么有些被选择而有些被忽视。主要是因为学校不仅存在着社会结构与意识形态的矛盾冲突，而且也存在着具有集体性的、见识敏锐的学生的抵制。学校是不同阶级文化之间争夺的场所。[①] 学校是主导文化的传播机构，文化从某种意义上说也是一种资本。实证主义的思想只能使已存在的不平等，在公正的隐盖下不断得到加强，而使反对更加困难。

5. 教育管理理论运用忽视了教育管理的文化性

教育管理世界是一个极为丰富、生动活泼的生命有机体，就其内容而言，它包含政治、经济、道德、宗教、法律、文化传统等因素；就其类别而言，它包含着物质的、精神的、实践的、决策的、评价的、审美的各种类型。教育管理现象不仅包括经过人类加工的物质生活条件，还包括注入了人类主观意志的社会构件，如社会制度、社会关系、社会组织、社会机构，以及人的情感、意志、欲望、信念、信仰等。就其层次而言，它包含了日常的、理论的、规划的、操作的各个层次；就其向度而言，它不仅有活生生的现实，还有消逝的过去的和将至的未来的各个向度，教育管理的性质不仅涉及人的生理因素、主观心理因素、主体间的社会因素，而且涉

① Giroux，H. Theories of Reproduction and Resistance in the New Sociology of Education：A Critical Analysis［J］. Harvard Educational Review，1983，53（3）.

及客观的环境因素、文化传统。不仅如此，上述所谓的人的生理因素、心理因素、主体间的社会因素、环境因素、文化传统还存在着不同程度的相互作用、相互影响的关系，这些都是教育管理文化性。但是理论运动将这些排除在外，它将所有的文化因素如价值、道德、信念、信仰、管理传统都撇开了，将过去那些颇具价值的教育管理知识和观点统统拒之门外，它割裂了教育管理与法律、历史以及哲学研究的渊源，这本身就戕害了教育管理学本身存在的价值，把冷冰冰的管理事实作为研究对象，这种单一的科学性是没有任何文化可言的。

6. 教育管理理论运动忽视了教育管理学的复杂性

对具有客观性、普遍性和必然性知识的追求，也就是对确定性知识的追求，是经典科学对“科学知识”和基本信念，牛顿力学就是一个典范。教育管理理论运用在一定程度上就是对确定性知识的追求的一种体现。这种单一的思维方式是一种简单的线性思维方式，把教育管理现象等同于冷冰冰的事实，严重地阻碍了教育管理学理论向多元化、多层次的方向发展。自 20 世纪 60 年代末，以耗散结构理论的诞生为先导，系统自组织理论开始蓬勃兴起。70 年代，诞生了协同学、超循环理论、突变论、混沌学和分形学等一系列系统自组织理论或者说复杂性科学，从而使系统思想和系统范式发展到一个新阶段。这些全新的关于系统演化的自然科学的新表述，与以整体方式观测宇宙演化过程的系统范式思想一起，在坚持自然观和历史观相统一的基础上，不仅为人们提供了一幅世界自组织演化的自然图景，而且也提供了一个观察自然和社会的新角度。这种以非线性思维、整体思维、关系思维、过程思维为其主要特征的考察事物运动变化的方式，我们可称之为复杂系统探究方式或者说复杂性思维。由于通过这种描述方式所得出来的结论更接近于真实的世界图景，从而使之有了广泛的应用，并形成为一种跨学科的方法论。如今它已被广泛适用于各种复杂性系统的研究中，并日渐实现着自然科学研究与人文科学研究的自觉的、密切的结合。教育管理学是一门综合性的交叉性学科，也是一门人文与社会交融的学科，必须以一种复杂的思维方式来考虑。

第二章

教育管理学的文化分析

教育管理学属于教育学领域的一门边缘学科，这不是什么新的观点，但这是事实。在本章中，我们从文化的角度，对教育管理的学科性质、教育管理的研究对象、教育管理规律、教育管理理论与实践的关系以及教育管理中的主客体关系等基本问题进行了分析，揭示了在实证主义遮蔽下的教育管理活动诸要素的若干重要文化特征，在教育管理根本问题的认识上试着做一些“解蔽”的工作，还教育管理活动以本来的、真实的面目。

第一节　教育管理学是一门学问

在古代社会，科学是依附于哲学的，或者说是与哲学混在一起的。18 世纪以前自然科学与哲学几乎不可分。古希腊的哲学家同时也是自然科学家。一些人认为亚里士多德是自然科学的创始人，的确，在亚里士多德那儿，已经开始有了知识分类的萌芽，已经开始对这种混沌状态的一体化哲学知识作出区分，他将所有知识分成三类：为着自身而被追求的知识是“理论（思辨）知识”（theoretike）；为着行动而被追求的知识是“实践知识”（praktike）；为着创作和制造而被追求的知识是“创制知识”（poietike）。

在《形而上学》第六卷第一章中，他又以知识的对象为依据，将上述知识作了具体的区分。凡知识都以某种存在为对象，但有些知识并不过问对象是否存在以及是什么，只是以此为假设前提，这种知识就是各门具体科学。而哲学则以单纯的存在或作为存在的存在为对象，并要证明它是否存在以及是什么。然后，他以知识的性质为依据区分出理论、实践和创制的知识。在理论知识中，他以对象的不同再分为三种：研究运动而又可分离存在东西的是物理学（自然学）；研究不运动但也不分离存在东西的是数学；研究不运动又可分离存在东西的是第一哲学（神学），也就是我们所说的“形而上学”。实践知识是“行”的知识，按照行为范围的大小不同，又可分为三门：个人之行为伦理学；家庭之行为家政学；国家社会之行为政治学。创制的知识为人靠理智、技术和能力创制的知识，主要有修辞学和论诗。

12 世纪初，宇宙论者威廉（William）为了将科学与神学区别开来，提出科学是知识的思想，认为科学是以物质为基础的知识的一部分。[①] 欧洲 14—16 世纪的文艺复兴运动将人类首次带入前所未有的“科学实验时代”，从而导引出一系列重大的科学发现和思想突破，自然科学和自然哲学不顾封建教会残酷的迫害和顽固的阻挠，发展了实验自然科学，揭示了一幅光彩夺目的画面，凸现了地理、天体、人体世界的奥妙，开拓了人类知识的新领域。伽利略·伽利莱被认可为将实验引入自然科学的第一人。不过，此时期很多著名的自然科学也同时是哲学家，如培根、勒奈·笛卡尔、戈特弗里德·威廉·莱布尼茨、约翰·洛克，等等。自然科学的发展也为近代自然科学从哲学中逐步分化出来打下了基础，树立了理性的权威。17—18 世纪，特别是 1687 年牛顿的《自然哲学之数学基础》标志着

① 周春彦. 科学技术双轨道——场相互作用模型［J］. 科学学与科学技术管理，2001（12）：32－35.

17世纪科学革命的顶点，宣告了科学真正从哲学的怀抱中挣脱出来，为后来的工业革命奠定了科学基础。

“科学”这个词，可以追溯到西方希腊传统中的“ἐπιστήμη”[①]和德国传统的“Wissenschaft”，在西方学术界，“ἐπιστήμη”和“Wissenschaft”要翻译成英文时，一般都译为“science”，但就概念而言，都指的是广义的“学问”。

在英语中，“science”一词在词典中主要有两种理解：一是对自然现象的观察、分类、描述、试验探究和理论解释，或者是对一类自然现象施加的此种活动；二是方法论意义上的活动、学科或学问。[②]由此可知，science可以指对自然现象的研究的自然科学，也可以指一般意义上的学问和方法论。但很多人只从物理、化学等学科去理解它为纯粹关乎自然的学问。尽管在一般人中“science”主要被直接理解为“自然科学”。[③]同时，在英美的传统中，也曾有过“moral sciences”的说法，虽然其理解往往都只从实证和经验归纳的角度入手，如英国的洛克便提及过“moral sciences”，后由密尔（John Sturt Mill）沿用，《密尔名学》六卷中的最后一卷就是“Logic of the Moral Sciences”。英国的著名大学如剑桥和都柏林三一学院至今还保留moral sciences的研习传统。就科际之间的关系而言，怀特海曾使用过moral sciences与natural sciences，认为两者对应。[④]此外，美国普林斯顿神学院的首任神学教授亚历山大曾在著作《道德科学的轮廓》使用过Moral Science。[⑤]

在德语中Wissenschaft实际上是从德文中“知识”（Wissen）一词引申出来的抽象名词。自启蒙时代以来，它一般泛指任何有一定规模的学问。康德认为，“任何一门学问，只要能构成一系统，也就是按一定原则

①③ 恩斯特·卡西尔. 人文科学的逻辑［M］. 关子尹，译. 上海译文出版社，2004：10，9.

② The American Heritage Dictionary［M］. Houghton Mifflin Company，1985：1099.

④ Alfred North Whitehead. The Function of Reason［M］. Princeton：Princeton University Press，1929：47.

⑤ Alexander，A. Outlines of Moral Science［M］. New York：Scribner，1854，19.

而被组织起来的知识整体，都可称为科学（Wissenschaft）。”[①] 在康德乃至黑格尔时期“科学”所谓的原则具有先验色彩，或者说具有思辨的形而上色彩。在康德眼中，大概只有他所谓的“超验哲学”，所以康德甚至把只有经验原则的学问（如化学）也摒弃于严格意义的“科学”的殿堂之外。黑格尔之后，“科学”一词的含义慢慢地失去了严格意义上的形而上色彩，“科学”一词愈来愈用来指为各式各样的“个别学问”，在英美传统中许多所谓的“文科”（arts subjects）在德文中往往都列为“科学”。

19 世纪以前的中国称科学为“格致”，其初出于《礼记·大学》，后见于明末的《空际格致》，其中，“空际”指自然，“格致”即科学，也是指其研究事物而获得知识的过程之意。19 世纪后期，“科学”一词从日本传入中国，康有为、梁启超将日本转译自西方的“科学”一词引进来代替“格致”。1880 年，梁启超在《变法通议》中首次借用日本的“科学”一词，1898 年，康有为在《戊戌奏稿》里也用科学代替“格致”，但对格致的原意，即对事物进行分门别类的研究以获得分科之学的格物致知之原意，却一直予以保留。再后来，人们又将研究方法纳入科学的定义之中，认为认识过程离不开认识方法，而认识结果也离不开认识方法，科学既是一个知识系统，即作为已取得知识的载体，也是一个方法系统，或者说是一种认识工具，即作为取得知识的途径。

时至今日，科学至今还没有一个为世人公认的定义。甚至有人认为，给科学下定义是无益的，也是不可能的。英国著名科学家贝尔纳（J. D. Bernal）指出，“科学在全部人类历史中确已如此改变了它的性质，以致无法下一个适合的定义”，“科学不是个能用定义一劳永逸地固定下来的单一体”。[②] 一般地说，科学是人类认识客观世界的知识，但并不是

① 这句话有不同的翻译。这里转引自汉斯·博塞尔（Hans Poser）. 科学：什么是科学？［M］. 上海：上海三联书店，2002：11. 在这本书的中文译本《自然科学的形而上学基础》中，这句话被翻译为“每一构成为一体系（即按照原理而排起来的认识整体）的学说就构成为一门科学”。

② 曾国屏. 当代自然辩证法教程［M］. 清华大学出版社，2005：119.

任何关于客观世界的知识都是科学。1888 年，达尔文曾给科学下过一个定义，“科学就是整理事实，从中发现规律，作出结论”。达尔文的定义指出了科学的内涵，即事实与规律。科学要发现人所未知的事实，并以此为依据，实事求是，而不是脱离现实的纯思维的空想。至于规律，则是指客观事物之间内在的本质的必然联系。因此，科学是建立在实践基础上，经过实践检验和严密逻辑论证的，关于客观世界各种事物的本质及运动规律的知识体系。达尔文的科学定义实际上是把我们指称的自然科学的知识称作科学，排除了人文与社会学科。

科学是特殊的社会历史现象，在其发展的不同历史阶段有不同的性质和特点。20 世纪以来，由于科学的迅猛发展和科学研究规模的日益扩大，现代科学已不仅仅是单一的知识体系，同时又是一种社会活动，即生产知识的社会活动这种特殊的社会生产形式，现已逐步发展为国家规模和跨国规模，使“科学是一种建制”的界说成为人们的共识。因此，我们不应把科学理解为仅仅是知识本身，也不能看成是单一的社会活动。科学既是历史发展总过程的产物，又是推动人类历史进步的巨大动力。

法国实证主义哲学家孔德按照人类智力在不同活动范围的发展，将科学由低级到高级分为三个阶段：①神学阶段。人们自由幻想，企图探索万物的内在本性；寻找现象的根源，探究事务的最后原因，希冀获得绝对的知识，但是没有办到。于是他们借助超自然的力量——神来解释，此时，宗教在各种思想体系中占主导地位；②形而上学阶段。人们以形而上学的抽象概念代替超自然的神力来解释一切，以求获得关于事物的本质的绝对知识，并把这些抽象概念当做绝对知识，如各种独断的哲学体系和被认为是绝对真理的理论就是由这些概念构成的；③实证阶段。人们承认不能获得绝对的概念，于是不再探索宇宙的起源和目的，也不再求知各种现象的内在原因，而只是借助于推理和观察，以便发现现象之间的不变的先后关系和相似关系，同时把对一切事物的研究和解释都局限于现象世界的范围，这就是科学阶段。① 他还认为，每一门科学都有其特殊的研究程序和方法，每一门科学的发展包含了这门科学特定研究方法和程序的发展，科学方法是多元的，但各门科学在方法论上又是统一的。各门科学必须从整体观点来看待所研究的事实和现象。人们必须观察事实和现象，并通过形成定律来协调事实和现象。孔德把各门科学限于现象领域，具有主观主义倾向。他对科学发展的阶段划分显然具有某种片面性。

时至今日，科学的概念的内涵日益丰富，其界说也日渐多样。科学体现了对世界认识的一种情怀，反映人们试图对事物本质探究的一种愿望，体现了人类对自然和社会的认识所达到的水准和尺度；是人们对客观世界认识的一种反应。科学也是人类理智认识世界的一种复杂而多质的社会活动，是一个永无止境的不断发展的探究过程及其方法体系。② 由此，我们认为，科学有广义与狭义之分，广义的科学指一套知识体系或学问，或者说是人们探究的一个领域，包括自然、社会和人文等方面；狭义的科学指自然科学，研究无机自然界和包括人的生物属性在内的有机自然界的各门科学的总称。认识的对象是整个自然界，即自然界物质的各种类型、状态、属性及运动形式。认识的任务在于揭示自然界发生的现象和过程的实质，进而把握这些现象和过程的规律性，以便控制它们，并预见新的现象和过程，为在社会实践中合理而有目的地利用自然界的规律开辟各种可能的途径。

由此，我们认为，教育管理学至少属于广义的科学，但不属于狭义的科学——自然科学。因为教育管理的研究对象不涉及无机自然界和包括人的生物属性在内的有机自然界，其研究对象从物质层面上说，主要有人（包括管理者和被管理者），还有财、物等资源，以及人与人的组合——教育组织。更重要的是教育管理的研究对象还包括教育管理中的道德、价值取向等精神层面的问题，还包括学校组织与制度、权力与权利、公平、

① 孔德．市政哲学教程［M］．西方现代资产阶级哲学论著选辑．北京：商务印书馆，1964：31.
② 黄宝春，杨天平．科学概念论略［M］．大学教育科学，2005（2）：15－18.

义务等制度上的问题。从事实与价值的层面看，教育管理的研究对象不仅包括教育管理事实问题，还包括教育管理价值问题。任何一所学校或教育组织都是由事实存在和价值存在的统一体构成的，而连接事实和价值的中介则是人的主体意向及其需要。

第二节　教育管理学学科的文化性

一、教育管理学的研究对象应体现教育学科的性质

教育管理学到底是一门什么样的学科，主要有四种观点：一种观点认为它是教育学的分支学科；第二种观点认为它是管理学的分支学科；第三种观点认为它是教育学与管理学的交叉学科；第四种观点认为它是一门综合性学科。最近有学者指出，教育管理学应是一门社会学科。[①] 将教育管理归属于教育学的一个下属学科是由该学科的性质所决定的，教育管理实属师范类专业，国内外的高校均将它设在教育学院或教育科学研究院。尽管我国将教育经济与管理归为公共事业管理下的一个二级学科，隶属管理学，但我们知道这是以国务院学位办作为理所当然的学术权威单位，是国家行政管理的结果，是一种国家行政的异化行为，没有从学科本身的发展来考虑。从国外的学科归属来看，它属于教育学的一个下属学科，如西方发达国家的大学的教育学院或教育研究院都设有教育管理学专业，或教育管理系，主要开办教育管理学研究生专业（包括硕士和博士层面），几乎没有把教育管理学专业设在管理学院的。美国霍夫斯特拉大学的欧文斯认为，20 世纪中期以前，教育管理学主要是一门教育学科。他指出，“20 世纪中叶以前，教育行政很少受到行政学这一学术研究领域的发展变化影响。主要是由于教育行政教学与学术思想和研究的主流是分离的。最负盛

① 张新平．教育管理学导论［M］．上海：上海教育出版社，2006：89.

名的大学中，教育学院与同处一个校园的商学院和行为科学很少有接触。”①

从20世纪50年代中期开始，人们开始将组织理论的思想引入到学校管理之中，教育管理学才与工商管理有了密切的接触。尽管如此，教育管理专业的硕士、博士研究生的培养主要还是在美国大学的教育学院中完成的，影响极大的全美教育研究学会（AERA）共设12个分会，其中第一个分会就是管理、组织与领导分会（Administration，Organization & Leadership）。从英国的情况来看，教育管理学整体上更多地与教育学有关，是一门教育学科，教育管理学专业与相关课程属于师范教育体系。英国现行的师范教育体系包括职前师范教育（ITE）和教师在职培训（Inset）两个部分，前者主要有大学教育系（学院）、教育学院（现通常称高等教育学院）、原多科技术学院（现升格为大学）教育系等机构负责；后者由大学、高等师范学院、教师中心等机构完成。这使得英国的教育行政管理不同于工商企业管理，两者沟通也甚少，教育管理的人员对工商业领域的管理理论了解不多，他们认为工商业管理理论不一定适用于教育机构与学校的情境。②

从教育管理学学科本身来看，它一直是教育学的下属学科，因为从教育学的角度来看，教育管理的问题是教育的管理问题，而不是其他的管理问题，如果离开教育，教育管理就成为“空壳”，成为没有实质内容的形式。一方面，它是对“教育”的管理。教育是对“管理”的限定，表明它是以教育活动为对象的管理活动的一个分支或专门领域。另一方面，它又以“管理”作为施动者，以“教育”作为受动者，也即管理教育，表明两者相互依存和不可分离。从历史的起源和现实的实践来看，把教育管理学作为教育学的下属学科有其合理性。显然将教育管理学归为教育学的下属学科，在性质上具有合理性。

---

① 欧文斯．教育组织行为［M］．窦卫霖，温建平，王越，译．上海：华东师范大学出版社，2001：83.

② 王如哲．教育行政学［M］．台湾：五南图书出版公司，1988：387.

从目前的情况来看，我国高校的教育学院和教育研究院（或教育科学与技术学院）开设的师范类公共事业管理专业（教育管理方向），具有明确的培养目标和完整的课程体系，这些高校对该专业的定位十分明确，即将教育管理学定位于教育学的下属学科，相应地把教育管理方向归于教育学的下属专业，而没有局限于1997年国务院学位办的有关规定，硬性地把该专业归入管理学，并入管理学院，而是把该专业保留在教育科学院、教育科学与技术学院或教育管理学院内，继续按师范类程序设置公共事业管理专业（教育管理方向）。如北京师范大学、东北师范大学、杭州师范学院、华中师范大学、新疆师范大学、华东师范大学、福建师范大学，等等。不过，国内个别地区也出现了新的尝试，如华南师范大学将公共事业管理专业（教育管理方向）归在公共管理学院，但这种设置导致教育管理学者产生了孤寂感，因为他们脱离了其母体学科——教育学。

所以，把教育管理学归属为教育学的一个下属学科，符合其本性。首先，在国内，教育学者把它默认为教育学的一个下属学科，研究教育管理的学者绝大多数是从高校的教育学院和教育科学院中培养出来的，这些学者在研究教育管理学议题或问题时，同时也研究教育领域中的其他学科的问题，只有极个别学者在研究教育管理学时，能研究管理学的其他领域——企业管理、管理哲学，等等，如南京大学的赵曙明教授。其次，在教育学学科群中，教育管理学的基本概念和教育学的其他学科的共同性依然存在，在教育管理学的一般概念，如教育组织、教育领导、教育政策与法制、学校制度，等等，这些概念的前面都有教育或学校来限定，这些术语在教育学的其他分支学科中仍然被广泛使用，表明其研究对象离不开教育，属于教育学内部的问题。再次，教育管理的学术会议归属于教育学领域，如我国教育管理分会隶属于中国教育学会，上面提到的美国管理、组织与领导分会也隶属于全美教育研究学会。最后，即便国务院把教育经济与管理专业归属于管理学，教育管理方向的硕士研究生在授予学位依旧可选择教育学硕士学位。

把教育管理学归为教育学科，可能仍存在很多问题，如“将教育管理学归为教育学科，并未真正指明其性质，因为这样一来，仍存在一个教育学科性质追问、阐释和论证的问题”①，将教育管理学归为教育学科，如何理解它与其他管理学科（如工商管理、行政管理等）之间的联系，等等。

二、教育管理学属于文化学科

如果我们把教育管理学当做一门广义的科学（指学问或知识体系），属于教育学的一门分支学科，它到底属于什么学科？社会科学是一种以人类社会或人类关系为研究对象的科学。通常它包括政治学、经济学、社会学、人口学，等等。人文学科则是以人类思想、观念、情感、价值和精神表现为研究对象，以人的生存价值和生存意义为学术研究主题的学科，它所研究的是一个精神与意义的世界，包括语言学、文学、历史学、考古学、艺术、音乐、舞蹈、戏剧、美术和哲学等。社会科学的形成远远迟于自然科学和人文科学，从具体时间来看，社会科学中的经济学、社会学、政治学等以经验的方法对社会进行实证研究的学科都是从 18 世纪中后期才开始独立出来，到 19 世纪才逐渐建立起自己的系统理论结构。社会科学的出现是欧洲社会大变革的产物，是工业化、城市化的产物，是近代以来西方自然科学与技术变革兴起与迅速发展的产物。现代人文学科的概念来自古典希腊语 paideia 一词，系指普通教育的课程，始于公元前 5 世纪中叶的一些讲授哲学及修辞学的教师，目的是培养青年人具备城邦公民的素质；公元前 55 年，西塞罗在其《雄辩家》一书中首次把 humanitas（人之品质）列为一个雄辩者的基本训练项目。中世纪早期，基督教先辈们包括本身兼为修辞家的圣奥古斯丁在内，都把 paideia 和 humanitas 两项内容与基本的基督教教育科目加以调和，其中便包括了数学、语言与文学、历史、哲学及科学。后来文艺复兴时转变为表示那些非宗教的集学术性的

① 张新平．教育管理学导论［M］．上海：上海教育出版社，2006：66.

研究活动（例如文法、修辞、诗学、历史、道德学、古希腊及拉丁文著作）。至19世纪，人文学科开始以一种新的性质出现，主要指人类对客观世界所赋予的含义和所抱有的目的。在当代，“人文学科指一套以宣扬自足的人类价值体系为基础的教育课程”①。

人文科学与社会科学之间的关系是相当复杂的，它们之间既有区别又有联系。它们的区别主要表现在两个方面：一是研究对象的不同。人文科学研究的是人的观念、精神、情感和价值，是“人”的精神世界及其所积淀下来的文化。卡西尔指出，人文科学所要感知的对象最终而言，不是“事物”，而是与作为观察者的人具有同样素质的“其他人”，换言之，人文科学的最终对象乃是由人构成的“人格世界”，而人格的特点不在于其具有什么物理性质，而在于其有“表达”的诉求。② 他的意思是说，人文学科研究的是人的精神世界、人的情感与价值。人文科学的价值不在于提供物质财富或实用的技术，而在于为人类提供一个有意义的世界，守护一个精神的家园，使人类的心灵有所安顿、有所依归。而社会科学研究的是“社会”，如果说人文科学是研究人的主观世界和人类的精神文化的话，那么社会科学关注的中心则是客观的人类社会，它是外在于具体个人的。经济学、政治学、法律学、社会学等社会科学，从各自不同的角度对人类社会进行研究，它们对经济、政治、法律、社会进行分门别类的或整体的考察，对人类社会的结构、功能、机制、变迁、动因等等进行深入研究，目的在于获得关于人类社会运行与发展的系统知识和理论，使人类能够更好地、更有效率地管理社会。二是研究方法的不同。人文科学的研究方法主要是意义分析的方法，是一种解释的方法，而社会科学则较多地引进了自然科学的方法，实证的方法。

现在通行的学科分类是将所有的学科分成自然科学、社会科学和人文

① 大不列颠百科全书（8）［M］．北京：中国大百科全书出版社，1999：233.

② 卡西尔．人文科学的逻辑［M］．关子尹，译．上海：上海译文出版社，2004：54－91.

科学。[①]《大美百科全书》将所有学科也是遵照此种分类，并指出每个阶段的社会科学范围均有所不同。[②] 社会学科通常包括人类学、经济学、历史、政治学、心理学及社会学，其他包含在此范畴的有犯罪学、教育、地理、法律、精神医学、统计、哲学，宗教有时也列在此科。人文科学是探讨人类思想与文化的各门学问，不包括科学（自然科学）在内，主要包括建筑、艺术、舞蹈、戏剧、历史、语言、文学、音乐和神学等。

著名的《不列颠百科全书》也是按照上述分类，认为社会科学的课题是人类在社会和文化方面的，包括经济学、政治学、社会学、社会和文化人类学、社会心理学、社会和经济地理学；也包括教育的有关领域，即研究学习的社会环境以及学校与社会秩序之间的关系。人文学科一般说来包括文学并附加拉丁文及希腊文经典的译本，以及若干历史、哲学及神学课程，并包括第二语言的基本训练。[③]

联合国教科文组织出版的《社会及人文科学研究中的主流》中则列举了11个学科：社会学、政治学、心理学、经济学、人口学、语言学、人类学、史学、艺术及艺术科学、法学、哲学。此书认为前5种学科属于社会科学，后6种属于人文科学。教育学并没有列入其中的任何一种。

我国的《中国大百科全书》（1998）介绍了西方的社会学科与人文学科的发展状况，主要观点与上述《大美百科全书》与《不列颠百科全书》基本相似。值得一提的是，我国1985年出版的《中国大百科全书》（教育卷）把教育管理学归为教育学的分支学科。

依据以上权威的科学分类，我们可以看出，在部分权威的百科全书中，教育学被视为一门社会学科，但在部分权威的百科全书中，教育学没有明确的学科归属；如果人文学科是研究人的精神和价值等诸多意义问

---

① 英美等国把所有的学科分成为三类：自然科学、社会科学和人文学（科）。人文学（科）只能是学问，是一门学科，不能称之为科学。但按照德国的理解，则人文科学也应当属于科学。德国人把所有科学只分为两类：自然科学和精神科学（或文化科学）。显然，这里的精神科学或文化科学包括我们现在所说的社会科学和人文科学。

② 大美百科全书［M］．北京：外文出版社，光复书局，1994：116，288.

③ 不列颠百科全书［M］．北京：中国大百科全书出版社，1999：233，452.

题，教育管理学也研究管理者和被管理者的精神、价值、情感和需要等诸多方面，涉及管理的意义问题，具有人文学科的性质。所以，我们认为，教育管理学的文化性问题必须加以探讨。

1. 教育管理学兼有人文科学与社会科学双重属性

人文科学与社会科学的密切联系大大超过了它们之间的区别，而其根本原因在于它们的研究对象虽然能够作某种程度的区分，但本质上却是密切联系在一起的。皮亚杰认为，“在人们通常所称的‘社会科学’与‘人文科学’之间不可能做出本质上的区别，因为显而易见，社会现象取决于人的一切特征，其中包括心理、生理过程。反过来说，人文科学在这方面或那方面也都是社会性的。只有当人们能够在人的身上分辨出哪些是属于他生活的特定社会的东西，哪些是构成普遍人性的东西，这种区分才有意义。”[①] 由此，社会学科与人文学科是交织在一起的。

人文与社会是交叉在一起的。“人文”一词，有“人的（人本的、人道的等）+文化、文明的”意思，“其特点恰恰在于强调人的主体地位、人的需求和保障，人的情感和意志等价值性内容，即‘人文精神’。‘人文’的核心是价值”。[②] 但同时，社会归根到底又是由人构成的，任何社会现象终究是通过人的社会行为或社会活动来表现的，离开了人，就谈不上什么社会，也不可能有什么社会现象。人是一种特殊的自然物，它既不是简单的生物体，也不是没有生命的物理实体，人不仅具有自己的目的和意志，是一个不断追求自己理想和价值的个体，而且在他身上承载着悠久的历史文化传统，承载着人类全部的价值与意义。因此，由这样的“人”所组成的“社会”，以及由这样的人所开展的各种社会活动，我们实际上是无法分清什么是“人文”、什么是“社会”的。因此，尽管把人文社会科学区分为人文科学与社会科学，在理论上是必需的，但在实际操作中却相当困难。因为人文科学与社会科学之间的界限在具体问题上往往是模糊

① 皮亚杰．人文科学认识论［M］．郑文彬，译．北京：中央编译出版社，2002：1.

② 李德顺．哲学和人文社会科学的定位［J］．新化文摘，2000（8）．

不清的，很多人文社会科学中的界限在具体学科到底属于人文科学还是属于社会科学，历来存在着相当大的争议。人文社会科学研究中的实证研究方法主要来自自然科学。由于自然科学研究方法的确定性，使人们长期以来一直希望在人文社会科学研究中也能运用自然科学的研究方法。一方面，教育管理学研究社会层面的问题，如教育组织、教育管理机构、教育管理行政体制、学校教育管理等问题；另一方面，教育管理学也研究管理者与被管理者的精神、公平、道德等价值方面的问题，因为教育管理是一种管理者对被管理者施加规范、奖惩和说教等诸多涉及人的价值和伦理的活动，这就表明教育管理学具备了人文学科的性质。这是它不同于经济学、政治学等不涉及人及个人而纯粹以社会活动或社会行为作为研究对象的传统社会学科之所在。正是因为教育管理学的所具有的这种双重性，使得我们很难把它简单地列入社会学科，因而它是一门人文社会学科，这也是理论运动后，众多学者必须面对的一个问题。这同时说明，人文科学与社会科学之间确实有某种难以割裂的内在联系。我们的教育管理学就是一门兼有人文科学与社会科学双重属性的学科。从研究对象看，它无疑属于社会科学，但从研究的主旨和研究方法看，教育管理学更属于人文科学。因为人文科学与社会科学之间关系如此难以区分，所以我们认为应把两者合在一起，称之为人文社会科学。

2. 教育管理学的“科学性”不够强

早在古希腊时期，就有了自然真理（truth by nature）和规范真理（truth by convention）的区分。前者是普遍成立的，后者因文化而异。物理学是典型的自然真理，因为它被认为是自然界本身所固有的，所有文化都必须遵循它的规律。各个国家的语言则属于规范真理，有着自己的约定。弗赖堡学派的创始人文德尔班区分了自然科学与历史科学。[①] 他认为自然科学是研究事实世界的科学，自然科学的概念属于事实知识；而社会历史科学则研究价值世界，属于价值知识。自然科学所利用的是由特殊到

① 刘放桐．新编现代西方哲学［M］．北京：人民出版社，2000：88－89.

一般的方法，或者说普遍化的方法，它的目的在于寻找自然界中的一般的规律；社会历史科学所利用的是对特殊的、具体的事件进行描述的方法，或者说是个别化的方法，寻找个别的历史事实。在自然科学中占主要地位的是“综合思维”形式，所采用的是规范化的方法，而在历史学中主要是“个别记述思维”的形式。德国哲学家威廉·狄尔泰（Wilhelm Dilthey）沿着康德的道路，从反思人类的认识能力的角度出发，1883 年在其名著《精神科学引论》一书中尝试分析了“自然科学”与“精神科学”的区别①，他认为，精神科学的研究对象是“关于人的科学，关于历史的科学，以及关于社会的科学”②。他指出，物理过程和心理过程是不可通约的，因为，人们不可能使这些精神的事实从属于那些根据机械论的自然观念确立起来的事实。

海因利希·李凯尔特（Heinrich Rickert）继承了文德尔班（Wilhelm Windelband）和狄尔泰的观点，在 1899 年进一步将它加以发展，把科学分为自然科学和历史的文化科学，自然科学把与任何价值都没有联系的事物和现象看做自己的对象，他的兴趣在于发现对于这些事物和现象都有效的普遍联系和规律，必须采用普遍化的方法，文化科学必须从对象的特殊性和个别性方面叙述对象的一次性发展③，即专门探讨一定文化背景和人类环境中的个别现象之独一无二的价值而不涉及一般法则。文化领域里只有个别的东西，自然领域里才有一般的东西。韦伯基本上接受了李凯尔特划分自然科学与文化科学界限的原则，并认为它们实际有效，价值关联的而有意义的文化事件总是个别的现象，这不仅指它是一次性发生的事件，因而具有独一无二的性质，而且还意味它始终与特定的价值观念相关联而产生特殊的意义。这种双重的个别性说明：人们无法用自然科学的认识方法（建立精确的自然规律的方法）来达到文化科学的认识目的。尽管人们能仿效自然科学的方式建立某种可以从数量上来把握的合乎规则性，或

①② 狄尔泰．精神科学引论［M］．童奇志，王海欧，译．北京：中国城市出版社，2002：译者前言，12，16.

③ 李凯尔特．文化科学和自然科学［M］．图纪亮，译．北京：商务印书馆，1996：120－127.

者依照规律的设想通过历史归纳法从历史中寻找某些“本质的”东西，但文化生活的实在无论何时都不能从那些规律和因素中推演出来，凭借这些规律也无法使我们达到对于社会文化个体的认识。

前面已经提到狭义的科学指自然科学，我们在此指的“科学性”也是指某种类似于自然科学的性质，一般说来，严格意义上的科学有两个特征：①作为科学的学科在其整个知识体系中应有一套公认的表达知识核心内容的范畴和概念；②作为科学的学科在研究方法上应该主要采用分析的、归纳的、定量的方法对学科对象进行实证—实验研究。

如果从自然科学的角度来看，教育管理学既没有一套公认的表达知识核心内容的范畴和概念，也不能完全采用自然科学的方法，对学科对象进行实证—实验研究。近些年在国内外广泛流行着一种新的定性研究方法，即质的研究（qualitative research）在教育管理领域得到广泛的应用。该方法是20世纪70年代末以来西方国家的社会科学和人文科学的研究广泛使用的一种研究方法，它不是一种具体的研究方法，而是针对量化或定量研究存在的缺陷提出的一种新的研究方法论。如田园调查法、人种学方法、行动研究，等等，都属于质的研究方法。定量研究的优点是运用数据说明研究对象，使得研究过程和研究结果可以计量。但量化的东西往往是一般性的，而教育管理问题往往是具体的，每一个教育管理机构的管理过程和管理方法都有其独特性。定量研究不能说明这些独特性。质性研究则可以通过对具体的研究问题的关注并对这些问题的特殊性进行解释，从而达到认识研究对象的目的。质的研究方法是研究者在具体的研究环境中对具体的问题进行观察和解释的一种方法。其主要特征有：①质的研究把自然情景作为研究资料的直接来源，把研究者作为主要的研究工具。研究者进入学校等教育组织，花一定的时间去了解所关心的问题。②质的研究是解释性的。收集到的资料是文字的材料，而不是数据。研究结果的文字记录中包含资料的摘录，可以真实再现当时的情形。③质的研究者关心过程甚于关心结果。④质的研究者倾向于对收集到的资料进行归纳分析。⑤质的研究方法关注研究者和被研究者的互动与意义。

3. 教育管理学具有艺术性

管理通常被看做是一种实践活动。孔茨（Harold Koontz）认为，“管理作为实践是一种艺术。”而且“艺术也像物理和生物科学那样在发展中”[①]。管理艺术涉及的领域主要有人和人群的因素，涉及到大时空变化与相互影响的因素，既是决定的又是随机的，既是清晰的又是模糊的，既是限定的又是适度的，既是逻辑的又是直觉的，既是因循的又是创造性的。因而，从根本上讲，管理艺术是属于一种“场”的反映，一个人管理艺术的高低，取决于对这种场的运用把握的好坏。管理者经常以理论与“实际”的学校状况太遥远为借口而丢弃管理理论。[②] 在教育管理实践第一线的校长和教导主任（课程主任）大多数是从实践中自己走出来的，他们只是或多或少地信任教育管理理论，绝对不会将理论教条化，甚至部分管理者，丝毫不关注理论，完全靠自己的经验和悟性，凭借灵活的手腕进行管理。

这就涉及到教育理论、政策制定与实践三者之间的关系问题。教育管理理论与实践之间存在微妙的关系，可以说，理论研究、政策制定与实践三者之间的紧张关系在世界各国均广泛存在。研究人员所提供的成果不适合政策制定，理论研究人员所关注的是自己研究的问题以及研究方法的适恰性。由此产生的成果对政策制定者的影响是间接的，从理论到政策的转化是一个复杂过程；政策制定者对批评性意见不太欢迎，很多政策制定者甚至不想听到相反的意见；在实践一线的校长很少关注研究成果，也很少有意识地来利用成果调适自己的领导行为和风格。英国和美国政府近年来扶持有实证材料为基础的政策制定，如美国的联邦政府近年来在课题资助政策方面倾斜于连贯的、规范的、有证据支撑的定量研究，促使理论研究成果向政策转化。“院校协作”（大学和中小学合作）模式自20世纪80年代以来在发达国家迅速发展，该模式建立研究者与实践者之间的协作关

① 张福墀，杨静．管理哲学［M］．北京：经济管理出版社，2003：14.

② 布什．当代西方教育管理模式［M］．强海燕，译．南京：南京师范大学出版社，1998：25.

系，培训校长和师资，但这些不能保证三者的紧张关系会有很大的改善。由于三者的相互独立性，以及教育理论与实践之间矛盾关系、政策制定者的价值偏向性，三者的关系难有大的改变。

教育管理的艺术性表现在：①教育管理者根据实际环境灵活处理各类问题，不同的人会采取不同的策略，例如在人性化管理方面，有些管理者会尊重每一位教师，有些管理者会施行弹性坐班制，满足有特殊需要的教师的要求；②达到同样的管理目标可以采用多种管理方式，如为了提高学校的管理效率，提升教学质量，不同的校长会采用不同的方式；③不同国家的管理文化存在很大差异，如美国崇尚公平、法治、民主和效率，而中国则潜移默化地注重人情、变通，中学则强调升学率。

第三节　教育管理学研究对象的文化分析

教育管理学研究的对象既包括教育管理现象，也包括教育管理议题和问题，这是教育管理理论建构的需要。研究对象并不是一个本体论意义上的概念，而是一个认识论的概念，也就是说研究对象与纯粹的客观现象并不完全一致，研究主体所面对的是纯粹的客观现象，但他将要认识的则是以某种认识方式所看到的客体，研究对象的特征将在很大程度上依赖于主体的认识方式。由于教育管理活动是由人的活动组成的，没有人的参与，教育管理活动与自然界的活动毫无二致，但由于人的存在，教育管理学的研究对象就具备一定的文化性。

哲学家韦伯说过，“我们意义上的文化科学的认识只关心那些与我们赋予文化意义的事件有任何一种——无论多么间接——联系的实在的成分，在这方面是受‘主观的’前提条件约束的。”① 他认为，一个现象之所以成为文化研究的对象是因为它是参照一个与某些价值观有联系的意义

① 韦伯．社会科学方法论［M］．韩水法，莫茵，译．北京：中央编译出版社，2002：32－33.

来划定的，一种描述将某个事件划定为一种文化现象时，它是把一个与价值相关的意义赋予一个现象。意义之所以可以被赋予一个现象，是因为它的价值关联性是文化科学理论对象的唯一基础。在根本意义上说，研究对象并不是一个本体论意义上的概念，而是一个认识论的概念，也就是说研究对象与纯粹的客观现象并不完全一致，研究主体所面对的是纯粹的客观现象，但他将要认识的则是以某种认识方式所看到的客体，研究对象的特征将在很大程度上依赖于主体的认识方式。研究对象是理论与现实相互作用的结果，它是生成的、被建构的。[①] 因而，教育管理的研究对象不一定全是教育管理现象。

一、教育管理现象

1. 作为科学教育管理理论的研究对象——教育管理（现象）事实

现象与本质是揭示事物内部联系和外部表现的相互关系的一对范畴。康德以来的西方哲学家基本上持这样一种观点，“各门具体科学（数理逻辑科学除外）都把相对确定的经验领域作为自己的研究对象，科学的目的在于获得关于对象域的确定的知识”。[②] 哲学家黑格尔坚持现象与本质的辩证统一，他认为“发展了的映现就是现象，因此本质不在现象之后，或现象之外，而即由于本质是实际存在的东西，实际存在就是现象”。[③] 在他看来，我们对实际存在的事物的感觉、表象就是现象。现象是具体事物的表现，即该事物的各种个性、特殊性、具体性的总和。他认为，人的具体认识过程中，感觉、表象在先，思想、概念在后，而且只有通过表象人的心灵才能达到对于事物的思维的认识。归纳起来，现象是事物的外部表现形态，是事物的外部联系，是由人们感官所能感知的事物外部特征。

① 唐莹．元教育学［M］．北京：人民教育出版社，2002：510.

② 黄颂杰，宋宽锋，朱晓红，吴新文．西方哲学的多维透析［M］．上海：上海人民出版社，2002：389.

③ 黑格尔．小逻辑［M］．北京：商务印书馆，1980：275.

本质是同类现象中一般的、共同的东西，现象则是本质的具体的个别的表现；本质是比较单一的、稳定的东西，现象则丰富多彩、变动不居；本质是内在的、隐蔽的、深刻的，只有思维才能把握；现象则是表面的、外露的，直接呈现在人们的感官面前。[①] 因此，本质与现象这对范畴主要是在认识过程中形成的，它反映了人们对事物认识的深度和过程。

对教育现象进行研究，目的是对教育管理规律的探求或本质的把握。因为，规律和本质是同等程度的范畴。对教育管理现象的研究，也就是对纯粹的客观实在的教育管理现象的研究，即对教育管理事实的研究，需要研究者对教育管理事实的研究保持一种客观、公正的态度，不允许扭曲和粉饰，要求主体与客体——研究者与研究对象的分离，达到认识教育管理现象的目的，寻求真理，探索规律。

如果我们持客观的本质观，通过对以作为事实的教育管理现象为研究对象，并将事实“客观化”，采用类似于自然科学的研究方法，用因果关系来解释客观事实，试图把握的是教育管理本质或规律，达到认识科学教育管理理论的目的。值得说明的是，探索科学教育管理理论，我们采用的实证科学的认识论，因为科学不研究价值问题，价值问题不可能进行观察与试验、证实或反驳，对价值的辩护必然要诉诸主观取向，这将破坏科学研究的客观性。

值得说明的是科学教育管理理论的研究对象也包括教育管理问题，进入教育研究人员中的教育管理现象与研究人员形成了一定的关系，在认识论上给研究人员带来了困惑，变成了事实问题，如我们对体罚学生的事实进行研究，找出其因果关系，这就是事实问题。

教育规律的性质决定了科学教育管理理论的性质，科学教育管理理论所研究的“规律”，以及最终所陈述的“规律”，并不是实存的规律。由于教育管理现象存在一定的不确定性、弹性和自为性，导致我们得出的科学教育管理理论的解释力不强。教育管理现象的人为性、异质性及教育管

① 冯契．哲学大辞典［Z］．上海：上海辞书出版社，2001：71.

理事实与价值的统一性，给科学教育管理理论的归纳、概括造成了很大的困难，自然科学家们可从对一滴水或一块木头的研究中概括出普遍的定律，但教育研究人员则不能通过对一个或少数管理现象的研究得出普遍适用的结果，这意味着科学教育管理理论的研究需要抽取更多的样本，其研究结论的适用范围一般很小。因而，通过研究结论得出的“规律”适用范围也就小，正是因为科学教育管理理论来源于教育管理规律，它不是放之四海而皆准的“真理”，不仅具有一定的弹性，还具有可错性的一面。严格说来，我们所发现的教育管理“规律”都是有弹性的，与自然科学的规律相比还有差距。探求教育管理规律，获得科学教育管理理论知识是我们一相情愿的想法，无奈，只有这样，我们才能提高理论的科学化程度。

2. 作为解释教育管理理论的研究对象——（现象）事实与价值的统一体

解释教育管理理论的研究对象是（现象）事实与价值的结合体。就解释教育管理理论的研究对象而言，它仍然是一种源于经验世界的事实，但其内容包括故事、事件、过程、意义、整体探究。[①] 研究的主要目的是对被研究者的个人经验和意义建构作“解释性理解”，研究者通过自己的亲身体验，对被研究者的生活故事和意义建构作出解释。因而，解释教育管理理论的研究对象是以现象为主，也包括了基于现象的价值。在认识论上，强调研究者对客观现实的主观阐释。此时的研究主体和客体成了一种对话关系，教育管理现象不断地建构着主体，变化了的主体再重新面对现实，不断循环往复，揭示教育管理理论的生成过程相当复杂和具有个性。解释教育管理理论主要凭借质的研究方法，质的研究是通过研究者与被研究者之间的互动对事物进行深入、细致、长期的体验，然后对事物的“质”得到一个比较全面的解释性理解。质的研究是由人种学研究发展起来的那一套现场经验研究技术，包括定性研究的设计方面的技术，以及参

① 陈向明．质的研究方法与社会科学研究［M］．北京：教育科学出版社，2000：11.

与观察、深入访谈、有目的的抽样等收集、分析和检验资料的技术。具有自然主义探究的传统，倡导在自然环境中进行以“经验为特征”描述性研究，在解释上具有人文性、理解性等特征。根据陈向明教授的归纳，质的研究是以研究者本人作为研究工具，在自然情景下采用多种资料收集方法对社会现象进行整体性探究，使用归纳法分析资料和形成理论，通过与研究对象互动对其行为和意义建构获得解释性理解的一种活动。方法主要包括：象征互动主义、人类学方法、社会语言学方法、常人方法学、民族评估、新马克思主义民族志、女性主义研究方法。[①]

二、教育管理议题与问题

教育管理的研究对象为什么还包括教育管理中的议题与问题？正是因为研究对象是一个认识论概念，哲学教育管理理论与实践教育管理理论的研究对象是待认识的对象与待改善的对象的混合体。哲学教育管理理论是主体需要与对象（现象）属性的一种关系建构。实践教育管理理论是变革现存事物，以引起所希望的结果，即给定教育管理目的，建议教育管理手段。其研究对象涉及到教育管理（现象）事实、社会文化、价值、未来行动、理想等诸方面内容。

1. 作为哲学教育管理理论的研究对象——价值与规范议题或问题

关于哲学教育管理理论分类，布雷岑卡（Wolfgang Brezinka）认为，“规范教育哲学不仅研究设置、解释和辩护教育目的，还包括推荐和辩护教育手段”[②]。为此，他认为应把规范教育哲学划分为教育目的规范哲学

① 陈向明．质的研究方法与社会科学研究［M］．北京：教育科学出版社，2000：12.

② Wolfgang Brezinka A. Philosophy of Educational Knowledge ：An Introduction to the Foundation of Science of Education，Philosophy of Education and Practical Pedagogics［M］． trans. by Brice，J. S.，Eshelman，R. Boston：Kluwer Academic Publishers，1992：183.

和教育手段（包括教育者行为方面和实物手段方面）规范哲学。[①] 我们认为，哲学教育管理理论亦可以作出类似的划分，哲学教育管理理论可分为教育管理目的规范哲学与教育管理手段的规范哲学。教育手段规范哲学涉及到人的因素及物的因素两个方面，所以教育手段的规范哲学可分为研究教育管理者及其行动的规范哲学、研究教育的物质手段的规范哲学。前者由研究教育管理者美德的教育理论与教育管理者行动的伦理学组成，后者由研究教育管理手段的价值论与研究教育组织的规范哲学构成。根据他的划分，我们认为哲学教育管理理论可做如下分类：

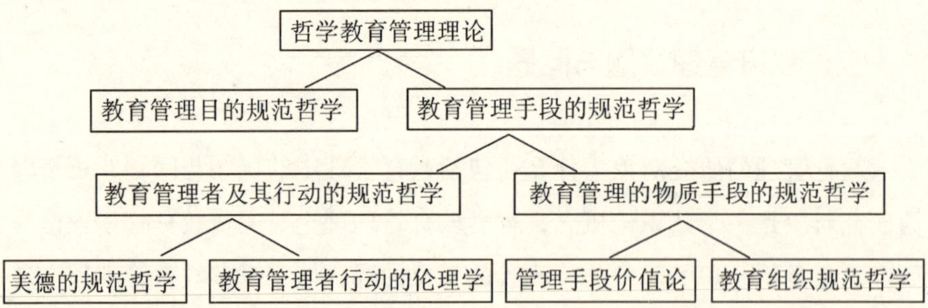

哲学教育管理理论能为教育者和管理者提供评价取向和规范取向，它首先要讨论各种与评价、规范有关的问题，这些问题涉及教育情境中的全部因素，尤其涉及目的和手段。

哲学教育管理理论的认识方式是认识主体将介入所认识的事物，对之赋予意义，进行评价、作出辩护或建立规范，其所研究的对象不是既定的客观的对象，而是无法给定规范的对象，即待辩护的价值与规范，此时哲学教育管理理论的研究对象不再是教育管理现象或事实，而是出于主体对教育管理的主观需要的价值或规范，这种需要离不开教育管理现象（事实）这个基点，但主体需要与（现象）事实属性是一种建构关系，不同于单纯的教育管理现象本身，表现为规范或价值的辩护或确立。这些有待

① Wolfgang Brezinka A. Philosophy of Educational Knowledge ：An Introduction to the Foundation of Science of Education，Philosophy of Education and Practical Pedagogics［M］. trans. by Brice，J. S.，Eshelman，R. Boston：Kluwer Academic Publishers，1992：194.

规范的对象进入研究者的视野，实际上就成为教育管理研究的议题或问题。议题有两种类型：一是从理论的框架出发来看待所研究的对象，从而提出理论，在这种取向中所讨论的研究对象就是议题，如教育管理目的、教育管理人性观等；二是一般性的问题，或老问题新含义，后者是前人，他人已经提出并解决过的问题，但是在不同的社会条件下总是有崭新的含义不明了，需要研究解决，这是教育管理中永恒的问题，如教育管理伦理。而教育管理问题是指反映到大脑中的、需要探明和解决的教育管理实际矛盾和理论疑难。教育管理问题可以是来源于教育管理实践，也可以是来源于教育管理理论，还可以来源于教育管理理论与实践的矛盾运动。有时教育管理问题并不必以教育事实为基础，“教育价值亦是教育问题产生的土壤”。[①] 对教育管理价值问题可以从主体的需要、价值的存在形态、教育管理追求的境界或教育管理过程的价值标准来划分。教育管理理论的发展和建构也是议题或问题产生的土壤。哲学教育管理理论的发展过程中存在大量的新问题。

教育管理的价值问题包括物质、制度和精神三个层面，如物质层面的价值问题有教育管理中的财政、校舍、教育设备的价值问题；制度层面的价值问题有教育法规与政策、学校制度、管理制度的价值问题；精神层面的价值问题有教育组织人的需要满足问题，人的地位、作用和尊严问题，管理伦理问题，教育管理的过程如何成为真、善、美、自由的过程，教育管理公平问题，教育权力与权利等等。

2. 实践教育管理理论——实践中的问题

实践教育学亦称教育行为学。它既不指向过去，也不关心现在，而是对未来满怀兴趣，它不表达既定的、存在的现实，而是提出行动的洞见和规则，它不是研究现实，而是建立理想。[②] 布雷岑卡认为实践教育学所涉及的是尚未存在的事物，而不是已经存在或发生的事件，它主要回答

① 周作宇. 论教育问题 [J]. 高等师范教育研究，1994 (1).

② Durkheim, E. The Nature and Method of Pedagogy in Education and Sciology [M]. trans by Fox, S. D. New York: The Free Press, 1956: 103.

“什么是应当发生的?”“应当做什么?”“教育应该如何进行、教育者在努力发挥种种影响时，应当怎样做或应当做什么”[①] 等问题。其目的在于提供规范性知识，其任务在于给教育工作者的实践活动提供指导。这种指导主要表现在以下四方面：一是说明社会的文化情境对教育工作者的意义；二是阐明各种教育目标；三是对教育行为和建立教育机构提出实践观点、规范、建设或指导；四是激发、鼓励和支持具体道德价值的教育活动中的价值取向和各种倾向。实践教育学因此在所涉及的对象、理论目的和任务等方面都与科学教育管理理论区别开来，非科学性构成了实践教育学的特性之一。

因而，实践教育管理理论的研究对象只能是从现象（已经存在的事物）出发，探讨如何变革未来的实践，即以教育管理现象为基点的实践中议题或问题为研究对象，它并不主要也不以研究教育管理现象为目的。“实践教育学没有科学目的，而只有实践目的。”[②]它是直接指向教育中的每个实际问题的，既为教育工作者规定任务，又给教育工作者解决具体问题提供有效方法。同样，实践教育管理理论作为一种规范性研究，意味着研究主体将介入所研究的事物，为事物确立价值取向与规范。其认识方式是“指令性的”。其研究对象是要主动地干涉未来的教育管理实践，如何具体地规定特定时空下的教育管理者的行动纲领，可以用“理想中的行动纲领”来概括。意思是：这些行动纲领是建议性的、非强制性的，富有理想性质，具有情感性和号召力，指向未来而不是过去，等等。实践教育管理理论要有效地指导教育管理实践，必须从科学教育管理理论中获得法则性的知识，从哲学教育管理理论中寻求价值判断的标准，它是通过对科学教育管理理论与哲学教育管理理论所提供的知识进行评价性综合来指导教育管理实践的。例如，督导人员如何在实践中有效地进行教学督导，这个问题涉及到教育督导现象，但研究对象要给被督导人员提供督导的一

①② 布雷岑卡．教育学知识的哲学———分析、批判、建设［J］．李其龙，译．华东师范大学学报（教育科学版），1995（4）：1－18.

些规程，我们必须提供有关督导的科学知识，结合督导现象和文化背景、人际关系理论、课程与教学实际等，提供一些可供参考的建议，这些建议的采用与否由督导人员决定。值得说明的是，不同的研究人员会给同样的督导人员提供不同的实践教育管理理论，这些理论都具有一定的价值。

总之，教育管理学研究的对象是根据教育管理理论的性质来决定的，不同的教育管理理论依据不同的认识论，其研究对象各异。因而，教育管理研究的对象具有文化性。

第四节　教育管理规律问题探究

1978 年以来，我国的教育研究者对教育规律的许多问题都作了有益的探讨，如对教育规律的概念、分类、内容等方面。这些研究在遵循马克思主义辩证唯物主义哲学思维方式的前提下，取得了一些成果，但研究的深度、广度及论争的热烈程度却很不相称。随着 20 世纪系统科学的发展，人们对事物复杂性的认识有了新的发展，这启发我们不得不重新审视教育规律问题。

关于社会科学中的规律性，国外早有学者涉猎。由于人是价值行为与情感动物，人的参与，使得社会科学研究显得格外复杂。人不同于机械实体，他是理性的，具有自由意志，如何处理这个特殊的研究课题导致社会工作者争论不休，各抒己见。争论的热点之一是：社会科学是否存在规律？亨普尔（C. G. Hempel）1942 年发表的"The Function of General Laws in History"一文掀起了这场争论的高潮。基本观点有三个：①社会科学规律与自然科学规律没有本质的不同，因此，社会科学可以用自然科学方法建构模型。主要代表人物有亨普尔和肯凯德（H. Kincaid）等人，他们试图避开直接讨论人类的自由意志的问题去提出对社会行为的合理解释。这种观点受到人们的猛烈抨击的原因，在于此观点没有看到人的独特性，把人当做无自由意志的研究对象，完全排除了价值判断。而社会科学由于其课题的特殊性不可能摆脱价值与意义的影响。因此，若还要坚持这种观点，就得解决人所带来的价值与意义的问题。最终要么是牵动整个科学哲学的规律观，纳入意向性，在科学与人文相结合的视角下重新审视科学规律；要么是想尽各种办法通过严格的句法——语义系统来取代主体意向意义的相互理解问题，排除主体的意向性、自主性，始终不直面意向性问题。②社会科学中根本不存在规律，价值与意义在社会科学中是不可或缺的，由此产生的复杂性和独特性，使得社会科学关于社会现象的研究方法不同于自然科学研究所采用的方法，应该使用“诠释论”方法，即在“理解”的基础上探求对象意义的方法，而诠释根本无需规律，但是诠释项与被诠释项之间依然存在某种联系，这种联系通常用“规则”或“约定”来表征。该观点的倡导者有狄尔泰、新康德主义者李凯尔特，克林伍德（R. G. Collingwood）、温奇（P. Winch）、格尔茨（C. Geertz）等人。这种观点对规则的关注引起了许多社会科学哲学家的注意。这也是回答社会科学中是否存在规律的关键所在。因为，只有通过分析规则观的逻辑进程我们才能看清规律与规则的区别与联系，才能给出一个相对合理的回答。[①] ③社会科学中是存在规律的，但是它们在功能和范围上与自然科学的规律可能截然不同。因此，社会科学研究采用的方法既要保证某种程度的客观性，又要充分考虑意向性带来的价值、情感等问题。主张这一论点的代表人物有韦伯（M. Weber）、戴维森（D. Davidson）等人，此种观点看到了第一种观点和第二种观点的优势和不足，有一些合理的地方。

受第二种观点的影响，国外相当一部分学者不承认教育中存在规律，如著名比较教育学者英国伦敦大学教授埃德蒙·金（Edmund King）就否认有支配社会和教育行为的经济学和社会学的规律，他认为“社会科学的规律性（包括教育规律）只不过是符合一定时间空间的一般化和假说”。[②] 尽管如此，还是有一部分国外学者承认教育中存在规律，如苏联

① 袁继红. 析社会科学中的规律观［J］. 自然辩证法研究，2004（3）：93－96.

② Edmund J. King. Comparative Studies and Educational Decision［M］. the UK：Mehen，1968：30－38.

的休金娜（Г. И. Щукина）、法国著名教育理论家米亚阿拉雷（G. Mialaret）、英国伦敦大学教育研究所的霍尔姆斯（Brain Holmes）、德意志联邦共和国的施奈德教授（Friedrich Schneider）、美国哥伦比亚大学的诺亚（H. J. Noah）和纽约市立大学的埃克斯坦（M. A. Eckstein）等人，他们并不否认教育规律的存在，他们也把教育当成一个处于普通联系之中的现象来看待，而不仅仅把它看成是一个自我表现的过程[①]。

笔者考察了我国改革开放后对教育规律研究的历程，发现我国学者对教育规律的界定可以归纳为二类：教育规律是教育发展过程中的本质联系和必然趋势[②]；教育规律是教育现象中诸因子发展变化所必须遵循的逻辑轨道[③]。教育活动必然受到一定教育规律的制约，后者认为所谓的“必然的逻辑轨道”同样表现为一种关系，一种必然的、本质的联系或关系，同样是事物之间或事物内部诸成分相互作用的结果，它只是“本质的关系”的一种表现形式，因而后一种定义也是前一种定义的翻版。这两种定义的实质认为教育规律是客观的，是不以人的意志为转移的客观存在。在我国教育界，多数学者仍然赞同这种观点。

后现代主义哲学的兴起与传播，对人文社会科学的规律性的认识带来了极大的冲击。后现代主义不是试图找到一个理论去解释世界，而是要具体的考据，明显表现出反本质，反规律、反普遍化、反总体化、反同一性、反确定性，肯定多元性、多样性、不确定性、差异性、非中心等特点。如利奥塔（Jean-Francois Lyotard）就认为“后现代知识的法则不是专家式的一致性，而是属于创造者的悖谬推理或矛盾论”[④]。相应地持后现代主义观点的教育学者认为教育中不存在普遍的规律，如有人认为“教学论的概念的含义一般都不可能是普遍的，自明的，企图以这些概念为基

① 扈中平．现代教育理论［M］．北京：高等教育出版社，2000：105－107.

② 顾明远．教育大辞典（增订合编本）（上册）［M］．上海：上海教育出版社，1998：750.

③ 马兆掌．教育规律的逻辑分类［J］．教育研究，1990（10）：16－20.

④ 利奥塔．后现代状况［M］．长沙：湖南美术出版社，1996：30－31.

础去追寻整个教学理论的普遍性显然是不现实的”[①]。

归纳起来，关于教育规律的性质主要有以下几种说法：一是教育规律是教育现象本质的、内在的联系，是客观存在的。至今我国仍有不少学者持这种观点。二是有人认为教育中不存在普遍客观的规律，只有相对的规律。三是持精神科学——解释学观点和后现代主义哲学观的人，则只把教育现象看成是历史性、价值性与精神性的现象，否认教育中存在规律，如有人认为教育是一种复杂的现象，从本质上说教育是一种价值选择，价值追求的活动[②]。

我们认为无论人们在理论上是否承认教育规律的存在，教育规律还是客观存在的，但教育中的规律又不同于自然世界中的规律，我们应对教育规律重新定位。

一、重新认识规律的性质

传统的观点认为，一切都是有规律的。我国的教科书里讲的“规律”即事物内部的本质联系和发展的必然趋势，事物的联系构成了运动，事物在运动中形成了各种联系，其中本质的联系就是规律[③]。我国学者编撰的哲学辞典也是如此，如《哲学百科小辞典》认为规律就是法则，是事物发展过程中的本质联系和发展的必然趋势[④]。通常的观点认为，规律是内在的，偶然性是外在的，规律是事物内在的固有的本质的显现，这种规律观严格地说是决定论的。

事实上，系统科学表明这些观点必须加以修正。当人类步入21世纪以后，系统科学代表了科学发展的新方向，它深刻动摇了几百年来经典科学的分析传统，正在改变科学的基本概念。人们对科学定律纯粹客观性、

① 郭晓明．论教学论的实践转向［J］．南京：南京师范大学学报，2002（3）：70－75.
② 王坤庆．试析教育学科的分化的内部矛盾［J］．中国教育学刊．1999（1）：10－13.
③ 国家教委社科司组．马克思主义原理［M］．北京：高等教育出版社，1998：95.
④ 刘文英．哲学百科小辞典［M］．兰州：甘肃人民出版社，1987：65－66.

永恒性、完备性和简单性之信念开始怀疑，发现了经典科学的局限性。一种关于世界整体性、生成演化及其复杂性的理解，一种冲破机械论传统，超越还原论方法的思潮开始在西方科学的各个学科中兴起。系统理论、自组织理论和非线性科学也改变了我们对传统规律的理解。

（一）随机对事物的发展过程的影响

一般来说，随机可分为外随机和内随机，前者在理论上是指具有动力学性质的随机性；后者来自于自身的发展，既可以是确定性的，也可能是非确定性的。

1. 外随机

外随机（stochastic）在理论上主要是指具有动力学（动力学是研究运动能量的科学）性质的随机现象，以往热力学的统计随机性是外随机，其确定性的根源在于外部的（噪声）干扰。也就是说，由于各种未知力量的影响，事物的发展在短期内无法预测，而在长期则具有概率性质的偶然性，也称真随机。对于外随机，其产生过程我们是无法描述的，但是对结果或体系最终结果或体系整个状态我们能够用简单（统计方法）加以描述。①

2. 内随机

复杂系统的演化更多的是由内随机引起的。由内部确定性引发的随机人们称之为内随机（或伪随机）。内随机可分为二类：一类内随机具有决定的偶然性，其发生可引起混沌。其特征是，短期内可以确定和预测，长期反而不能预测和把握，也就是说，偶然性可以是内在地产生的，这种偶然性才是现实生活中最多的。内随机具有涨落性，由于内涨落，系统在演化和临界点上，不再受概率论的“大数定律”支配，少数慢变量和序参量（系统宏观有序程度的度量，用以刻画系统从无序向有序的转变）的随机涨落有可能突破历史系谱相继的秩序，必然性在这里被打破，直到系

① 吴彤．论复杂性与随机性的关系［J］．自然辩证法通讯，2002（2）：18－23.

统选择并稳定在某一个新的分支后，“大数定律”才再次发生作用。哈肯指出，内随机很复杂，主要是因为这些系统包含着许多元素。另一类内随机是非决定的随机，非决定性的随机性是一种因果非等当（因果等当性即系统中两个原因的合并作用等于它们各自作用的简单和）的随机性，它使随机性因果失衡，使原因与结果之间大量地存在着对称破缺，包括时间上的不对称和空间上的不对称，导致系统或组成要素的微小变化。可以起到因果触发器的作用，能够引起整个系统相当大的变化。非决定的随机表明，不仅偶然性可以内在地产生，而且，这种内在的产生还不是像决定的随机那样，只有当时间足够长时才会发生。相反，这种内在性本身就是非决定的随机性。对于这类非决定的随机也基本上是用概率论来处理。

（二）混沌学研究对教育管理规律的启示

混沌学研究表明：事物发展的随机性不是来自外部干扰，而是来自自身的确定性之中，混沌是确定论系统中的内在随机性。科学进一步发展表明，混沌是一种有序的结构，一种特殊的规律图景，是一种规律与非规律之间的过渡，它通过分叉而使规律与非规律交替出现，确定性中有不稳定，不确定中有稳定。混沌作为有序与无序的对立统一，系统作混沌运动所产生的轨道在相空间的某个区域内经无穷次折叠，形成了分形的结构——奇怪吸引子或混沌吸引子，表现出在周围的轨道总是要向它靠拢，呈现出系统运动在整体上的有序性（稳定性）；但是一旦轨道进入奇怪吸引子后，又产生复杂的伸缩、扭曲、折叠的过程，因此，就具体轨道来看，它又是不稳定的，产生这种整体的稳定性与局部的不稳定性的原因是，系统的确定性使得其轨道服从确定性的规律（微分方程），所以表现出稳定性；同时混沌运动具有初始条件的敏感性，使得不同初始值确定的个体轨线表现出个体的不稳定性，因而它表现出既确定又随机，具有规律族性质。[①] 下图就是著名的洛仑兹吸引子的运动轨迹，吸引子的环和螺线有无穷的深度，而且永不相交，表明系统运动轨线在有限范围内的无穷次折叠、盘旋、缠绕、填充，它是系统总体稳定和局部不稳定的共同作用的产物。总之，吸引子是非平衡非线性系统演化的一种归宿，代表系统的混沌运动。

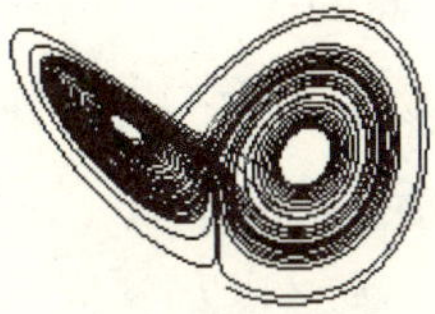

图1　洛仑兹吸引子的运动轨迹

以往我们是通过统计规律性来理解“必然性通过大量偶然性表现出来”，如个别微观粒子的运动是随机的，但大量粒子的宏观状态即具有统计规律性，混沌就其不可预测性来说，是一种随机，但就其空间有序结构而言，它又是确定的，混沌序表现的规律并不是通过统计规律呈现的，而是自身直接显现出来的。

（1）一切并不都是必然地有规律的，规律只是事物诸性质中的一部分，比因果关系的数量还少。事物发展过程中存在着大量的随机现象，其中有些随机现象是很难规律化的。

（2）规律的判据一直是可重复性，但可重复性从内随机的角度看，仅仅对于线性关系才是成立的，大多数情况下，可重复性是很难实现的。对于周期不规则的混沌现象来说，虽然存在具有分形结构的奇异吸引子，但实际预测很困难。[②]

（3）规律可能表现为周期性、准周期性和规律族（即运动轨迹的空间结构的自相似性），混沌序表明，当事物在平衡态、近平衡态或非平衡态的线性区域下，规律表现为本质的联系，此时，规律具有周期性；在混

① 李曙华．从系统论到混沌学［M］．桂林：广西师范大学出版社，2002：246－247.

② 赵凯荣．复杂性哲学［M］．北京：中国社会科学出版社，2001：235－236.

沌状态下，事物的发展往往表现出准周期性或规律族，诸周期等同或诸周期成比例的情况少见，但其运动轨迹的空间结构表现出自相似性。

由此可见，规律不是由因果性规定的，而是由稳定性规定的。条件变了，事物肯定要改变，其有序性肯定也要改变。稳定性越强，规律性也就越强，反之亦然。由于稳定性不同，社会规律与自然规律不同，由于条件不同，规律往往会有完全不同的表现，规律不是永恒的、固定的、不变的。所以我们说，规律是事物发展中一定条件下稳定的联系，其中稳定的联系是指事物发展的规律是在一定条件下、一定范围内、一定历史时期内的联系，它不是一成不变的，随着条件、范围、时间的变化，规律会随之变化。[①] 也就是说，在一定条件下，对象可能具有稳定的性质和规律性，但在另一种情况下，对象则可能因失稳失去规律性，再换一种情况，对象可能又走向新的稳定并具有新的规律性。否则，如果规律是放之四海而皆准的颠扑不破的真理的话，还要理论联系实际、具体情况具体分析干什么呢?

二、几个需要澄清的问题

大自然中有一些属于线性系统，它们的行为遵循着线性运作。所谓线性，是指方程或函数只含有一次方（幂）的项，它的图像表示为一条直线；所谓非线性是指方程或函数含有高次方（幂）的项，它的图像就不是一条直线。非线性科学的“非线性”就是借用数学语言，表示其研究对象的数学模型是非线性方程。科学家们习惯于把复杂现象称为非线性现象，把研究复杂性的科学称为非线性科学。线性系统的主要特征有两个：一是因果的时序原则和引起原则，将因果性理解为是一种事物和现象之间前后相继的关系，有引起和被引起之分。这种观念往往导致人们容易将世界的联系等同于因果联系。二是因果等当性，表现为原因和结果的对称

① 赵凯荣．从复杂性哲学看规律的复杂性［J］．系统辩证学学报，2003（2）：14－18.

性、对等性，即系统中两个原因的合并作用等同于它们各自作用的简单和。在一个线性系统中两个不同因素的组合作用只是每个因素单独作用的简单叠加，线性律意味着叠加性质有效。

1. 规律不再是本质的体现

关于本质的规定，我们必须加以明确。首先，传统的本质观不适合复杂系统。传统的观点认为“本质就是事物的根本的性质，本质总是类的本质，即一类事物之所以区别于他类事物的最根本的东西，因此，它是普遍性、共性，但并非共性都是本质”①。规律作为本质的表现只是在近平衡态、平衡态或非平衡态的线性区域才成立，只是在宏观系统的“大规模预报”和“长期预报”中才成立。

传统的线性科学认为，线性的因果等当性将系统和组成要素视为均匀的、等价的，其功能是可积的，可以进行简单的叠加。也就是说，线性的因果关系的分析程序是把客体分解为组成部分的“线性因果关系”。但现实的非线性复杂系统中，线性的因果关系不再适用，各组成要素或子系统的相互作用是非均匀的，不等价的，包括时间上的不均匀和空间上的不均匀。在复杂系统中，非线性关系使得“因果关系失衡”。在复杂性系统中，一个微小的因素会导致它的幅值戏剧性的效果。如量子的无原因的不确定性使得因果等当性被打破；能量在复杂系统中不一定守衡；大量的随机因素也使因果等当性不成立。因此，本质不是决定性的，有什么本质就有什么结果。

其次，本质是具体的、历史的。进入 20 世纪后半期，传统的时空观逐步转向内时空观。内时空是系统的内部变量，是物体的内部属性，或者说，内时空是事物自身的信息密码。内时空观揭示，本质既是内在的绝对的，不同的事物具有不同的性质；本质又是相对的，本质处在一定的时空中，表现为一定的时空性，也就是说在某一特定的条件下，在事物所有的诸多性质中，存在某种根本性质。

① 肖前. 马克思主义哲学原理［M］. 北京：中国人民大学出版社，1993：206.

2. 规律不一定是必然的联系

传统的观点认为偶然性是“没有被发现的”必然性。实际上，这一命题只有事物在平衡态、近平衡态、远平衡态的线性区域，才是绝对正确的；在远离平衡态时，一切都是偶然的，而越远离平衡态，分叉越多，分衍越快，甚至出现混沌现象。在远离平衡态的分叉临界点上，任何微小的扰动都会产生难以预料的巨涨落。由此可见，一切并不都是必然性，一切也不都是有规律的。

3. 内在性并不导致必然性（规律）

马克思主义认为，“历史事件似乎总的来说同样是由偶然性支配着的，但是，在表面上是偶然性起作用的地方，这种偶然性始终是受内部的隐蔽着的规律支配，而问题只是在于发现这些规律”。[①] 哲学教科书上讲“任何偶然性都服从于其内部隐藏着的必然性”，这些观点在线性科学状态下是说得过去的。但随着人们的认识逐步深入，自组织的内随机性表明：内在性也会产生偶然性，如洛仑兹吸引子。混沌学强调随机的根源在系统内部而不在外部，只有系统内部引起的不规则性或不确定性才可视为混沌。偶然性同必然性相比不仅数量上多得多，而且对生物进化和新质的创造的作用要远远超过必然性，因此，内在性并不导致必然性。

当代自然科学所揭示的规律对旧的规律观提出了挑战。旧的规律观明显具有极大的局限性。规律的发展经历了三个阶段，“原始人的偶然性的混沌的非决定论自然观；各种形式的决定论自然观；现代的确定性混沌观”。[②]

原始人的偶然性的混沌的非决定论自然观指的是原始人对自然界发生的各种现象，因为不能作出科学的解释，用图腾、宗教等神秘方式加以解释。

决定论自然观是建立在经典力学的因果观之上，解释原因和结果的存

① 马克思恩格斯选集：第4卷［M］. 北京：人民出版社，1972：243.

② 林夏水. 非线性科学与决定论自然观的变革［J］. 理论视野，2002（3）：22－24.

在方式和联系方式的理论。决定论认为因和果的存在具有普遍性，其根据在于牛顿力学的普遍有效性，因和果之间的联系具有确定性，无论从因到果的轨迹多么复杂，沿着轨迹寻找总能确定出原因（可能不止一个）或结果（可能是多个）。因果存在于联系的必然性，有因必有果，有果必有因，因为在经典力学中，简化的力学模型人为排除了偶然性，把必然性强烈地体现出来。决定论的核心思想在于只要初始状态一定，则未来状态可以由因果法则进行准确预测。

确定性混沌观是指非线性科学中既确定又随机的混沌的意思，即表示既必然又偶然的意思。非线性科学说明，自然界本质上是非线性的，它所遵循的是非线性规律，非线性规律既有别于动力学规律，也有别于统计规律，它是表达既有规又无规或既无规又有规的一种新的规律性；确定性混沌观表明自然界是必然与偶然的对立统一，必然与偶然矛盾双方和转化的结果，它使自然现象呈现三种形态：当必然性占据支配地位时，呈现必然现象；当偶然性占据支配地位时，呈现出偶然现象；当必然与偶然处于交织状态或不分主次时，呈现出确定性混沌现象或非线性现象。此时，他们表现为三种联系形式：必然联系、确定性混沌联系、偶然联系。其中，确定性混沌联系普遍大量存在，而作为两极的必然和偶然，也在一定条件下通过“确定性混沌”阶段相互转化。

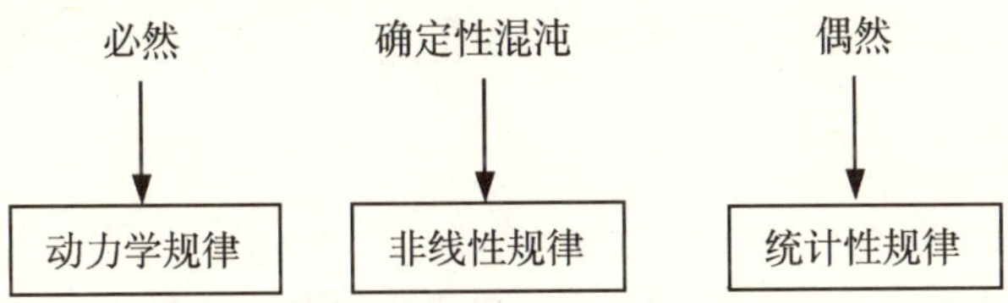

从规律的表现形式来看，自然规律更多地表现为动力学规律和非线性规律（确定性混沌），而教育管理规律主要表现为统计学规律，外加少量的非线性规律。

动力学规律所展示的事物之间的规律关系是一种一一对应的确定性联系，它指明一种事物的存在必定导致另一种确定事物的发生，同时，在动力学规律的作用下，偶然现象是非常有限的。

非线性规律反映或表达非线性现象或非线性因果联系的内在的、定性的规律性。其具有以下特征：这种规律既确定又随机，既稳定又不稳定，它围绕一个轴心运动，就像价格围绕价值波动一样，具有规律族性质。规律族有以下特点：在共时态上，同一事物可能有不同性质的规律性；在历时态上，同一事物可能有不同层次的规律。周期性的规律的诸周期等同或诸周期成比例的情况很少，实际的预测很困难，也就是说，规律的周期是不同一的，规律也不是只有一个稳定的不变的周期，而是多周期的。规律具有因果非等当性，规律不是单轨的，而是规律族；规律不是单周期的，而是多周期的周期族，其中，诸周期等同或诸周期成比例的情况是极少的，只在线性关系才具有。因此，我们研究教育规律不能不考虑教育规律的周期性问题。教育中存在很多钟摆现象，如中央集权制或是地方分权制；科学管理与人本管理；集权与分权，等等。这些钟摆现象表现教育规律的周期性的存在，这些给教育研究或教育管理研究增加了困难。

与之不同，统计学规律展示的不是事物之间简单的一一对应的关系，而是表达偶然现象或因果联系的外在的、定量的规律性关系，它不仅不能排除大量的偶然现象、随机现象，而且正是在大量的偶然现象、随机现象中才能表现出规律性。

教育管理事件的发生大多数具有随机性。在教育管理活动中，教育管理现象如果不是“大量”发生，它们之间就表现为一种非确定的关系；如果“大量”发生，它们之间就表现为一种相对确定的联系。教育管理现象属于文化现象，主要表现为确定性混沌现象、偶然现象，其规律表现为非线性规律（确定性混沌联系）、统计规律（偶然联系）。教育管理规律主要表现为非线性规律和统计性规律。为何教育管理规律表现为非线性规律和统计性规律，这是由于教育管理现象的文化性决定的，因为教育管理活动不同于自然界的物质运动，人的活动具有意向性、价值选择性，这就决定了教育管理规律的文化性和复杂性。

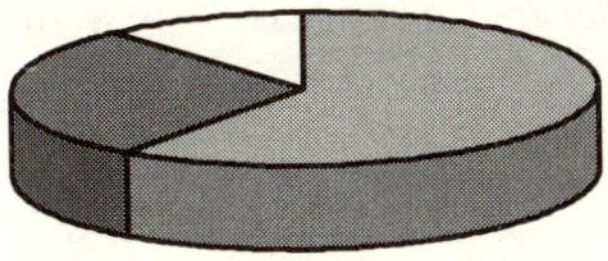

图 2　自然科学中的规律

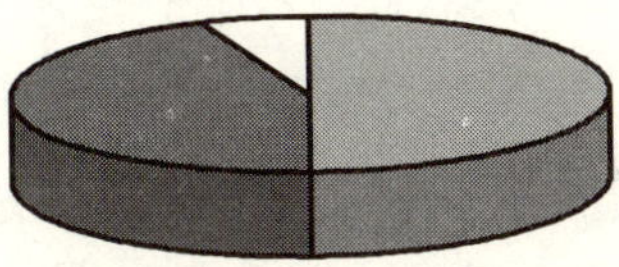

图 3　教育管理学中的规律

三、转变对教育（管理）规律的认识

（一）建立非线性教育规律观

随着科学的发展，我们对规律认识的加深，必须转变将规律看成“事物内在的、本质的必然的联系”这一观念。一方面，探讨教育规律要从纷繁复杂的教育关系中找出稳定的联系。如教育与人的发展关系和教育与社会的发展关系是教育活动的两个最本体的依据，是教育活动发生、发展和运行的基础和前提，教育与人的发展的稳定联系和教育与社会发展的稳定联系就是教育规律；教育与人的发展的关系和教育与社会发展的关系之间也存在着稳定的联系；教育活动的各要素也总是处于普遍的联系之中，也存在一定的稳定联系。另一方面，对教育（管理）规律我们必然重新理解。教育管理规律的复杂性远比自然科学复杂，教育管理系统是由人、组织和环境组成的，其中人是构成教育管理的基本要素，在特定的教育管理系统中，人被分成治理的主体和被治理的对象。教育组织是管理系统本身的实现形式。人们对组织存在三种不同的理解：有人认为它是机构，有人认为它是管理活动的一部分；还有人认为它是机能。这三种不同的角度形成的认识都可以最终归为组织系统。它们都是系统的属性，只不过看问题的角度不一样。

教育管理系统是一个混沌的系统，它常常处于有序与无序之间，教育发展通常是从无序到有序的过程，这个过程也可能是突变的，也可能是渐变的，整个教育组织系统发展常常是处于“无序中的有序和有序中的无序”之中，每一次教育改革都是实现教育的无序向有序的转化或者是有序向无序的转化。可以认为，教育管理规律是教育发展过程中稳定的联系。一定时代的教育管理规律也不是一成不变的、永恒的，随着时代的发展，教育从旧有的平衡系统过渡到新的不平衡，然后发展到新的稳定的有序结构，从而出现新的教育管理规律。

在自然界、人类社会的多数地方主要表现的不是线性关系，而是非线性关系。系统科学揭示了世界存在着一类新的、更普遍的、既确定又随机的混沌现象及其特有的“有序与无序”或称“确定与随机”的规律性，说明了世界本质上是非线性的，从而把世界及其规律性由两种（必然性现象及其确定性规律、偶然性现象及其统计性规律）扩大到三种（第三种是有序与无序的混沌现象及其非线性规律）。

过去我们也将教育管理规律分为确定性教育管理规律与统计性教育管理规律两类。确定性教育管理规律主要表现为因果必然联系的内在的、定量的规律性，也就是我们过去所认为的本质的、确定性的联系，也有人称之为普遍的教育管理规律或必然的教育管理规律。统计性教育管理规律表现为偶然现象或因果偶然联系的外在的、定量的规律性。随着各国教育事业的发展，普及义务教育的继续延伸，知识的激增，教学内容的相应增多，教育目标的多样化，教育的多元化取代了过去的单一性，教育系统已变成了一个非线性系统，不断地与市场、社会进行能量交换，是一个在远离平衡态形成的耗散系统，具有混沌的特征。这个系统中，任何个人都不可能对教育的发展起决定作用，教育系统体现为一个混沌的整体，成为一个无序中的有序，有序中无序的统一体。非线性教育管理规律是教育系统或教育活动中表现出来的确定性与随机性相统一的内在的、定性的规律性。

1. 确定性与随机性的统一

不论我们是否承认教育管理学中存在规律，教育管理规律还是客观地存在于教育活动中，这就是教育管理规律的确定性。但规律包括自然世界的规律不是绝对的、永恒的，随机现象常常扰乱规律的正常轨道。教育管理活动同样具有规律性，这种真理性不能绝对化、永恒化。即教育科学或教育管理学的真理具有随机性（不确定性）的一面，亦称可错性的一面。教育管理规律与人的活动及活动的价值取向联系在一起，相对于自然规律，它更具有伸缩性和延展性，在人类的活动范围内不是“铁板一块”，人类社会的进步和社会的发展会对教育管理不断地提出新问题，需要人们不断地加以解答。

教育管理规律是有弹性的。各种符合教育管理规律的情况具有相当的范围和幅度。以管理的跨度为例，管理的跨度广泛存在于各类组织中（管理跨度就是指一个管理者所能管理的人员的数目），许多学者对这个问题作过论述。法约尔（H. Fayol）就认为，一个人的企业不存在跨度问题，只有几个人的小企业也不存在跨度问题，但当员工上升到10人以上，组织管理就要分层次，管理跨度问题就出现了，每一个10名、20名、30名工人的新组就需要产生1个工长，2个、3个、4个或5个工长，就决定要任命1个车间主任，2个、3个、4个或5个车间主任就要产生1个部门经理，直至最高领导，最高领导一般只有4至5个直接下属。[①] 著名学者林德尔·厄威克（Lyndall F. Urwick）发现，理想的下级人数是4人，而在组织的最低层次，赋予他们的责任就是完成具体任务，而不是管理他人，这个人数可以在12人左右，另外还有认为一个主管人员可以管理20—30个下属。由美国管理协会对100家大公司的调查中，向总裁汇报

① Fayol，H. General and Industrial Management［M］. London：Sir Isaac Pitman & Sons Ltd，1949：55.

工作的高级管理人员的人数从 1 人到 24 人不等，只有 26 个总裁拥有 6 人或不到 6 人的下属，中间数字是 9 人。在被调查的 41 家小公司中，25 个总裁有 7 个以上的下属，一般的人数为 8 人。① 事实上，在各类教育管理机构中，管理跨度问题都存在，但不同机构不同层次的领导的直接下属人数都不一样。而如果按照确定性与随机性相统一的观点来探讨这两者之间的规律的话，我们就会在主管领导与直接下属之间留出一个范围或幅度，在这个幅度内，都是符合教育管理规律的。这就是管理中的确定性与随机性的统一。

以教育适应经济发展的管理为例。在教育的发展与经济发展相适应方面，德意志联邦共和国采取了大力发展职业教育的做法，美国则表现为大力发展甚至普及高等教育，等等。这些不同的表现可以理解为各个国家教育管理的不同的轨线。

因此，教育管理规律只要与实践的结果之间的不一致超出可容许的误差范围，就要加以修改。相应地，教育科学知识的生命周期一般相对较短，对教育现象的说明和解释既有确定性的一面，又有随机性的一面，这是教育管理规律的不足，但也是它的优点和生命力所在。

2. 发展性与稳定性的统一

教育管理活动的一个重要特征是它的发展性。一方面，人类社会在不同的发展阶段中，教育管理基本要素的构成及其组合的整体状态是不同的，不同的时代对教育的需求也不一样，教育管理活动的方式各异。另一方面，教育管理规律也具有相对的稳定性，在历史发展的不同时期，保持一定的连续性。以高等教育管理中的大学自治为例，大学自治与学术自由是大学办学的基本规律。大学自治指西方大学作为一个法人团体在法律的范围内享有自主办学、自主管理及自理内部事务的自由。大学自治和学术自由是大学办学的两根基本准绳，大学自治是学术自由的保证；学术自由是大学自治的体现，两者互为表里。西方大学自治起源于中世纪，最早的

① 孔茨，韦里克. 管理学（中译本）[M]. 北京：经济科学出版社，1993：192.

大学分为两种类型，第一种是学生的大学，如波隆那型大学，第二种是先生的大学，如巴黎大学。经过几百年的演变，其传统仍存在于欧美各国的大学中，在历史的长河中按民族国家的需要形成了各具特色的大学自治模式。作为特定历史条件的产物，“自治”和“自由”都不是绝对的，都不可避免地打上时代和阶级的烙印，大学自治不是纯粹的。一方面，历史上的大学自治已形成了一种传统；另一方面，在不同的历史阶段，大学都在不断地调适自身与政府、社会、市场之间的关系，保持自身的相对独立性，维护办学自主权。它们在某种程度是自我管理的，可以从各种不同渠道获得资源，必要时它们也有力量拒绝某些要求以捍卫自己的完整性。大学自治不是完全地脱离政府的控制或独立于公共资金，大学自治表明大学在以下方面有自己的自由：管理自己，设立自己的教学、课程、科研标准和重点，能够从其他地方筹得资金，能够决定内部组织事务。即使某所大学严重依赖公共资金，也不妨碍该大学自治的性质。为了提高管理效率，避免委员制和一长制的弊端，自治大学均采用校长负责制的管理模式。

3. 普遍性与民族性的统一

人类的教育管理规律具有一定的适应性，能在一定程度上指导实践。但这种适应性也是有限的，因为受教育活动的自为性影响，教育活动本身就是“文化涉入”、就是价值关联的，而不是“文化无涉的”、“价值中立的”。因而，教育管理规律受民族文化传统的影响，具有文化性，是某一特定文化背景的产物，受民族文化传统的影响，各国的教育管理规律具有民族文化色彩，从而教育管理理论的文化性、民族性就表现得尤为突出。

教育管理世界是一个极为丰富、生动活泼的生命有机体，是一个充满价值、情感、欲望和非理性的文化世界。由于文化传统、政治环境、社会背景不同，中国和西方国家形成了不同的教育行政管理体制、高等学校内外管理体制、中小学内部领导体制和校长管理制度。这些都是教育管理规律的民族性的具体体现。

如果我们把校长负责制作为广泛存在于各国中小学的一种管理体制，把它视为一个规律的话，但各个国家的中小学所实行的校长负责制具有不同表现。美国从历史上就形成了由各州管理的，公立学校和私立学校并行的体制。只要不背离联邦宪法，联邦政府无权参与各州的教育。州管学区，学区董事会任命校长，校长管理学校，校长有权决定课程。美国许多中小学在遴选新校长时，由学校教育人员和社区人士所组成的委员会进行操作；部分学校则采用“学校本位团队”（site based team）负责审查（screening）和面谈（interview）的工作；另外，也有成立“特别委员会”（ad hoc committee）进行有关遴选工作，特别委员会的成员包括家长、社区人士、学生、教师、咨询人士、学区办公室秘书、教育行政人员、教育局长或学校董事会董事等。各校实际的遴选过程则各有差异。英国中小学的管理体制是理事会领导下的校长负责制。理事会是学校的最高决策机构，校长是学校的最高行政负责人。公立学校理事会是吸收社区、教育局、学生家长和教职工共同参与学校管理并对学校实施集体领导和广泛监督的机构，是引进社会参与、民主开放的机制。以美、德小学为例，理事会成员有：地方教育局合作的代表 4 人；校方代表 3 人（校长 1 人，教师代表 2 人）；家长代表 4 人；社区代表 4 人，它们是来自商业、企业、金融，司法等不同行业的“外行”人员。英国中小学校长产生的方式通常是招聘制。招聘以登报和广告的方式在全社会范围内进行。招聘校长时，有明确的学历、任职资历、业务素质、人品修养等方面的要求。应聘者的竞争相当激烈，通常需经过履历审查、面试答辩、试用期考核等才能最终确定。

我国的中小学也实行校长负责制，校长由行政主管部门或政府任命。1985 年 5 月发布的《中共中央关于教育体制改革的决定》指出：“学校逐步实行校长负责制，有条件的学校要设立由校长主持的、人数不多的、有威信的校务委员会，作为审议机构。要建立和健全以教师为主体的教职工代表大会制度，加强民主管理和民主监督。学校中的党组织要从过去那种包揽一切的状态中解脱出来，把自己的精力集中到加强党的建设和加强思想政治工作上来；要团结广大师生，大力支持校长履行职权，保证和监督党的各项方针政策的落实和国家教育计划的实现。”显然，中小学校长负责制作为一个普遍存在的体制，在上述三个国家的含义和运作机制均不一样，具有明显的民族特色。各个国家制度安排的不同源于不同的文化传统。从处理问题的方式看，西方倾向于民主征求意见，由多个利益主体共同决策，英美国家的校长负责制重点体现了校长对社区、家长负责，倾向于选择委员会制下设“一长制”；中国倾向于依赖集权的力量进行统治，倾向于选择任命式的“一长制”，校长在形式上对政府负责。

（二）教育管理学中的统计性规律

对于教育管理中的事实问题，许多研究者试图用统计学的方法来寻找其中的内在规律性，但人的活动是与人的愿望、动机和需要等价值倾向联系在一起的，具有明确的目的性、指向性、艺术性和非理性。西方学者霍金森提出了一个很有意思的价值范式体系，该体系可分为三个层次①。最高层是超理性价值——意志，这种价值是非理性的，超出常理之外，它包含一种信念或意志，取决于对原则的信仰，如对一种道德原则或宗教教义的信仰。中间层是理性价值——认知、理性和思维。这里面又可以分为两个亚层，在较低的子项上的价值根据是舆论，社会舆论包括法律与法令的形式在内，是价值判断的理性标准。一般的社会道德出现在舆论的层次上，对道德的遵循本身就是理性判断，在较高的子项上价值判断依据结果进行，正如在经济行为中所发生的，经济实体倾向于取得最大效益的行动。投资者不会将资本投入到预期必然亏损的企业或交易中。甚至在企业家的慈善行为的背后，大多也潜藏着对经济后果的预期，即让慈善行为成为一种吸引消费者或投资者的广告；第三层是非理性价值——情感、情绪和感觉。这种价值的基础在于，客体或行动受到主体的偏爱。人的偏爱更为复杂，除了本能以外，以可以在一定的环境中习得，偏爱具有非理性的特点，在主体享有充分的不受约束的自由的情况下，非理性价值对个人的行为具有强烈的支配作用。对于不成熟个体，价值具有很大的易变性。由

① 霍金森．领导哲学（中译本）［M］．昆明：云南人民出版社，1987：35.

此我们可以想象含有价值的管理活动是多么复杂，管理活动是很难通过统计来规律化的，以实证主义取向的管理学研究还在继续研究这种方法，采用统计、测量、归纳的方式进行。经典统计规律是表明大量随机事件与其中某类随机事件的总和之间的数量关系。教育管理中大量的统计显示出“某种规律性”，这些是否是统计性规律呢?

统计性规律系运用概率所获得的结论。概率论研究的途径——从数量的侧面，研究随机现象的统计规律性，即用概率度量随机现象的统计规律性。概率论是数学中一个很有特色的分支。概率论的理论和方法，广泛地应用于工业、农业、军事、科学技术和社会科学的各个领域。在现今社会，科学技术的各个领域，没有一门自然学科不在某种形式下应用概率的方法。在理论联系实际方面，概率论是数学中最活跃的分支之一。概率论的理论和方法，向各基础学科、工程学科的渗透，是近代科学技术发展的特征之一。一方面，它与其他学科相结合，发展了不少边缘学科——生物统计，统计物理，数学地质，计量地理，数理统计，多元分析等；另一方面，它又是许多重要的新兴学科的基础——信息论，控制论，系统论，自组织理论等。

概率论的运用也存在很多问题。在自然科学以及日常生活中，运用概率所获得的统计性规律具有一定程度上的必然性。如当我们把随机的事件放在一起时，它们表现出令人惊奇的规律性。当我们考察掷硬币这样的随机事件时，模式和趋势也变得很明显。如果你将同样的硬币掷100次，你知道它将差不多50次正面朝上，50次反面朝上。类似地，尽管某一车祸在几次不大可能的事故中是唯一的，但当你考察所有的事故时，你会发现其中带有令人不安的规律性。一年又一年过去了，美国差不多每年都有4万多人死于车祸。尽管某一特定车祸的发生概率很小，但这个数字却令人难以置信地稳定。但在教育管理学中，运用概率的方法所得到的统计性数据的必然性是非决定性的。因为，对于这类规律一般采用概率统计的方法。但这种把握意味着不完备性，即这种规律不精确，这种规律本身就允许了反例存在——概率具有倾向性和等距性、主观性。[①] 如何分配权重会对结果产生很大的影响。如在英美国家很多人调查择校对于民族整合方面，不同的地区、人群和权重比例出现了不同结果；在单性学校的研究方面，不同研究者在调查中分配的权重不同，对单性学校能否提高学生的成绩也得出不同的结论。如海地·霍伍德（Heidi Howard）等人的研究表明，在男女合班上课的班级与单性班级的学生中，学生前后的成绩没有实质的差异。[②] 另一项显示，在单性教育中，尽管男生与女生有着同样的学习机会，男生与女生的成绩差距在缩小，但女生在一些科目的实际成绩比男生要好。[③] 在教育收益的统计调查中，发展中国家初等和中等教育的收益率要高于发达国家的初等和中等教育。这种数量关系无论如何也不能看成是因果关系。统计性所揭示的“必然性”也只能由大量的随机事件来表征，并只能在具备一定最低限量的随机事件时才表现出来，任何单一的这种事件都不能单独地反映出必然性。

教育管理（学）只是不属于严格意义上（狭义）的“科学”的活动，只是属于广义的科学（学问）。这个问题已在前面作了较长的论述。从根本上说，教育管理学所研究出的规律也和自然科学的规律存在本质上的差异。教育管理学中几乎不存在确定的规律，只是有一些非线性规律和统计性规律，而且这些规律也同自然科学的规律存在质和量上的差异。在质的方面，自然科学的规律以必然性规律和非线性规律为主，当然也有一些统计性规律。而教育管理学中尽管有非线性规律和统计性规律，这些规律的伸缩性较大。在量的方面，自然科学的规律基本上可以数字化，但教育管理规律较难数字化，即使数字化后，其信度也不高。所以管理理论，乃至教育管理存在“丛林”现象，学派林立，理论纷争。

① 赵凯荣．复杂性哲学［M］．北京：中国社会科学出版社，2001：209，235－236.

② Heidi Howard，Rick Sansted. Single-gender Piloting Study：Single-Gender 9 Grade American Government Class Report to the Edina Public Schools Board of Education［R］．August 2003.

③ Riordan，C. Student outcomes in public secondary schools：Gender gap comparisons from 1972 to 1992［C］．Paper presented at the Annual Meeting of the American Sociological Association，San Francisco，1998.

总的来说，教育管理中的统计性规律由于管理活动的价值的涉入，其结论也只是一种稳定性的联系，而不是必然性的联系，与决定论意义上的规律存在着巨大的差别。教育管理理论与实践是一对永恒的矛盾。教育管理规律作为一种稳定的联系，可以体现为科学教育管理理论，教育管理理论与实践为什么是分离的，如何解决这一矛盾，我们也可以从文化学的角度作一探讨。

第五节　教育管理理论与实践关系的文化学分析

我们认为，教育理论可分为科学教育理论、价值教育理论、行动教育理论和解释教育理论。在自然科学的学科构架中，较为明显地形成了基础理论学科、应用理论学科和工程技术学科，这些学科的分化和相互配套有力地促进了自然科学理论与实践的密切结合。它们与实践的关系，最直接的是工程科学，它直接与生产实际的要求相吻合，其次是技术科学，它提供工程科学的原理。根据自然科学的构架，教育理论的类型，结合国内元教育学研究的成果，本书将教育理论主要分为四类：科学教育管理理论、哲学教育理论、实践教育理论和解释教育管理理论①，作为教育学的下属学科，我们认为依照教育理论的分类可将教育管理学的理论分为四类。一是科学教育管理理论，以教育管理事实为研究对象，回答“是什么”的问题，解释教育管理中一般的“规律”，属于事实判断，检验尺度是判断真伪，立论与检验方法是证明或证伪。二是哲学教育管理理论，解决“评价—规范”的问题，也就是回答“教育管理应该是什么”或者“应该怎样管理”的问题，这类理论为教育管理实践活动提供规范，属于价值判断。检验尺度是有效性，立论与检验方法是辩护或批判。三是实践教育管理理论，其研究对象是既存的教育管理事实的变革，探讨如何具体地规

① 此处参考了国外学者维尔曼、图尔干、布雷芩卡，国内学者陈桂生先生的有关提法。

定特定现实背景下教育管理者的行动纲领，其任务是告诉生活在一定社会环境中的教育管理者应实现的教育任务，为他们提供有效地实现这些任务的方法，解决“规范一行动”问题，即“应该怎样管理”的问题，我们称之为实践教育管理理论。它为实践者制定行动纲领，检验尺度为对实践指导的有效性。四是解释教育管理理论，是关注个别事件的意义的经验性理论，以实践者的自我描述为基点，对个别情境的目的与手段存在的各种关系所蕴涵的意义的理解性陈述，这种理论是对具体情景中的实践者的独特的教育管理活动创造性地诠释的结果。

一、教育理论与实践脱节的归因分析

各类教育理论本身与实践的分离表现在以下几方面。

1. 科学教育管理理论与实践的分离

科学教育管理理论是依据教育管理规律的描述性陈述。我们认为，科学教育管理理论与教育管理规律存在相关。规律具有的客观的“自在性”，是被人发现出来的，客观规律在它们未被人发现的时候也是存在的。“从语言学和逻辑学的角度来看，规律是关于存在的普遍性的陈述和判断。”①

规律这个术语在语义学上有两种不同的含义，一是指他们不依赖于人的认识而存在，在教育领域中，人类的教育的行为和活动都是顺应和“符合”这个指称和含义的规律。二是作为科学研究认识和探讨发现结果而出现的“规律”在不同程度上不可避免地带有人的主观的烙印，只会接近于“绝对真理”，甚至包含着错误的成分或谬误。因而，人们创制的教育理论有可能接近真理，有时包含错误的成分，甚至谬论。

从规律的表现形式来看，自然规律更多地表现为动力学规律和非线性规律（确定性混沌），亦有部分统计性规律。教育管理现象属于文化现

① 李伯聪．规律、规则和规则遵循［J］．哲学研究，2001（12）：30.

象，主要表现为确定性混沌现象、偶然现象，其规律表现为非线性规律（确定性混沌联系）、统计规律（偶然联系）。其中非线性规律具有确定性与随机性、发展性与稳定性、普遍性与民族性等特征。

教育管理规律独有的性质决定了我们研究结论得出的“规律”适用范围也就小，正是因为科学教育管理理论来源于教育管理规律，科学教育管理理论不是放之四海而皆准的“真理”，不仅具有一定的弹性，还具有可错性的一面。科学教育管理理论与实践脱节是自然的，科学教育管理理论只揭示规律，不解决实际问题。科学教育管理理论诚然“不能直接用于教育实践，而只能翻译、改造和引入到教育实践理论中去，形成教育者判断的基础，用来共同作出与情况有关的各种决定”。[①] 科学教育管理理论与实践存在一定的距离，与实践是脱节的。

2. 教育价值理论、规范教育理论以及解释理论与实践的分离

在这三类理论中，问题更为复杂，它涉及到人的意志选择和政治、文化等背景。

首先，教育管理价值理论是解决“评价—规范”的问题的，它只是有可能有目的地运用科学教育管理理论中的成果，得出含有价值取向的判断，为教育者、教育管理者提供科学教育管理理论所不能提供的规范及价值取向，为有关教育现象的某些类别的价值判断进行宣传和辩护，也为适合于教育目的和教育手段的理想与行为规范进行辩护。其主要任务是设定教育目的，为教育方法提供辩护。教育价值上的规范尽管建立在经验知识以及其内容的判断的基础上，通常情况下，逻辑的演绎、经验知识和人的意志“决定”在教育价值的辩护中均起到一定的作用，尤其是人的意志“决定”最终是规范制定的决定因素。韦恩伯格认为，规范内容的决定的确依赖于经验知识和信息，规范的辩护依据是关于社会情景的知识，规范的建立是一个在不同的可能性规定中作出选择的过程，解释被选择的可能

① 布雷岑卡．教育学知识的哲学——分析、批判、建议［J］．华东师范大学学报（教育科学版），1995（4）：1－18.

性规定是一个认知的过程，它形成一个客观的框架，从制定规范的整个系统来看，最终的决定因素是人的意志。[1] 这样，不同的意志决定会导致不同的教育价值管理理论的产生，甚至是相反的理论。如伦理和道德评价在管理价值理论中最多，关于伦理道德评价的理论具有明显的相对性和变化性，甚至是不确定性。教育价值管理理论不具备明显的可操作性，只是一种价值导向，与实践存在较大的差距。如教育管理过程中如何实现人本化管理，不同的管理人员会依据不同的民族文化、当地环境以及管理情境采取不同的策略，没有统一的模式，简单地说“教育管理要以人为本”在实践中不具备操作性。

其次，实践教育管理理论依赖于有限的科学教育管理理论，并参照教育管理价值理论。实践教育管理理论是解决“规范—行动”问题的，但实践教育管理理论没有自然科学工程理论那么单纯，工程问题的解决，主要靠人的智慧、理性和技术的运用结果，但教育管理这种社会工程，是理性与教条、理智与情感、技艺与道德糅合而成的复杂工程。行动教育理论首先要运用所谓科学教育管理理论的成果，但是科学教育管理理论的成果是有弹性的，这对实践教育管理理论来说无疑打了一个大的折扣，弹性化和不确定的科学教育管理理论，不同于自然科学中的基础理论（这些理论为技术科学和工程科学提供依据）。教育领域中的科学理论与行动理论，不像自然科学里两类理论间那种十分密切的“基础与应用”的关系，科学理论自身的特殊性无法为行动理论提供强有力的依据，即使我们假定某些科学教育管理理论正确，但它毕竟建立在不牢靠的规律性陈述上。实践教育管理理论除了在有限的程度上利用科学教育管理理论的成果外，还需参照教育价值理论的某些方面，如在目的论方面，直接从现行的世界观和道德规范中得出关于目的的建议，在职业动机方面，根据现行的世界观和道德规范，对教育者的动机施加政治性的影响。

① Wolfgang Brezinka A. Philosophy of Educational Knowledge : An Introduction to the Foundation of Science of Education, Philosophy of Education and Practical Pedagogics [M] . trans. by Brice, J. S. Eshelman, R. Boston: Kluwer Academic Publishers, 1992: 202 – 203.

实践教育管理理论的多样性和自主性。它涉及到对大量的社会现实的描述与判断，现实的政治、经济、文化、道德等因素，影响着人们的行动判断及解决问题策略。科学教育管理理论的规律性陈述不能直接转化为适用于具体情景中的具体行动的规范。它需要理解特定的教育情景，在可资利用的科学教育管理理论的基础上，选择与特定情境中的教育行为有关的知识，并做出分析。出于某种特定社会情境下的实践需要，对现实的事实做出的选择和解释，都不可避免地以某种特殊的观点（如价值观）为基础，这使得选择和解释事实带来了随意性，而这种观点永远不是唯一可行的或正确的，导致对情景的分析存在多种可能性。作为社会工程理论的行动理论并没有针对具体的教育管理实践，“而是在相对一般的意义上，为解决普遍的教育实践问题而提出的，对具体的实践来说，它只是一种参照与待选择的建议”。[①] 实践教育管理理论的建立，只是提供规范和建议，其自身与各国当今社会的意识形态密切联系，依赖于对社会生活及独特教育情景的分析，带有一定的政治性、教条性、民族性和多样性，对待同一教育管理问题具有多种解决方案，正是实践教育管理理论的相对自主性，不是每一种方案对实践者都合适，这样形成的理论与真实的实践自然而然存在一定差距；如果某一实践教育管理理论适合某一特定的情景，它必然远离另外的情景，其指导意义也就相对有限。也就是说，实践教育管理理论必须和实践保持一定的距离，其适应性才较强。即使其中一种理论对一定范围内的实践者合适，这一实践教育管理理论同每个教师、教育行政人员在具体时间、地点、条件下的实践存在或大或小的距离，有的可以共享，有的极为个性化，即便是共享的实践教育管理理论也需要实践者的智慧进行创造性转换，灵活运用，需要对理论进行中介和个性化的转化，才能加以运用。个性化的实践教育管理理论，在不同的个体之间无法移用。

由此我们知道，实践教育管理理论与实践有一道天然的鸿沟，与实践存在一定的距离。

① 唐莹．元教育学［M］．北京：人民教育出版社，2002：396.

最后，解释教育管理理论是研究者对实践者的自我解释的再理解或再解释，它能培养实践者的反思意识，通过实践者的反思调节间接地指导实践，但解释教育管理理论所提供的“理解”存在着多种的可能性，易受价值的左右，没有提出改变实践者行动的建议，显然这种理论贴近某一种实践，但却疏远了其他的实践，无法从根本上解决理论与实践分离的问题，只是为实践者提供了反思与参照的文本。

二、如何对待教育理论与实践的差距

对待教育理论与实践的差距，我们不能苛求从事教育实践的各类人员，唯有从以下两个方面来着手：一方面，理论研究人员自身主动来缩小这种差距；另一方面，各个层面的实践工作者承认这种差距，灵活对待各类教育理论。

（一）区分事实研究与规范研究，教育研究人员自身分流为“事实——规律”、“评价——规范”、“规范——行动”和“事实——解释”等类型

“事实——规律”型。从事科学教育管理理论研究的人员以事实为依据，在对“是什么”的研究的基础上，考察教育现象，通过对事实的研究，揭示某种教育现象发生的原因与条件，分析原因与结果之间的内在联系，从事实中得出假设，该假设须接受事实的检验，也就是用教育事实加以证明或证伪，探讨教育现象背后的一般“规律”，提供一般的理论。这需要教育刊物的主办单位和各类教育研究项目的管理单位鼓励有数据支持的经验性研究。没有相关的刊物和科研项目的配套扶持，教育研究人员是很难分流的。

“评价——规范”型。从事价值教育理论研究的人员根据本国的国情，结合时代的发展，参照国内外共同遵守的伦理道德价值信念，构建符合人与社会的和谐发展、符合教育自身发展的价值教育理论。

"规范——行动"型。从事实践教育管理理论研究的人员，根据特定社会文化背景下的教育活动的特定方面，将那些科学的、价值上的结论，发展成指向教育行动的陈述体系；不仅要关注实践，以实践中的问题为导向，而且要与实践展开对话、进行沟通，达成理解，提炼、归纳有价值的实践教育管理理论，从而提升实践教育管理理论的水准。无论实践教育管理理论的研究者多么能干或具有创造性，所提炼的教育理论也只是具有相对的价值，由于教育管理规律的弹性和教育管理实践的情景性，实践教育管理理论与实践的鸿沟无论何时都会存在，对实践的指导也只是具有局限性，正如扈中平教授所言"教育理论不可不信，不可全信"，即便是具有一定价值的实践教育管理理论，仍然需要实践者的智慧，在不同的实践中加以灵活运用。

"事实——解释"型。从事解释教育管理理论研究的人员采用质的研究方法等，对事实进行描述或说明，提供有关教育现象的调查、统计数据，形成解释人类行为及其意义的理论，为教育决策提供参考。另外，我们还要鼓励广大专家与实际工作者一起合作，从事行动研究。可以采取"合作模式"和"支持模式"，前者的研究问题由专家和实际工作者一起协商提出，双方一起制定研究的总体计划和具体方案，共同商定对研究结果的评价标准和方法；在后者，专家则作为咨询者帮助实际工作者形成理论假设，计划具体的行动，评价行动的过程和结果。

（二）宏观、中观、微观教育管理理论与实践分离的解决策略

教育管理理论与实践的关系比较复杂，要解决教育管理理论与实践分离的问题，需要从宏观、中观、微观三个层面加以考虑。

1. 宏观层面——国家、省级政府层面

教育政策与教育理论属于两种文化[①]，加上教育实践，三者构成了三种文化。教育政策制定的主体与教育理论研究的主体并不是同一主体，安

① 袁振国．中国教育政策评论2001［M］．北京：教育科学出版社，2001：前言．

德森在《公共政策》一书中将政策制定分为官方和非官方两大类。官方的政策制定者是指那些具有合法权威去制定公共政策的人群，包括立法者、行政官员、行政管理人员和司法人员，非官方的政策制定者包括利益团体、政党和作为个人的公民。[①] 在此层面，需要三个系统（教育理论界、决策部门和实践中的群体，如管理人员和教师）的配合，制定科学合理的教育政策，引领实践。

教育管理实践 ⟸⟹ 制定科学的教育政策 ⟸⟹ 教育管理理论

科学的教育政策的制定需要依据、参照或参考甚至转化上述四种教育理论，这需要吸纳广大教育研究人员的成果，或者在政策制定过程中，邀请各类教育专家的参与，否则，科学的教育政策无从谈起。

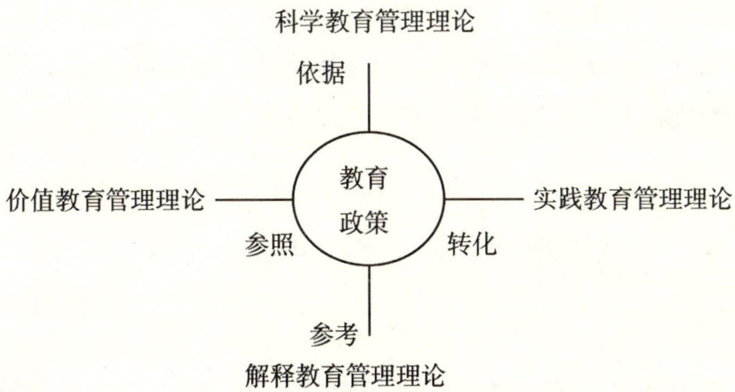

图4　教育政策制定的依据

2. 学校层面

校长及有关管理人员本身在个人的成长经历中就已经内化了一些个性化的实践管理经验，例如这些人可能在从小学到大学（或者研究生）的某一阶段，担任过班干部，或协助他的老师从事过学生管理方面的工作，积累了宝贵的管理经验，具备了一些实践智慧，这些人可能不学习教育（管理）理论就可以尝试着进行管理。必要的理论修养对于一个成功的管

① 安德森．公共政策［M］．北京：华夏出版社，1990：44－58.

理人员来说还是需要的。他们可以学习科学教育管理理论，选择与参照实践教育管理理论，参考有关学者对同类型的学校研究而得出的解释教育管理理论，获取有益的借鉴，然后通过理性的决策，制定学校发展规划，更好地进行学校管理。

3. 教师层面

教师在个人漫长的求学经历中就已经内化了一些个性化的教育教学认识，曾经教过他的老师的教育教学方法、策略和手段都会给他留下很深的印象，这些经验默默地为他提供参照，他可能浑然不知，因而往往会出现这样的现象，没有学过教育学、心理学或学科教学法的人也会成功地进行教育教学和班级管理。这并不等于说，各类教育管理理论对教师而言毫无益处，相反，教师学习科学（教育）管理理论，选择与参照实践教育（管理）理论和解释教育（管理）理论，进行教学反思和课程慎思，然后将自己所感知、感悟的个性化的理论运用到课程与教学和班级管理中，这会有力地提高他个人教育教学与班级管理水平。

第六节　教育管理中的关系

在教育管理中，存在两对关系范畴——管理方（人）与被管理方（人）、人与物。受近代实体思维的影响，不少理论工作者采取传统的古典组织理论的观点，把教育管理作为一种静态的事务进行探索，将教育管理中的管理方称为主体，被管理方称为客体；把学校组织作为静态的实体进行研究。[①] 由于教育管理理论研究的对象是变化的、价值的和发展的，时代的发展要求我们对此重新进行审视。下面拟从关系论的角度对教育管理中的两对关系范畴作一清理。

① 黄崴．后现代主义教育管理思想解析［J］．教育理论与实践，2001（7）：19.

一、教育管理中的实体思维方式

在教育管理理论与实践中实体式思维方式仍然大有市场。该思维方式视管理对象为"实体"。"实体"作为西方最核心的范畴，两千多年来支配着西方的哲学思考。亚里士多德最先提出这个概念，他认为，"实体就是固定不变的作为其他东西的主体、基础、原因、本质，并先于其他东西而独立自存的东西"[①]，也就是说，实体最根本的意义是指，它不依赖于任何别的存在者就能存在，而其他一切存在者都依赖于它而存在。近代哲学发生了认识论的转向，但也未能抛弃实体本体论。康德、黑格尔、休谟都在不同程度上将实体本体论发展到它的终局。[②] 受实体思维方式的影响，"人"、"世界"、"上帝"、"价值"乃至"语言"都被设想为是完全孤立自存的东西。实体思维有如下特点：①直观的视角，预设主体与客体、主观与客观分离，预设主体及其实践绝对无涉的"事物本身"；②实体思维认定，事务的质和属性是事物本身固有的，与该事物直接同一，实体是自足的、封闭的、孤立的。实体思维也承认事物之间的关联，但这种关联是具有确定质的两个外在事物的关联，是与根本性质无涉的情况下的相互作用；事物也表现为过程，但它是具有不变质的实体的量变；③以"存在者"和"什么"为思考对象。实体思维重在对"什么"的分析，厘清或找出与能指对应的所指，而不是"是"本身，不是生成、"成为"。[③]

人作为管理的核心在管理中有管理方与被管理方之分。正是这种实体式思维方式，人们视教育管理中管理执行方为主体，被管理方为客体，有意或无意地把被管理方当做"实体"，这是一种静态的联系。主体和客体

---

① 罗嘉昌．从物质实体到关系实在［M］．北京：中国社会科学出版社，1996：5.

② 李无苑．从实体本体论到文化本体论——论当代哲学的转向［J］．浦峪学刊，1995（3）：5－8.

③ 孙美堂．从实体思维到实践［J］．思维哲学动态，2003（9）：6－11.

的相对分离存在，注重对客体——“人”的协调与控制，容易导致对被管理方的控制与操纵，出现非人本化倾向，即把被管理方看做物化的人、被动的人，可资利用的工具人，而不是有血有肉、有情有义的个体人。[①]

在人与物的关系方面，受实体思维方式的制约，“教育管理者所作用的客观对象系统”就成为一种“实体”，它不依赖于管理者——主体而独立存在，管理就是对作为实体的“要素”（如财、物、时间、信息）进行计划、组织、协调、控制的过程，停留在实体要素即管理者与客观对象——主体与客体的分析上。这只是作为“状态”的教育系统的要素，进一步说，这种思维方式坚持主、客二元分立，把“要素”看做是独立于主体之外的客观存在。该思维方式预设了主体与客体、主观与客观分离；预设了与主体及其实践绝对无涉的“事物本身”，观察与观察手段和过程与观察对象无关，主体及其实践不但不构成客观事物的要素，相反，客观描述的前提正是排斥主体因素。

当代哲学实质上正在进行着一场思维方式的变革——“从实体本体论到关系实在论”的方法论转向，德国著名哲学家卡西尔批判并舍弃了亚里士多德的“实体”概念，认为“实体概念将成为认识论的障碍”，正如他所说，“如果有什么关于人的本性或‘本质’的定义的话，那么这种定义只能被理解为一种功能性定义，而不能是一种实体性定义”。[②] 虽然西方传统思想中以方法论的实体论或个人主义占主导地位，但是随着科学的发展和哲学观念的转变，以实体（substance）为中心的物体（thing）的世界观，逐渐为强调关系的事件（event）的世界观所取代，现代物理学将宇宙视为一种交互关联的、动态的关系网络，系统论、关系论取代了笛卡尔/牛顿式的机械论、实体论。在教育管理中只有两类关系：人与人的关系，人与“事件”的关系。

---

① 张新平. 新世纪国外教育管理学理论的发展趋势［J］. 比较教育研究，2004（3）：50.

② 卡西尔. 人论［M］. 甘阳，译. 上海译文出版社，1985：87.

二、人对人的管理——主体间性

我们可以从考察西方教育管理史演变中的管理方与被管理方入手，分析教育管理中的人对人的管理。

（一）从实体的人到主体间性

西方教育管理学者霍伊（W. K. Hoy）和米斯克尔（C. C. Miskel）对西方教育管理的历史线索作了如下论述，“在过去的90多年中可分为四个阶段，古典组织思想、人际关系理论、社会科学方法、新出现的反传统的方法”。古典组织思想包括泰罗的“科学管理”理论和法约尔（H. Fayol）、古利克（L. Gulik）、厄威克（L. Urwick）等人的“行政管理理论”；人际关系理论是在“反对古典管理模式的正规组织传统中发展起来的”；“社会科学方法”在重视社会关系和正式组织结构的作用的同时，从心理学、社会学、政治科学和经济学中吸收了一些主张，如巴纳德（C. Barnard）、西蒙（H. Simon）、帕森斯（T. Parsons）；当前的“反传统方法”主要有三种，即后现代主义、批判主义和女权主义①。弗瑞德·C. 伦恩伯格（Fred C. Lunenberg）和阿兰·C. 奥斯坦（Allan C. Ornstein）也将西方管理理论的发展分为古典组织理论、人际关系方法、行为科学方法和系统理论四个阶段。② 这两种分类的方法尽管不太相同，但具有某种类似性，两者均把古典组织理论、人际关系理论（方法）作为两个重要的阶段，社会科学方法与行为科学方法主要是指，20世纪50年代初在美国出现的一种力图将教育管理建构在实证主义和逻辑实证主义基础之上的“管理科学运动”以及后续的有关科学管理代表人物。至于上面所提到的

① Hoy, W. K. & Miskel, C. C. Educational Administration: Theory, Research, and Practice [M]. New York: McGraw-Hill Companies, Inc, 1996: 12.

② 伦恩伯格，奥斯坦. 教育管理学：理论与实践 [M]. 孙志军，金平，曹淑江，译. 北京：中国轻工业出版社，2003：2-19.

霍伊和米斯克尔将西方教育管理的历史的第四个阶段归为“反传统方法”，比较准确地概括了当今西方教育管理思潮发展的脉络。

古典组织理论具有明显的实体式的思维方式。如泰勒的“科学管理”的四个组成部分——科学的工作分析、人员的培养、管理合作、功能性监督，是为了使工人的劳动生产率最大化。泰勒最早在一家钢铁厂当工人，他切身感受到工人们是如何逃避工作的，他把这种情况成为“磨洋工”。因而，他认为科学的管理，即对工作时间进行研究以设定一定的标准、管理层和雇员的责任分离以及激励体制的建立，才会纠正这些问题。法约尔的管理理论强调管理原则的理性化和科学化；韦伯的官僚制理论关注的是管理制度的科学化、效率化和理性化。客观的说，虽然泰勒等人没有从哲学的角度对其管理理论进行分析，但这些理论以效率为本，排除个体的经验、感情、非理性等因素，实质上是把人当做“实体”来对待。

管理科学运动以实证主义和逻辑实证主义为基础。实证主义的基本主张是，主体与客体分离，事实与价值不同，客体独立于主体之外，不受主体价值的限制；事实是价值中立的，不受价值的影响。事实是科学研究的对象，而人的情感、价值、非理性因素，作为一种不可言说的东西，则被拒于科学研究的大门之外。发轫于泰勒等人的科学管理理论直到西蒙的实证主义管理的确立才宣告科学主义管理观的诞生。成型于1946—1950年的教育管理的理论运动，是由哈尔平、格林菲斯、坎贝尔、盖茨尔斯等人推动的一次倡导理论构建的学术革命。他们对教育管理的本质以及理论基础的缺失进行批评后，对教育管理理论作了如下总结：管理者和组织应作什么陈述不应包含在理论或者科学之中；科学理论应当如实地对待现象本身；有效的研究有其理论来源并为理论所指导；假设—演绎体系是最好的理论范型；社会科学对于理论发展和培训的运用是极其重要的；管理最好是被看成一种能适应各类组织的普遍思想。[①] 教育管理的科学主义关注组

① Culbertson, J. A. Theory in Educaitonal Administration: Echos from Critical Thinkers [J]. Educational Researcher, 1983, 12 (10): 15-22.

织结构，而忽视了组织中的人，对人只强调人的理性因素，在人的理性因素中注重人的认知因素，而忽视了人的价值因素，忽视了人的情感、价值、非理性因素。

20 世纪 50 年代的理论运动兴起，教育管理理论才真正确立了自己的地位。从理论运动开始，来自维也纳学派的逻辑实证主义才逐渐取代了实证主义范式占据上风。理论运动兴起的逻辑实证主义，又倾覆在社会批判理论范式以及解释学范式对其的声讨中，这种动荡的范式之争也使得教育管理学领域经历了扩张与萎缩的过程。

西方教育管理中的人际关系理论以及“反传统方法”的后现代主义、批判主义和女权主义均重视人的因素，在主客体关系上，重视组织中的个人，以及组织与个人的互动，组织需要与个人需要从二元对立走向人力资源理论的二元整合。解释主义认为，主客体是不能分离的，主客体实际上是一个互为主体、相互渗透的关系，主体对客体的认识是主客体在互动中对客体的重新建构。后现代主义者福柯（Michel Foucault）提出了“人的消失”这个骇人耸闻的论断，德里达（Jacques Derrida）赞同尼采的观点，认为不应把主体设想成为一种静态的、持久的实体，主体性迟早会结束。[①] 社会批判主义认为主客体不仅不可分离，而且主客体双方在互动过程中，除了相互认识和理解外，更为重要的是实现相互的改造，以至达到相互的解放。霍金森也持类似的后现代主义观点，他主要对实证主义的“教育管理的科学理论拒绝实体的伦理性断言”的假设提出了争议。霍金森首先承认事实与价值之间存在着不可逾越的鸿沟，认为科学是关于事实的，而不是关于价值的。但与通常的推断相反，他提出管理与价值判断存在着不可分割的联系，不能把管理变成科学，管理不是科学，它是道德艺术、是一种人文主义。霍金森认为管理是关于行动的哲学，这种哲学不是

① 施里福特．福柯、德里达论尼采和“人”的终结［M］//王民安、陈永国、马海良．福柯的面孔．北京：文化艺术出版社，2001：505.

永恒的，而是一种对话、一种解释，它是对组织现实进行解释的艺术。[①]

（二）管理方与被管理方是一种主体间性的关系

从关系思维出发，我们的教育管理研究不能关注人之外孤立的实体，应关注人与世界的关系，人在“事件”中的位置与功能。古典组织理论和以科学管理为基础的教育管理学理论也谈论人、研究人，但他们持的是一种主体与客体之间分离的对象化关系，是管理方对被管理方的控制、监督、操纵，所说的人是实体化的人、被动的人，而不是关系中的个体人。所谓实体化的人是指人在传统教育管理学理论中被降低到物的层次，人与钱财、物质、事务、时间、信息等因素成为平行的或者别无二致的要素。管理财物的理念、方式也理所当然地成为管理人的理念和方式。所谓被动的人是指人成为一个纯粹的客体，成为一种需要监管、控制的对象，成为麦格雷戈（D. M. McGregor）所概括的X理论中的那类人。

人不能脱离关系而存在，人就本质而言是一种关系性存在，人与人之间彼此交往、依赖、需要的关系是管理——乃至教育管理也是必须加以考虑的，教育管理中的管理方与被管理方是平等的、协作的、共同在创造着这个世界的人，坚持现实的互主体性的人的观念是当今乃至将来教育管理学理论的重要特点。在当代西方哲学中，生活世界和主体间性始终联系在一起，胡塞尔（Edmund Husserl）、海德格尔（Martin Heidegger）、伽达默尔（Hans-Georg Gadamer）和哈贝马斯（J. Habermas）等人对主体间性问题倾注了大量的心血，从不同的角度提出了各自的理解，如胡塞尔的“移情”和“意向性”理论，海德格尔的生存直感，伽达默尔的解释学的“你—我关系辩证法”，都对“他人是有效主体”作了充分的说明。作为“西方马克思主义”中的一员的哈贝马斯，对马克思主义作了“修正”和“发展”，他认为，人的活动包括两大领域。一是劳动生产，它以外部自

① Hodgkinson，C. Educational Leadership：The Moral Arts［M］. Albany，NY：State University of New York Press，1991.

然为对象，涉及的是人与物、人与外部自然的关系，通过生产活动，人从自然的强制下解放出来，创造出使人的种群得以保存和繁衍的物质财富。劳动生产是一种对象性、工具性的行为，遵循的是建筑在分析知识之上的技术原则。二是交往活动，它涉及的是人与人的关系，即主体间的社会关系，交往活动协调人的认识和行为，主要通过语言来进行，人际间的语言交往活动是将人从内在自然的强制下解放出来，建立合理、公正、和谐的人际间社会关系的唯一途径。社会是一个由交往行为编织成的网络，在社会的发展过程中，这一网络起决定性的作用，交往是建立在主体间性的基础上，而这一交往主体间性的核心便是法律和道德。[①] 格林菲德也认为，“人们并非存在于组织之中，相反，是组织存在于个体之中并通过个体而存在。”[②] 因而，在教育管理中过去我们所说的管理方与被管理方是一种主体与客体的关系，但是从现实的互主体性的人出发，他们是一种主体间性的关系，表现在当今的民主与法制社会中，管理方在利益上、价值上、语言上、心理上等多方面、多维度与被管理方共存，是一种协作、对话、理解的关系。

（三）人对物质的管理——“事件”

传统上，教育管理的要素有多种提法，有三要素论、四要素论、五要素论和七要素论。如五要素论就认为人、财、物、时间、信息是必备的要素。不论是哪一种提法，这些要素是作为实体而自存的。

怀特海（A. N. Whitehead）的过程哲学认为，世界不是由物质实体构成的，而是由性质和关系组成的有机体组成的，有机体有内在的联系和结构，具有生活和活动能力并处在不断演化和创进之中。进而他指出，“占主要地位的物质概念被有机体概念代替了”。[③] 也就是说，“事件”而不是

① 哈贝马斯．历史唯物主义的重建［M］．北京：社会科学文献出版社，1999：146－147.

② Greenfield，T. & Ribbins，P. Greenfield on Educational Administration：Towards a Humane Science［M］. London：Routlege，1993：152.

③ 怀特海．科学与近代世界［M］．何钦，译．北京：商务印书馆，1962：151.

“事物”构成了世界的基本要素，而事件就是在自然中实际发生的东西，它们处于一种流动状态之中。埃德加·莫兰对事件作了进一步的说明，“事件表示不可几的、偶然的、随机的、独特的、具体的、历史的……的东西”。[①] 而要素的概念从属于空间本体论，事件的概念从属于时间本体论。任何要素在以下范围内都可以被看做事件，即当它们被看做是处于时间的不可逆性中，是一种表现或实现，也就是有他们的出现或消失，有它们的独特性。时间用一个事件性的系数标志出任何事物。事件的偶然性、随机性、独特性、具体性、历史性取决于我们据以考察它的系统。同一个现象可以在一个系统里是事件，而在另一个系统里便是要素。例如，在教育管理中，每个学校的师生比在各个国家有严格规定，这便是教育管理中的一个要素。但在具体的实践中，有的农村中学的师生比远远高于国家的规定，大城市中部分中小学教师超编，师生比低于国家的规定。其中每一所学校的师生比则是一个具体的事件。

在教育管理研究中，我们不能仅将研究的对象定位于实体，如教育管理学领域的财、物、时间、信息等要素，这只是作为“状态”的教育管理的要素，是一种静态的联系，如果转向关系，我们将会发现作为“事件”的系统的运行，是一种动态的联系，教育管理领域的财、物、时间、信息等要素作为广义的“物质”在与人的交融中形成一种事件，简单地将“人”划归为管理的主体，将“物质”划归为客体，是不符合时代发展的。从实体思维到关系思维，这意味着对象及其本质依赖于同整个外界的相互关系和中介。关系思维要立足于“场”、“场所”。20 世纪的科学发展表明，以往把世界分为一个主观的和一个客观的领域是对实际情况的过分简化，从整体论出发，人与自然同一，主客统一。人与管理对象——“事件”——是一种统一的关系。

1. 教育管理中的类事件与个别事件

传统的因果分析，存在着一种抽象的因果逻辑，并且这种逻辑具有一

① 莫兰. 复杂思想：自觉的科学［M］. 北京：北京大学出版社，2001：200.

种决定论或目的论的色彩。“关系——事件”分析策略的一大特点是针对“事件”的分析，真正把“事件”本身作为分析的对象，把过程作为一个相对独立的解释源泉或解释变项，对其中的逻辑进行一种动态的解释，以期发现教育管理中的“隐秘”。因而，这种解释跳出了传统的因果关系的传统视野。我们认为，教育管理复杂而微妙的关系并不是在类如“学校—政府”、“国家—社会”这样的结构中，而是通过许多偶然的事件特别是冲突性较强的事件才得以充分地展现或调动起来的。

尽管管理学在我国的学科分类中属于自然科学，但教育管理学是一门交叉学科，这一观点已基本达成共识，教育管理学中所揭示的共性一方面显示出类事件的特征，如教育管理中的人本化、信息化，等等。另一方面更多地显现出人文社会学科的特征，社会学科与自然科学所面对的是不同性质的事件，如果说自然科学的事件是一种“类事件”，那么教育管理场域的“人—人”、“人—事件”更多的显现出“个别事件”。英国教育家阿什比在《科技发达时代的大学教育》中对英国、美国和德国的高等教育管理体制进行了比较，提出了各国之间在大学理念上的差异；托尼·布什（Tony Bush）在《当代西方教育管理模式》中对西方有代表性的六个教育管理模式进行了比较研究，认为这些模式植根于各国的文化差异和文化传统。这两位学者的研究表明，教育管理中的个别事件不仅存在，而且扎根于各国的民族文化传统中。

2. 教育管理中的情境

自然科学研究是以一种主客二分的立场进行的研究，采取的是场外观的态度；而社会科学的研究必须持场内观的态度。在现代社会科学研究中，有一种发展趋向，即迈向“过程—事件”的分析，这体现在社会科学研究的各个领域与种种方法中，如田野研究、质的研究。对待教育管理中事件的研究，我们倡导一种情境化的研究，也就是将研究的对象由静态的结构转向由若干事件所构成的动态过程。这样的情境或场景，不是静态的、共时性的，而是动态的、历时性的，因为，在静态的结构中，事物本身的一些重要特征，事物内部不同因素之间的复杂联系，以及这一事物在与不同的情景发生遭遇时所可能发生的种种出人意料的变化，都并不是先前就存在于既有的结构中，相反，只有在一种动态的过程中，这些东西才能逐步显示出来。而且，常常有这样的情况，一事物究竟在过程中展示出什么样的状态，甚至有时完全取决于有什么样的偶发性因素出现。[①] 因而，我们的教育管理理论应该是情景化的理论，教育管理的规律也就是情景化的规律。

3. 教育管理中的联系

“关系—事件”着重描述事件流或事件链，而不是孤立事件（个案）；强调分析事件（个案）的动态过程及其与特定社会情景（关系）的联系的重要性；强调考察、描述和分析事件流对于教育管理中的关系到底是如何的重要性。

这样一种对事件分析的策略把事件本身突显出来。我们看到，在过去的研究中，学者们多是从各种事件中抽取一些共同的或者是对研究假设有用的材料，而忽略了事件的完整性，在这样的分析中，一个完整的事件被切割，事件中的一些“似乎不相关的因素”也被割舍。而事件分析的策略重视事件的完整性，事件中的各种因素都被考虑进来，同时也只有在一些事件中，生活中经常被忽略的因子暴露出来。把事件作为独立的分析对象，也是彻底摆脱“大事件因果性”的限制[②]，走向真正的教育管理学分析之路。

从关系的角度来看待教育管理中的问题，启发我们体悟人的本源的生存方式就是人与教育管理世界于一体，而不是人与管理世界、本质与现象、主观与客观的分离和隔绝。天与人、体与用、心与物的整合是世界与人最根本的存在状态，只有从这一根本状态出发才能更好地体悟或寻求教育管理的真谛所在。关系思维的方式承认教育管理世界是一个大化流行、

① 孙立平．过程—事件分析与当代中国国家—农民关系的实践形态［M］//清华大学社会学系．清华社会学评论（特辑）．厦门：鹭江出版社，2000：1－20.

② 李猛．日常生活中的权力技术：迈向一种关系/事件的社会学分析［D］．北京大学硕士学位论文，1996.

无穷变化的世界，承认本体与现象、现象与现象、人与事件充满着重重无尽的联系和相依相存的网络，人生存于这一永恒流动、相互关联的世界中，教育管理世界存在的意义是随着人的生存而展开的，而人的存在决不是某种实体、某种存在者，而是存在本身。

教育管理学的以上文化特征，绝非是我们杜撰的结果，而是我们根据时代的发展、人类文化的进步，从文化的不同角度对教育管理学研究的结果。这些结论对教育管理理论运动的一些主要观点无疑是天方夜谭。但它们却不可置疑的“存在”着，可以真实地被人们观察到、感受到。正是教育管理的文化性、艺术性，教育管理的文化“场”的魅力吸引了致力于、献身于教育管理的广大人群。

教育管理学的文化性植根于教育管理活动的价值关联性和教育管理系统的复杂性。

首先，教育管理是一项价值关联性的活动。正如马克斯·韦伯所指出的，社会科学的对象是文化，文化事件的规定包含两种基本要素——价值和意义。[①] 本书在多处都强调过，教育管理是一项文化活动，与价值和意义密不可分，教育管理活动从决策或制定目标的那一刻起，就注定了它始终离不开价值的追求，后续的组织、领导、控制和创新活动都是围绕目标而展开的价值活动。因而，教育管理学是一门人文社会学科，在研究对象上，它不仅研究事实，而且它也研究教育管理中的价值问题。只有那些依照某种价值观点对主体有意义的实在组成部分，才会成为研究者的对象，价值关联和文化意义两者一般地解释了选择教育管理对象的依据。

其次，教育管理（学）活动也是复杂的。说它复杂，并不是因为教育管理系统的复杂程度比自然界大得多，而是因为教育管理系统有人的参与，有价值的表达，有情感的追求，有组织文化等因素的干预与相互作用。教育管理学的复杂性是多方面的，因为教育管理学包括众多的研究领域，如教育组织行为、教育法、教育政策、教育督导、教育行政、学校管

① 韦伯．社会科学方法论［M］．韩水法，莫茵，译．北京：中央编译出版社，2002：161.

理。这些领域以教育组织为依托，而教育组织系统的多层级、多单元、多功能和多目标的复杂性，预测、决策、执行和控制与非线性和非确定性，信息非对称，组织系统的非平衡和混沌性，以及各种因素的相互作用，伴随与环境的交互作用，以及组织的自组织适应性，使得教育管理（学）活动变得非常复杂。如教育组织系统的开放性表现为教育过程中，其与环境的关系复杂性，内部诸要素的复杂性。前者主要表现为教育组织与政府、社会、市场三者之间的复杂关系，表现为教育组织系统的开放性，体现为学校与外部环境之间的物质与能量的交换关系，政府、社会和市场向学校输入各种物质资源、财政资源、人力资源、文化资源，学校系统在吸收各种社会资源之后，通过内部运作与整合加以利用，然后向社会输出文化产品——学生（大学则输出学生和科研成果）。教育组织内部则是一个松散结合体，在目标上显得比较含糊，教育的行动与技术手段模糊不清，参与学校决策与行动的人员具有流动性。这些特征使学校组织成为一个松散的联合体，教师具有专业自主权。值得指出的是，教育组织管理中的管理熵对一个管理组织有着重要的影响。管理熵是指任何一种管理的组织、制度、政策、方法等在相对封闭的组织运动过程中，总呈现出有效能量逐渐减少，而无效能量不断增加的一个不可逆的过程。管理熵包括如下因素[①]：制度因素、组织结构、信息渠道、环境变化、政策因素、人的因素、组织文化因素，其中人的因素，这些因素在复杂的教育组织中，不断地相互作用，相互影响，产生出奇妙的现象，在一定条件下又进一步加速管理熵在教育组织中的增长。

我们花了很大的篇幅分析了教育管理学的文化性，那么作为教育学的边缘学科的教育管理学，还是具有管理学的一些特征的。俗话说，“管理既是科学，也是艺术”。教育管理学的文化性与科学性是什么关系呢？石中英教授认为，教育学的“科学特性”与“文化特性”不是对立的，而是有机结合在一起的，他们各自从不同的方面说明教育学活动的特点：科

① 范国睿．复杂科学与教育组织管理研究［J］．教育研究，2004（2）：52－58.

学特征是技术的、概念的、知识形式的方面，文化性格是目的的、精神的、活动过程的方面。① 他的这些论述对我们理解教育管理的科学性与文化性也有一定的帮助。但我认为，教育管理的科学性不够强是有目共睹的事实，教育管理学的科学性与文化性是对立又统一的关系，前者表现为稳定性，后者表现为随机性，或者说，前者表现为方向性，后者表现为灵活性。什么叫“对立”，对立即“两种事物或一种事物中的两个方面之间的相互排斥、相互矛盾、相互斗争”。对立可以分为事实性的对立和价值性的对立。事实性的对立是指事物间具体存在或具体形式上的相背，如阴与阳、正与负之间事实存在上的相背。价值性的对立是指事物间意义上的相背，如个人本位与社会本位、教师中心与学生中心之间意义上或价值追求上的相背。事实性的对立和价值性的对立在某些事物间可能是同一的，即事物间既存在着事实上的对立，同时又存在着价值上的对立；两种对立在某些事物间也可能是非同一的，即事物间在外在事实上并不具有排斥性但在内在价值上却有着排斥性。应该承认，在人文社会领域，判断两个事物间是否具有对立性，在根本上应着眼于价值层面而不是事实层面，因为价值比事实更为本质。

教育管理的科学性与文化性并非具有对立性。如果从两种教育具有相互包容关系，即文化性和科学性都包含有一些共同的管理事实，特别是从他们都包含有管理，都包含有对管理效率和质量的追求，而且也都能对教育组织的效能有所促进等意义上讲，这个观点是可以成立的。

也可以说教育管理学的科学性与文化性具有对立性。如果说科学性与文化性的对立是指根本意义上的对立，是指价值取向上的对立，这个观点同样也是可以成立的。因为教育管理规律或有生命力的理论是稳定的，是大方向，是前提，是我们从事教育管理工作的基石，而灵活性则是理论要联系实际，根据具体的场景，灵活运用教育管理理论；教育管理的科学性也体现为利用自然科学的方法来对教育管理现象、问题和议题进行研究，

① 石中英．教育学的文化性格［M］．太原：山西教育出版社，1999：190.

获得科学教育管理理论，教育管理学的文化性体现为利用质的研究方法（包括民族学、人种学、解释学等）进行研究，获得有代表性的、典型性的理论或观点。

显然，说他们并非具有对立性的观点，基于的是一种事实判断；说两种教育具有对立性的特点，基于的是一种价值判断。应该说科学性与文化性的对立只能是指二者在教育价值上的对立，即什么样的管理是更好的管理、什么样的管理是更适合学校与人的发展，或者在研究取向上，是运用科学主义的方法，还是运用人文主义方法，这类管理的根本价值取向上的对立，但并不意味着二者不包含有某些共同的管理事实和管理元素。

第三章

教育管理的民族性格

上一章我们主要揭示了教育管理学的一些文化特征。如果这些分析是有道理的话，那么这些不同文化背景下的教育管理学整体上必然呈现出不同的文化特征，具有不同的价值取向，教育行政体制、高等教育管理模式、中小学学校管理模式、管理风格、研究主题、研究风格和演变历程，而不像科学的理论一样有着追求统一的样式。实际上是否如此？本章，我们就将运用比较的方法，进一步深入揭示教育管理学的文化性，阐明不同文化传统下教育管理活动在整体上的独特性。

第一节　英国的文化传统与教育管理

一、英国的文化传统

英国的文化传统是一个扑朔迷离的问题。英国最早实现了工业化，成为近代大工业的开路先锋，引领了全世界的工业发展。英国最早实行政治变革，为西方资本主义的民主制度树立了样板。英国的渐进发展方式为世界各国的发展提供了一种可能的道路。英国的市民社会为公益事业的发展提供了样板模式。英国的科学精神和经典理论丰富了人类的精神宝库，其开拓进取、求实奋进与客观理性的态度明显的奠定了科学思维的基础。英国人崇尚法治与自由，依法治教，这也为世界各国树立了楷模。同时，英国人保守，崇尚古典人文教育，也严重阻碍了英国科学教育和职业教育的发展，使之在现代化进程方面又落后于后起之秀——美国和日本。这一部分我们主要抓住英国文化中的法治与自由、市民社会、渐进式变革、崇尚经验主义四个方面概述英国文化的特征。

（一）自由与法治

英国自由的传统源自于国王与贵族权力斗争中长期抗衡。早在公元 11 世纪，威廉一世率领诺曼底贵族征服英格兰时，在所征服的每一个地区，便把该地区分成小块并把它们尽量多分封给那些有功之臣。这样，任何一个大贵族都没有连成一片的广阔领地，难以形成一个个独立的小诸侯，这样就不能与国王相抗衡。在此基础上，威廉于 1086 年召集大小贵族在索尔兹伯里聚会，规定一切贵族先向国王宣誓效忠，次而再向自己的直接封主宣誓效忠，从而使大小贵族都直接与国王结成权利与义务的相互关系，打破大贵族对下属的强权控制。在这种结构中，大贵族难以借封建从属关系动员下属叛乱，正是因为如此，英国的贵族实力相对较薄弱，很难单独制服国王。另一方面，每当国王超出封建关系许可的范围恣意行事，贵族们可以联合起来加以阻挡。此时，贵族们打着“合法权利”的招牌，以赢得天下人的支持。在英国，单独一个贵族不能与国王抗衡，不过一旦他们联合起来就能使国王就范。“权利”成了贵族们联合起来行动的口号，所有贵族均可以拿起武器向破坏这种平衡关系的暴君要求自由。这就是英国“自由”的起源。[①] 后来的国王约翰违反了这项潜在的规则，遭到诸侯的打击。国王被迫与诸侯们签订了《自由大宪章》，第一款就开

① 钱乘旦，陈晓律．英国［M］．成都：四川人民出版社，2003：42.

宗明义地说，“朕以朕本人及万世后代的名义许给本国一切自由人下述之一切自由，许其及其后代从朕及朕后代处保有以下自由”。《大宪章》在财产与人身保障两个方面给予了贵族相应的自由和权利，甚至包括武装反抗暴君的原则。是英国的贵族开创了“自由”，将国王置于法律的约束下。《大宪章》颁布后，经过一系列的冲突，才确立下来。此后的一段时间，国王与贵族的冲突不断。亨利三世时，颁布了两个重要文件，即1258年的《牛津条约》和1259年的《威斯敏斯特条例》，这两个文件的出台，促成英国历史上的议会制的形成。不过议会制的推行遭遇了很多挫折，国王与议会之间的冲突不停。自国王詹姆士登位之日起，王权与自由之争进入了白热化状态，1649年以国王走上断头台为标志，自由战胜了王权。后来的光荣革命奠定了英国君主立宪制，开创了英国历史的新纪元。并且英国建立在私有财产基础上的自由再没有受到过大的威胁，成为英国宪政中最为重要的核心价值。这种个体自由给英国带来了惊人的进步。[①]

英国的自由也是与法治密切联系在一起的，贵族们捍卫自由，就意味着他们希望国王遵守《大宪章》等法律文件，不能为所欲为，须通过议会来决定国家的大事。议会把立法当做实现民族国家公共权力建构的工具加以使用，并且从中产生出了有限政府的观念，这是一种新的发展，它在当时被用以对付新生的各种问题。[②] 议会代议制成为保护自由、实现人民主权的最佳方式，它是人民主权下的过度民主与过度专制的有机结合，它防止了多数人暴政与少数人暴政对个体自由的危害，在多数人的权利与少数人的权利抗衡中维持了一种平衡，而这种平衡保护了有产者的自由。

可以说英国的自由传统起源于中世纪，但现代自由权在近代得到了强化，因为近代商业社会的“财产积累性个人主义”需要对个人自由的维护，要求保护个人的权益。议会取得国家最高权力后，要求以国王为首的政府必须依法行政，行政权力来源于法律，也必须服从法律规范。政府成

① 魏建国．自由与法治［M］．北京：中央编译出版社，2005：180.

② 弗里德利希·冯·哈耶克．自由秩序原理（上）［M］．北京：三联书社，1997：205.

了法律规范下的政府。

此外，英国启蒙哲学家的观点也强化了自由的观念。如洛克认为，人“生而自由”，自然权利与生俱有，不可剥夺。他的社会契约论认为，在文明社会中，为维护自由、平等和财产权这些基本人权，个人须交出一部分权利，与政府结成契约。但统治者必须征得被统治者的同意，也就是依法统治。弥尔顿认为，所有的人，作为上帝的同类，生来就是自由的。人自古就有天赋权利，人民是一切政府的原动力。人民高于政府、高于国王、高于一切统治者，人民的利益是决定政府取舍的决定性因素。密尔（穆勒）与弥尔顿的主张大同小异，他认为我们不应当插手一个人的生活和行动，除非是为了防止伤害别人，防止损害他人的利益。“人理直气壮的干预其任何个别成员的行动自由，其唯一目的在于自我防卫。也就是说：对于文明社会里的任何一个成员，违背其意志而对其正当的施用权力的唯一目的，是防止对其他人造成伤害。”①

（二）市民社会

“市民社会”指社会成员按照契约化规则，以自愿为前提和自治为基础进行经济活动、社会活动的“私域”，以及进行参政、议政活动的非官方公域。它所表明的是国家与社会两者之间的关系。“市民社会”作为一个源自西方的实体性概念，它所指涉的现实对象在西方社会历史中经历了一个不断演变的过程，在古代，所谓市民社会往往是指政治共同体或城邦国家，其含义与政治社会并无不同，与之相对应的则是自然（野蛮）社会的概念。在古希腊罗马时期，“市民社会”是与“野蛮社会”相对的，指已经发展到城邦国家的“文明社会”。古希腊罗马学者往往用“市民社会”概念描述城市或城邦的生活状况。亚里士多德在其《政治学》一书中首先提出了“Politike Koinonia”这个概念，意为城邦，其含义是指政治

① Mill, J. S. On Libertyand Other Writings [M] // Collini, S. Cambridge: Cambridge University Press, 1989: 13.

社会或政治共同体。[1] 西塞罗把这一概念转译为拉丁文"Civilis Societas"，意为与野蛮社会相区别的文明社会。这一认识一直延续到中世纪。

现代市民社会概念是对近代欧洲政治国家和市民社会相分离的现实的反映。而政治国家和市民社会的分离则是近代欧洲的产物。它是由黑格尔在吸收了众多思想家的理论成果的基础上提出并由马克思予以完善了的科学概念。黑格尔是其主要代表。他指出："市民社会，这是各个成员作为独立的单个人的联合，因而也就是在抽象普遍性中的联合。这种联合是通过成员的需要，通过保障人身与财产的法律制度与通过维护他们特殊利益与公共利益的外部秩序而建立起来的。"[2] 在黑格尔看来，市民社会就是由私人生活领域及其外部保障构成的整体，是介于家庭和国家之间的经济交往领域。具体的、特殊的个人和维护特殊利益的自治性团体（同业公会等），是构成市民社会及其活动的两大基本要素；而多样化的个人需要体系构成市民社会及其活动的主要内容。这表明黑格尔深刻地洞悉了市场经济条件下私人利益和公共利益之间的矛盾，并认为这一矛盾对市场经济本身来说是内在的和不能靠自身力量克服的，因而只有国家所代表的完善的伦理力量才能克服这一矛盾。马克思所指的旧的市民社会直接地具有政治意义和政治效能，而中世纪则成为市民社会和政治国家同一的顶峰，"中世纪的精神可以表述如下：市民社会的等级和政治意义上的等级是同一的，因为市民社会就是政治社会，因为市民社会的有机原则就是国家的原则"[3]。

在西方近代史上，第一个确立近代市民社会的是英国。它是近代西方政治国家和市民社会相分离的产物。通过"光荣革命"财产的神圣权利取代了国王的神圣权利。16 世纪以后，随着民族国家的出现和君主专制政体的建立，市民等级在王权的保护下获得了从事工商业活动的自由，私人领域的独立开始了市民社会和政治国家的分离过程。然而在君主专制制

① 张世英．天人之际—— 中西哲学的困惑与选择［M］．北京：人民出版社，1995：48.

② 库恩．必要的张力［M］．福州：福建人民出版社，1981：291.

③ 马克思．黑格尔法哲学批判［M］//马克思恩格斯全集（第 1 版第 1 卷）．北京：人民出版社出版，2003：334.

度下，不受限制的王权对工商业经营和私人领域的侵犯又必然妨碍市民社会的顺利发展。1688年的“光荣革命”进一步强化了议会代议制民主原则，为私人领域的独立存在和工商业活动的自由发展提供了法律上和制度上的保障，极大地促进了市民社会和政治国家的分离过程。具体表现在英国的财产权与统治权发生分离，财产的神圣权利取代了国王的神圣权利，“光荣革命”成功确立了财产的神圣权利，废除了封建占有权和苛捐杂税，个人财产神圣不可侵犯得到广泛的支持。同时将政治权力交给了有产者，并把一切不利于有产者的意识形态清除了。[①] 英国通过普通法院的司法独立，将国王财产权与统治权分开，将经济与政治分离，实现了经济生活中的法治秩序，保障了个体经济自由，使市场成为获取财富的主要方式。市民社会的经济基础是货币经济，社会结构的构成单位是个体，社会秩序主要表现为法治与宪政。在本质上，市民社会是私人利益关系的总和，它是一个私人领域获得了充分解放并和公共权力机关向区分的自治领域，并从制度上划分了国家权力和私人领域的界限。

（三）渐进式变革

英国现代化的进程既不是激进式，也不是保守式，而是走了一条中间式的道路——渐进式变革。这种渐进式变革在教育管理体制发展和教育改革中也表现得非常明显。关于英国的渐进式变革，已有很多学者对这个问题作过论述。英国渐进式变革是在冲突与融合中不断发展起来的，“光荣革命”是典型的渐进式变革体现，它用一种平和的方式完成了从专制王权向贵族政治的转换。在后来的民主化进程中，也基本上采用了这种方式。这种渐进式的发展道路从1832年改革方案成功之日起就成形了。[②] 市镇中，每年支付10镑以上房产租税者，也获得了选举权，同时把全体工人排除在外。此次改革增加了32万选民，使选民数从人口的2%增加

① Hill, C. The World Turned Upside Down［M］. New York：Penguin Group，1972：15.

② 钱乘旦，陈晓律．英国［M］．成都：四川人民出版社，2003：302.

到3.3%，并没有触动贵族的权力。1867年和1884年的两次改革，工人阶级一步一步得到了选举权，到此时，贵族制的权力日渐衰落，选举权成了“全民的”，在政治上，已经没有“特权阶级”。到了1918年，所有男子已有权在全国选举中投票。直到1928年妇女才有权在全国选举中投票，才被吸收到权力结构中来。英国人已经习惯了在已有形式的框架内改变其内容，往旧瓶里装新酒。激进与保守并存，传统与革新齐步。这就是英国式发展道路，可以说英国“光荣革命”后的三百多年，英国少有大起大落，也没有那种波澜壮阔、惊心动魄的历史场面。我们看到的是逐步变革、稳步推进。这已成为英国文化模式的一部分，成为英国人性格特征的重要元素。正如英国教育家埃德蒙·金所云，“他们确信，他们能‘胜过’任何人。在这一点上讲，他们强调前进，尽管展现在他们面前的道路是狭窄的。虽然，英国人的进化比大多数国家的革命所带来的变化实际上要多一些，但是，他们是勉强的革命者，不会雷厉风行地进行大刀阔斧的改革”。[①]

在英国近代史上存在着保守主义与激进主义。英国的保守主义和激进主义不是极端的政治派别和思想体系，而是在一定范围内可以互相渗透、互相转换。因为它们来自同一传统，这一传统就是“光荣革命”。“光荣革命”使统治者与被统治者、保守派与激进派都学到了很多东西，在此基础上，产生了英国独特的激进主义与保守主义，同时也形成了相应的传统。英国的保守主义是一种稳重守成的力量，它并不一味顽固地反对进步，而是对变革的进程和方式持稳重的态度，当现存制度基本能维持，它就坚守阵地，不愿变革，当已有的体制不能满足现实的需要时，他就在原有的基础上争取某种程度的变化，并在新的变化的基础上把守新的阵地，或者说，守护着不断变化的新阵地。与保守主义相反，激进主义把自然法奉为社会理论的基础，也可以追溯到英国的光荣革命。激进主义有几个不同的派别，如独立派、平等派和掘地派。[②] 独立派只关心彻底战胜王权，

① 埃德蒙·金．别国的学校和我们的学校［M］．王承绪，邵珊，李克兴，徐顺松，译．北京：人民教育出版社，2001：175.

② 钱乘旦，陈晓律．英国［M］．成都：四川人民出版社，2003：228.

平等派则要求彻底实行民主，掘地派认为没有经济自由就不会有政治自由。这些不同的纲领导致各激进派别在斗争中只能就某个最基本的问题达成一致，超出一定的范围，激进派会有激烈的争论，甚至是对立。他们只是在彻底改变现存制度这一点上是共同的；至于如何改革，改革到什么程度，彼此之间就互不兼容。不过这些派别在一点上可以达成一致，即都是想改变现存的秩序，因而他们与现存制度对抗时，又能结成统一的战线。

（四）经验主义

英国有着经验论的传统。从地域上看，经验论主要集中在英国，唯理论主要集中在欧洲大陆，所以习惯上也被称为“英国经验论”和“大陆唯理论”。经验论的代表人物有英国的弗兰西斯·培根、霍布斯、洛克、巴克莱和休谟。为什么英国有着悠久的唯名论传统，重视个别的感性经验的东西，而大陆则是正统的实在论占主导地位，重视普遍的、理性的东西，这和科学的发展状况有关，当时英国的实验科学非常发达，产生了波义耳、牛顿等注重观察和科学实验的科学家和培根、洛克等爱好实验、推崇经验归纳方法的哲学家，而当时的法国巴黎是欧洲的数学中心，并且许多哲学家本人就是数学家，如笛卡尔和莱布尼茨等就发明了解析几何、微积分，他们大多推崇理性的演绎方法。在认识的来源和基础方面，经验论认为认识来源于感觉经验，一切知识必须建立在经验的基础上；在真理的标准方面，经验论者认为，知识的真理性就在于它能够与认识对象相符合，至少可以被还原为经验。在认识的方法问题上，经验论者认为，最有效的方法是经验的归纳方法。这种经验主义思维方式具有以下特点：崇尚经验，注重实证，所以英国人习惯于通过感觉和健全的常识而不是通过单纯的抽象思维去解决问题；富于怀疑精神，也就是不轻易接受新异的理论或方法，因为他们未经实践验证；讲究效用，即凡事注重实际效果，反对空洞的观念；注重审慎的实验，反对剧烈变革。①

① 顾明远. 民族文化传统与教育现代化［M］. 北京：北京师范大学出版社，1998：197.

在近代哲学中，我们一般将培根看做是英国经验论的创始人，其他人只是提出了一些原则而已，霍布斯也不能算是“纯粹的”经验论者，真正使经验论的认识论理论化、体系化的是洛克。洛克用了二十多年的时间研究人的认识能力，把知识归结为观念，把观念归结为感觉经验，从心理学的角度说明认识论问题。首先，他批判了“天赋观念论”。在洛克的时代，“天赋观念论”十分流行，其主要论据是“普遍同意说”。他们断言，宗教、道德、数学和逻辑学中的一般观念和原则是人们所普遍同意的，这就证明他们在人们心中是天赋的。但洛克指出，根本不存在全人类普遍同意的天赋原则，如逻辑中的“同一律”和“矛盾律”以及数学中的公理、定理等。而且道德的规范和宗教的信条在不同的时代、不同的民族、不同的地区各不相同。他指出，“我们的全部知识是建立在经验上面的；知识归根到底都是导源于经验的。我们对于外界可感物的观察，或者对于我们自己直觉到、反省到的我们的心灵的内部活动的观察，就是供给我们的理智以全部思维材料的东西。这两者乃是知识的源泉，从其中涌出我们所具有的或者能够自然的具有的全部观念。”① 在他看来，一切知识来源于经验，经验分为对外的感觉和对内的反省。我们思维的观念都从这两者而来。

二、英国的文化传统对教育管理（学）的影响

英国文化传统的这种独一无二的特质对英国的教育管理学产生了直接的影响，一方面造就英国在教育管理上注重传统，讲究渐进变革，稳重守成；另一方面，形成了英国教育管理学重视实证取向，注重科学方法在教育管理学的运用。

（一）教育行政管理

英国对教育事业的领导和管理始于 19 世纪上半叶。如前所述，英国

① 北京大学哲学系．西方哲学原著选读（上卷）[M]．北京：商务印书馆，1981：450.

有着自由与法治传统，民间和家庭办教育起着举足轻重的地位，政府对教育采取听之任之的态度，认为精神教化属教会的职责，不是国家的责任，教会的领导人由世俗统治者担任（国王或王后），教会成为实质上管理教育的代表。这就导致英国政府传统上不管教育的事实。这样，教育由教会、行会和个人创办一直延续到 1833 年（实际上，可以说一直延续到 1870 年）。随着时代的发展，政府逐步认识到教育的重要性，但出于对传统的尊重，只是对教育进行拨款资助。1833 年，议会批准拨款补助教育事业，同年拨款两万英镑，并明确规定用于装修校舍和穷人子弟的教育上。这是英国政府干预教育的开始。由于没有国家教育行政机构的监督和管理，这些经费没有得到有效的利用。直到此时，英国政府才考虑成立对国家教育事业的管理。于是政府才决定成立统领全国的教育行政机构，1839 年终于成立了枢密院教育委员会，这是第一个中央教育行政机构。同时，为了解决经费使用中的问题，枢密院教育局第一任局长詹姆士·凯（James P. Kay）提出了任命督学的办法，对所资助的学校进行检查。这一想法提出后，遇到了阻力，不过政府还是在同年任命了两名国家督学。实际上，英国正式而且直接创办教育，把教育纳入了政府的整体规划，始于 1870 年的《初等教育法》，该法规定各学区有权实施 5－12 岁儿童的强迫教育。同时，设立的学区学校委员会（SB）作为英国最初的地方教育行政机构。不过中央教育管理部门与地方之间的关系比较松散，教育主要由地方来负责，其职能主要是宏观规划、统领和督导地方教育，通过合作共同发展教育。

随着教育事业的发展，英国中央和地方教育行政机构几经变迁，职能不断变化。当今的英国的教育行政系统仍由中央教育行政部门和地方教育行政部门组成。中央和地方之间的关系建立在共同协商与合作的基础上，遵循自由主义传统，这种关系为典型的“伙伴关系”。中央教育行政部门为国家教育部，直接受教育大臣领导。地方教育行政部门主要为市、郡、县的教育局。多年以来，英国在教育行政管理方面到底是中央集权还是地方分权的问题上，一直存在着斗争和摇摆。19 世纪 70 年代末 80 年代初，在工党执政期间，强调教育地方自治，因此教育行政的管理权主要掌握在地方教育局手里。80 年代中期，保守党上台后，强调要加强教育行政中央集权领导。经过保守党政府十多年的教育改革，目前英国的教育行政管理体制形成了中央集权和地方分治相结合的基本格局。具体来说，中小学校的教育方针、课程计划、学校标准、教师标准及部分学校的办学经费，由国家教育行政部门统一掌握和控制；而学校的具体培养目标、服务方向、基本规模、部分课程、校长任免及部分小学的办学经费则由地方教育局控制。

（二）高等教育管理模式

19 世纪 20 年代掀起了兴办近代大学的运动。1836 年“伦敦大学学院”与“国王学院”合并为伦敦大学。该大学仅仅是一个考试机构，它有权合并接受它的考试的学院。在管理上，将大学和学院的关系在“松散的联邦”上，各学院有很大的自主权，在财产管理、教学、行政、人事、招生等方面都实行自治。19 世纪中叶起许多工业城市涌现了许多学院，这些学院没有皇室特许状，无权授予学位，它们只能参加伦敦大学组织的考试。在 19 世纪的英国有了皇室特许状，成为大学才能取得国王的批准，获得学位授予权。从学院到大学是英国高等教育的发展模式。1870 年曼彻斯特欧文斯学院建立了由校外人士和本校学者共同参与管理的现代模式[①]，校外人士在校务委员会和执行理事会中占会员的多数，理事会的主要作用是争取私人和当地机构的经费资助。学术事务由校长和各科教授组成的学术评议会负责。该模式成为英国现代大学自治组织的样板。

在 19 世纪的英国，大学和学院不受政府干预，可谓名副其实的自治机构。1889 年在一系列特设委员会指导下[②]，英国政府向当时 10 所英格兰大学和 1 所苏格兰大学拨出第一批款项。1919 年“大学拨款委员会”

---

① 顾建民．西方国家政府与大学关系的基本走向［J］．上海高教研究，1998（2）；张秋萍．国外大学改革简介［J］．上海高教研究，1997（3）．

② 王承绪．学术权力［M］．浙江教育出版社，1989：85．

成立，它是政府需要与大学自治之间的矛盾冲突的“缓冲机构”，奉行“检查”而非“控制”原则（inspection but no control），根据需要在访问考察大学的基础上为大学提供一笔为期五年的“一次性拨款”，具体如何使用各大学自己负责，以确保大学自治和学术自由。

1963年《罗宾斯报告》提出了高等教育双重制，使英国的高等教育出现大的转折。自此，英国的高校被分成“自治”的大学和“公立”的多科技术学院、教育学院两部分，后者受皇家督学团、地方教育当局及教育和科学部的间接控制。学生要攻读全国学位委员会或伦敦大学的校外学位，经费由地方当局支付。

撒切尔夫人上台后，大砍教育经费，将大学推向市场，促使大学走教学、科研、应用开发相结合的道路，打开了传统大学自治的铁门。英国政府1988年颁布《教育改革法》，规定地方教育当局不再负有为本地区提供高等教育设施，原有的地方教育当局管辖和资助的主要高等教育机构将成为独立的法人团体。成立大学基金委员会取代大学拨款委员会；成立多科技术学院与其他学院基金委员会负责多科技术学院和教育学院等的资金问题。

1991年发表《新的高教体制》白皮书，高等教育双重制得以废除，大学和公共高等教育机构均由中央政府控制。“大学拨款委员会”几经演变，英国高等教育基金委员会（Higher Education Funding Council，HEFC）于1992年5月6日正式成立，并从1993年4月1日起代替了1988年成立的大学基金委员会（University Funding Council，UFC）及多科技术学院和高等教育学院基金委员会（Polytechnicsand Colleges Funding Council，PCFC），以充当高校与政府之间的缓冲机构，确保其自治权。该机构性质已发生了变化，组成人员增加了工商界的委员（约1/2），加强了中央政府对大学的宏观调控，将大学进一步推向市场。

高等教育基金委员会的主要职责是，将中央政府的资金拨给大学作经常性开支和基本建设开支。此外，它也就政策的各个方面向政府和大学提供咨询和指导。实际上，大学基金委员会的前身——大学拨款委员会，自1919年成立以来，就在政府和大学之间起着一种缓冲作用，帮助大学维护自主权。它所充当的政府和大学之间的协调角色是成功的，影响了许多国家，印度、新西兰、巴基斯坦、孟加拉国、澳大利亚和以色列等国都纷纷采用这种模式。

受市民社会传统的影响，大学与各类学院定位于第三部门。20 世纪 80 年代后期，美国学者简·柯亨（J. L. Cohen）、安德鲁·阿雷托（A. Arato）在已有市民社会理论的基础上，提出了社会三元结构理论，认为要把市民社会与政治社会和经济社会区别开来，从而形成“市民社会—经济—国家”三元结构。美国学者莱斯特·M. 萨拉蒙（Lester Salamon）用“非营利部门—营利部门—政府部门”三元结构来描述西方国家，特别是美国的社会基本结构。他所指的三个部门分别对应于哈贝马斯的“公共领域、经济、国家”以及柯亨和阿雷托的“市民社会、经济、国家”，其中，“非营利部门”也称为与政府和企业相区别的“第三部门”，塞拉蒙认为，非营利部门有六个基本特征：正规性、民间性、非营利性、自治性、志愿性、公益性。[①] 其中的“民间性”指的是非营利组织在体制上独立于政府，不是政府机构的一部分，决策阶层不受政府领导。英国的高等教育机构具有第三部门的特征，它们不属于第一部门——国家或政府，而是相对独立于政府，政府对大学和学院只是拨款，而不是它们实施直接控制。

（三）中小学管理模式

英国中小学管理善于吸纳社会人士参与管理，属于典型的校外董事会管理类型。处处显示出民主与自由的传统。英国中小学内部的管理组织系统大体上可以划分为三个层次[②]，即领导层、中间管理层和基础操作层。领导层主要由校董事会、校长和高级管理委员会三方组成。中间管理层主

① 萨拉蒙．非营利领域及其存在的原因［M］//李亚平、于海．第三域兴起．上海：复旦大学出版社，1998：33－35.

② 司晓宏．中英基础教育管理体制比较研究［J］．陕西师范大学学报（哲学社会科学版），1999（3）

要由高级教师、教育活动协调人和接待室（类似于校长办公室）组成，基础操作层主要由教研组、年级组和班级组成。英国中小学的领导体制，从总体上讲属于董事会领导的校长负责制，因此，校董事会可以说是学校最高的权力机构。在英国，无论是私立学校还是公立学校都有董事会。私立学校董事会由于承担着对学校投资的责任，因此拥有更大的权力。公立学校董事会可以被看做是吸收社区、教育局、学生家长和教职工共同参与学校管理并对学校实施集体领导和广泛监督的一种机构。校董事会在人员构成上坚持任何利益不占优势的原则，即家长代表、社区代表、教育局代表和学校教职工代表的人数应大体相等。例如位于莱斯特市的茂特（Moot college）中学的校董事会由15人组成，其中社区代表4人，家长代表4人，教育局代表4人，校方代表3人（含一名校长和两名教师）。校董事会由董事长负责召集。私立学校董事长一般由给学校出资最多的法人单位的代表担任。公立学校董事会的董事长原则上由社区代表担任。无论是私立学校还是公立学校，校长皆为董事会当然成员，但校长原则上又都不能担任董事长。董事会设有全体成员会议，其职责主要是对学校重大问题进行审议和决策。董事会一般每学期活动1~2次，遇有特殊情况由董事长随时召集。董事会下设各种专门委员会，其中最主要的是财政预算委员会、课程计划委员会和人事管理委员会。

校长是英国学校管理的核心人物。在学校的日常管理工作中，校长拥有决策权和指挥权；在对外的民事活动中，校长充当学校的法人代表；学校办得如何，也由校长最终向校董事会和地方教育局负责。学校董事会成员由家长、社区、教育局和教职工四方面代表组成，这就从体制上保证了学校管理要倾听各方面意见，满足各方面要求。家长、社区、教育局和教职工充分参与学校管理。与此同时，学校还通过“家长会”、“学生参与社区活动”、“学校为社区服务”等多种方式与外界环境保持密切的联系。从外观上看去，学校也没有围墙，与外界社区融为一体。这种开放办学模式使学校的内部管理始终能够得到外界各方面的大力支持与配合。

英国的所有中小学都设有一种称之为“高级管理委员会”（Seniomanagement meeting，简称 SMT）的管理机构，其成员主要由正副校长、高级教师、教育活动协调人组成。高级管理委员会的具体职责类似于中国中小学中的校务会议，其性质是一种审议性的组织机构。凡学校教育教学、总务后勤和人事管理等方面重大问题的决策都要经过高级管理委员会的讨论和审议。从权力体制上讲，校长虽拥有最终决定权，但通常校长的决策都是建立在高级管理委员会成员充分深入的讨论及大多数成员意见比较一致的基础之上。

英国中小学的中层管理机构主要由高级教师、教育活动协调人和接待室组成。高级教师在学校中的地位仅次于校长和副校长，通常是高级管理委员会成员。高级教师的角色类似于中国的教导主任，主要职责是领导以教研组为主的课程教学系统的工作。教育活动协调人的作用，在中国的学校管理系统中很难找到相对应的角色，其主要职责是负责以年级组为主的教学辅导系统的工作。英国中小学中的“Receiption”名为接待室，其实际职能则是校长办公室，而且其职权范围要比中国中小学的校长办公室大得多。一所中小学一般只设一名高级教师和教育活动协调人，且均由教师兼任。学校的来访接待、文件收发、门卫安全、考勤登记、日常行政、学校财务以及后勤生活服务等均由接待室处理。在英国中小学中没有类似于中国中小学的教导处和总务处，因此学校的日常行政和总务后勤一律由接待室管理。接待室根据学校规模大小，设 3 ~5 名秘书或干事，分管上述工作；而且不设主任，由校长直接领导。

英国中小学的管理体制呈现出典型的自由与法治相结合的传统。自由主要体现在学校管理上的自主和课程设置上的自主。而法治则表现为依法治校。根据 1944 年教育法形成的中央、地方当局和学校的关系是一种合作伙伴关系。教育法没有提到课程一词，大多数公立学校的管理章程规定由董事会负责管理学校和课程，而实际上，有关课程的开设课程内容、教学方法、课时分配和教材的选择都由校长和教师决定，中央和地方当局不予干涉。前面提到 1988 年中央加强了课程的集中管理，这项改革采取了两项措施：规定了小学 10 门国家课程，含英语、数学、科学 3 门核心课程，历史、地理、技术、音乐、艺术、体育和一门现代外语 7 门基础课程；小学阶段国家课程的教学时间为 80%，另外的 20% 为非国家课程教学时间。教育管理法制水平高。英国国家和地方政府对教育有十分完备的法规体系，各级各类中小学内部又具有比较完备的管理规章制度，教职员工和管理人员也都具有较强的法律意识，整个学校管理活动呈现出按章办事、各循其则的特点。

（四）管理风格

英国是一个自由主义传统根深蒂固的国家，随着产业革命的推进和自由资本主义时代的来临，自由主义逐步成为英国政治思想的主流。只是到了 19 世纪末 20 世纪初，随着资本主义发展进入垄断阶段，以维护个人自由，限制政府干预权力为理论核心的传统自由学说已不太适应社会经济发展的需要，同时，工人运动以及社会阶级结构的变化也对传统的自由党政治带来了冲击。于是倡导国家积极干预社会经济生活为标志的新自由主义应运而生。近年来，以布莱尔为首的英国“新工党”采用了“第三条道路”政治哲学，这是介于自由放任资本主义和福利国家之间的中间道路，它继承并发扬了这种新自由主义的激进传统，这种政治哲学影响下的英国教育管理同样体现了一种协商性。“第三条道路”强调四个平衡，主要体现为：政府调控与市场机制之间的平衡，发挥地方政府的积极性；经济发展与社会公正之间的平衡，提倡参与社会活动和社会平等；权利和责任之间的平衡，强调培养个人的独立意识；国家利益与国际合作之间的平衡，主张国家积极参与国际事务，制定规则来协调国与国之间的行动。[①] 实际上，这四个平衡体现了上下、内外权力的一种协商，强调民主参与，以及构建和谐社会。

在管理风格上，英国从多个层面体现出协商性，如中央和地方的协

① 王振华，陈志瑞．挑战与选择——中外学者论“第三条道路”［M］．北京：中国社会科学出版社，2001：114.

商、学校管理中的权力协商。[①] 这和英国历史上的光荣革命传统是一脉相承的，这种协商性是一种文化传统的体现，管理方与被管理方相互尊重对方、互相妥协、互相迁就的一种风格。

首先，在中央与地方的关系上，前面已经提到，英国历史上中央政府不管教育，认为教育是一项地方的事业，让教会、行会和个人来承办。即便是后来建立了中央教育行政管理机构，它与地方教育当局仍是通过协商，合作完成教育管理任务。根据 1944 年的《教育法》的有关规定，中央主要是通过拨款和督导的形式对教育进行间接管理，皇家督学团负责视导大学以外的所有教育机构，是介于中央和地方之间的桥梁，尽管如此，皇家督学团只能提出建议、批评和表扬，无权向地方教育当局下命令。国务大臣的职责是“促进英格兰和威尔士人民的教育，促进为此目的而设立的教育机构的发展，确保各地方当局在她的领导和指导下，有效地执行国家政策，在各个领域内建设各种类型的综合教育机构”。教育国务大臣对教育的影响主要是通过建议而非指令或命令，即他不能指令地方教育当局去做什么，也不能提别的建议或对计划进行修正。其次，在学校管理中，体现了广泛参与的协商性，个人负责和集体领导相结合。英国中小学的领导体制属于董事会领导下的校长负责制，既保证了校长权力的行使，又发挥了集体领导的作用，既避免了政出多门、无人负责的弊端，又保证了管理的民主性，提高了决策的科学水平。

（五）研究主题与研究风格

英国的教育管理活动同样可以追溯到古代社会，但是教育管理作为一个独立的学术领域，要晚于美国。英国的教育管理理论与研究是在美国 50 年代的教育管理成为一个独立的学术领域之后，或者说是在美国教育管理理论运动影响之下，才逐步发展起来。在 20 世纪 60 年代以前，英国

① 李婵娟．权力差距维度下透视英国教育管理权力架构［J］．外国教育研究，2006（7）：54－58.

的教育研究属“乡村工艺型”，多数情况下由单个大学或学院的成员在业余时间完成，没有形成组织。直到他们的研究成果通过渗透被人们认可，这是一个漫长、低效的过程。60 年代以后，在世界范围内教育研究被现代管理所接纳。研究团队从事大型项目的研究，以及高等教育机构从事学术研究获取了巨额的研究经费。英格兰和威尔士的 DES 和苏格兰的教育部开始有选择性地对研究项目进行资助，慈善基金如纳菲尔德（Nuffiele）和李物哈姆（Leverhulme）把教育研究作为首选的资助对象。1964 年政府成立的社会科学研究协会主要对基础研究进行资助。该协会下设教育研究会作为其分支机构。1964—1969 年期间，由于有大量的资金资助，教育研究迅猛发展，在英国，教育研究的经费在这五年翻了十倍。[①] 与此同时，研究团体与机构的自主性也受到严重的挑战。研究的课题受到政府经费资助的影响，研究的主题也随着政府决策和政策制定而摇摆。

教育管理方面的研究主题方面，受美国教育管理理论运动的影响，同时与英国传统的经验主义相合拍，英国教育管理研究主题和风格与美国比较接近，重视实证研究和质性研究。这里值得一提的是，教育管理与教育领导似乎成了两个相互交融但又相互独立的领域。英国的《教育管理与行政》杂志于 2004 年改名为《教育管理、行政与领导》，大量刊登教育领导研究的文章；另外，由于人们对领导研究的热情和投入显著增加，“英国教育管理与行政学会”更名为“教育领导、管理及行政学会”。根据我们对英国主办的 Educational Administration Quarterly 与 Educational Management Administration & Leadership 所刊载的文章进行分析，研究内容涉及学校管理、教育政策、教育分权化、校本管理、学校选择、教育效能和教育领导等。

在研究风格方面，定量的研究方法占重要地位，质性研究也不可忽视。以“英国研究评价数据库”（UK Research Assessment Exercise ）为

① Nisbet, J. When the ‘Rot’ Set in: Education and Research, 1960 – 75 [J]. British Educational Research Journal, 2000, 26 (3): 409 – 421.

例，在2001年，约有18%的出版物为非实证型（含思辨型），这其中约有10%为传统的研究评论。在2002年，BERJ（British Educational Research Journal）刊载的论文中，只有12%为非实证型，而且没有研究评论，同年，BJEP（British Journal of Educational Psychology）只有一篇非实证型论文，且这篇论文为研究评论。而在EMA“Educational Management Administration & Leadership”中却有29%的思辨型论文，没有任何直接的实证材料，外加9%的研究评论，合起来约有38%的论文没有明显的实证材料作为支撑。在2002年的《学校领导与管理》SLM（School Leadership & Management）中有28%的论文没有明显的实证材料作支撑。与其他教育研究相比，教育领导（与管理）研究在实验研究方面存在很大的差距。在研究方式上，主要是小规模调查、定性研究、透明度不高、没有设定控制组和实验组。大多数学者采用的研究方法所得出的结论深度有余，但广度不够，不足以为政策制定提供依据。与此相类似，这些学者也极少参与跨学科（如与其他社会科学、管理学、心理学或统计学）的研究工作。EMA从2002年至2006年每年刊发5篇左右的论文，其中76%的文章单一地使用定性研究方法，在SLM中比例则高达67%。在这两种杂志中，没有控制变量研究、跟踪研究、研究分析、纵向研究、数据模型或者定性研究与定量相整合的研究。而在BERJ中，超过35%的论文属于定量研究，更为重要的是，这些论文运用了大量的技术（如从简单的二规分析到复杂的模型），在BJEP中，96%的论文确实运用了定量研究方法。

教育管理与领导领域在整个教育研究领域中地位低下。① 以EMA和SLM两份在英国颇受欢迎的杂志为例，它们都是RAE刊物索引范围，事实上，EMA仅排名第十三位，SLM排名为第七，但这两种杂志不像BERJ和BJEP，没有被社会科学索引收录，因而没有影响因子记载。EMA与SLM和BERJ与BJEP在RAE中的等级也不一样，BJEP排在第5或5*

① Stephen Gorard. Current Contexts for Research in Educational Leadership and Management [J]. Educational Management Administration & Leadership, 2005, 33 (2): 155-164.

级[1]，BERJ 则在 2 至 5* 级之间，EMA 和 SLM 却在 1 至 4 级。这表明，教育管理（与领导）研究在整个教育研究中的地位较低，甚至被认为不是教育研究中一个分支领域。

第二节 美国的文化传统与教育管理

美国是一个年轻的移民国家。美国文化可以说是宗教改革后欧洲文化在北美这片自由土地上的变种，它源于盎格鲁－撒克逊传统，但又不用于盎格鲁－撒克逊文化。以英国人为主的移民将自己的文化移植到新大陆，在这个陌生的土壤中，旧的文化结合新环境演变成了新的文明。随着时代的发展，移民的不断增加，美国逐步摆脱了宗主国英国的殖民统治，走上了独立自主、多元融合的发展道路，形成了一个具有自己鲜明特色的开放性的文化体系。

一、美国的文化传统

（一）个体主义[2]

美国的个体主义可以说是美国价值的核心。它植根于美国最早的意识形态——清教思想之中。不过美国的个体主义完全不同于利己主义，其核心思想是使个人在不妨碍别人的价值体系的情况下追求他认为有益的东西。个体主义是美国身份认同的主要特征之一，他们信仰个人的尊严，个人的神圣性，不喜欢别人干预自己的思考、判断和行动。

① 5* 级比 5 级要高，但略低于 6 级。

② 很多人把美国的 individualism 译成个人主义，这种译法在国内容易引起误解，因为在我国，官方文化乃至学校教育是宣传集体主义的，先人后己已成为我国传统文化的一种美德。而个人主义总是倾向于自私和利己，唯我独尊思想或行为，带有贬义，这与美国的个体主义相去甚远。

美国的个体主义源于英国的殖民统治，追求个人自由、维护个人权利、强调机会均等，这些性格是在当时政府权力薄弱、发展机会众多的背景下铸就的性格。[①] 在建国时期，杰斐逊在政治上代表了这一带有强烈个人主义特征的思潮。他相信人民自治自理的能力，将人的平等权利和每个个人的幸福观视为政府唯一的合法目标。在《独立宣言》他根据天赋人权的理论，指出“人人生而平等，造物主赋予他们若干不可剥夺的权利，包括生命权、自由权和追求幸福的权利”。[②] 从这点出发，他阐明了关于政府的责任，并认为，人类正是为了保障这些个人权利，才组成政府。通过宪法，个人将自己自然权利中的一部分交给政府，以换取政府对他所保留的其余权利的保护。“过去的一切经验也都说明，任何苦难，只要是尚能忍受，人类都宁愿忍受，而无意为了本身的权益便废除他们久已习惯了的政府。但是，当追逐同一目标的一连串滥用职权和强取豪夺发生，证明政府企图把人民置于专制之下时，那么，人民就有权利，也有义务推翻这个政府。”[③]治理者的合法性在于被治理者的同意，当统治者违反了根本契约，侵犯了被统治者的利益，后者就不仅有权，而且有义务将其废除，另立政府，这就是革命的权利。

美国人的个体主义受很多思想家的影响。洛克断言生物的个人是自然的基本单位，他在 1835 年发表的《论美国民主》一书中首次使用“个体主义”。他认为，个人的存在先于社会的秩序，自身利益就是个体的行为目的，而社会制度则起源于个体间的互动之中。

富兰克林（Benjamin Franklin）、爱默生（Ralph Waldo Emerson）和托克维尔（Alexis de Tocqueville）等也是个体主义的提倡者。富兰克林是以自己的传奇经历提倡个人主义，其自学成才的故事激励着大量美国青年。爱默生也认为个人主义是现代社会的产物。他说，“这时期的特点看来是思想的自我觉醒，人变得富于反思和心智发达，产生一种创新的意

① 钱满素．美国文明［M］．北京：中国社会科学出版社，2001：299.

②③ 艾捷尔．独立宣言［M］// 赵一凡，郭国良，译．美国赖以立国的文本．海口：海南出版社，2000：26.

识。祖辈们都是在这样的信念下行动的：社会的辉煌繁荣是所有人的至福，故而一贯为国家牺牲公民。现代思想则相信，国家是为个人而存在的，不为了保护和教育每个个人。在革命和民族运动中已经粗略表现出来的这一观念，到了哲学家的思想中便变得更为精确了，那就是：个人即世界。"[①] 因而，他提倡思想的解放，将个人的活的灵魂视为重新衡量一切的标准，反对强加于人精神的种种束缚。同时，他认为，个体主义还包含了对个性的尊重，反对个人违背自己去迎合权势、迎合世俗；"自立"成为爱默生个体主义的重要内容，他号召每个人在享受权利时必须承担起自己的责任，充分发展自身，自强不息。法国政治学家托克维尔于1830年访问美国后，写下了《论美国的民主》这部著作，他认为美国的"个体主义是民主主义的产物，并随着人们身份的日趋平等的扩大而发展"。[②] 与欧洲相比，美国社会与众不同之处在于：它没有经历民主革命而直接建立民主制度，美国人是生下来就平等而不是后来才变成平等的，个体主义在美国盛行，与美国人对个体主义的"利己"达成共识有关。托克维尔还发现，为了克服个人主义可能带来的分散、孤立、自私等弊病，美国人采取的对策是广泛的自由结社。为了办成一件事，各自追求自身利益的前提下，走向达成共同利益。

总之，美国文化的个体主义强调个人的价值，个人的尊严和自由，个人利益与社会利益的协调。自我是美国文化的基本单位，自我承受着难以名状却又无处不在的社会压力，迫使其在所有的活动范围与众人保持一致。美国文化的个体主义没有为个体规定任何具体的社会责任，但它同时也未给自我表达提供多大的空间。同时，追求自主、自我实现和个人发展，不愿意依赖他人也是美国个体主义的重要特征。

---

① Emerson. Historic Notes of Life and Letters in New England［M］// Perry Miller. The Transcendentalists. Massachusetts：Harvard University Press，1978：494.

② 托克维尔．论美国的民主［M］．董果良，译．北京：商务印书馆，1988：626.

（二）实用主义

实用主义产生于美国，其活动中心也一直在美国。在实用主义形成后的一个世纪以来，一直被人们认为是美国民族精神和生活方式的理论象征，有的学者甚至认为它实际上具有美国准国家哲学的意义。实用主义在美国享有如此高的地位，主要是因为它最能体现美国资本主义的发展以及美国社会生活的特点。

美国的现代化建设是在未遇到强大封建势力阻挠的情况下顺利发展起来，可谓轻装上阵。美国的移民们可以毫无约束、毫无顾忌地从事产业开发、商业投机和领土扩张。因而，市场经济体制在美国建立得最纯粹、最彻底。资本主义的民主制度也建立得最完备，因此，美国人以倡导自我谋划和设计、自我选择和奋斗为特征的个人主义价值观念在这里获得最广泛的流行。人们大可不必考虑国家、君主、教皇以及其他超乎个人至上的力量的限制和旧的传统的束缚，可以自由地追逐个人的发展、成功、利益和效用。在这种背景下，人与人之间的各种交往在不同程度上都带有功利色彩，人与人之间、人对社会以及人对上帝的关系往往被当做买卖和契约关系。这就是实用主义产生的根源。同时，我们也应该看到，美国是一个移民国家，这些移民带去了世界各国的文化。由各种传统文化融合而组成的新的“熔炉”是对传统文化的一个扬弃，甚至是一个否定的过程。任何一种文化传统都不能居于主导地位，从而也就失去了判断标准的意义，只有那些能对开辟新大陆有用、使他们更好地生存、促进产业开发和商业发展的新的价值观才能得到认可。对主体的活动有效性、有用性超越了任何文化传统或思想原则，实用成了人们开辟新天地的思想和行动准则。

美国实用主义发轫于1871—1874年在哈佛大学所建立的以皮尔士为首的“形而上学俱乐部”。俱尔部的主要参加者有后来成了实用主义最主要代表人物的詹姆士，哲学家、心理学家赖特（C. Wright），律师霍尔姆斯（O. W. Holmes）、历史学家费斯克（J. Fiske）、法官瓦尔纳（J. Warner）、法学家格林（N. J. Green）等人。他们在各自的领域对实用主义都做过论述，主要观点与后来的实用主义又存在一致的地方。[①] 对实用主义的形成起了决定性作用的代表人物是皮尔士，不过他在19世纪70年代提出实用主义的思想时，并未引起人们的注意。后来的詹姆士在皮尔士的基础上对实用主义作了系统的论证和发挥，实用主义成了美国的主流哲学思潮。在20世纪上半期，杜威又将皮尔士和詹姆士的思想作了重大发展，并把它用于社会生活和意识形态的各个领域。

美国文化是实用主义文化，美国人重视问题的解决和任务的完成。美国是一个实用主义国家，康马杰认为，美国人“对很多问题都是讲实际的，虽然不是对所有的问题”[②]。美国人对商务往往带有浪漫色彩，但康马杰认为美国人“对政治、宗教、文化和科学却讲求实际”。实用主义哲学强调的一条原则就是效用原则，积极求索。实用主义的主要思想包括以下几个方面：实用主义作为一种行为方式；实用主义作为一种真理观；实用主义作为一种方法论；实用主义还可以作为一种外交政策。实用主义的主要观点有：

1. 实用主义立足于现实生活、服务于现实生活。
2. 实用主义注重实效和功利。
3. 实用主义看重解决各种实际问题的科学方法指导。
4. 实用主义强调协调各种社会关系，注重求实进取和实际效果。

（三）法治传统

美国是一个法律至上主义的国家，法治观念是美利坚民族共同的价值取向。“美国人爱法律如爱父母”[③] 而且“对国家现行的法律表示巨大的信任”[④]。法律渗透到美国人生活的各个方面，人与人之间的关系只要能够道德化，都可以法律化。就法律对美国社会的支配程度而言，在西方国家中也是很少见的。

---

① 刘放桐．新编现代西方哲学［M］．北京：人民出版社，2000：178.
② 康马杰．美国精神［M］．南木，译．北京：光明日报出版社，1988：9，38.
③④ 托克维尔．论美国的民主［M］．董果良，译．北京：商务印书馆，1988：274，275.

美国的法治传统可以从最早的移民进入北美算起。1620 年“五月花号”船抵达康科德港口，船上清教徒移民为建立普利蒂斯殖民地而订立了自治公约。“因上帝的名义，阿门。我们签名于下。我们这些忠实臣民乃属于令人敬畏的最高的国王陛下，詹姆士。我们正在从事从海路前往弗吉尼亚北部开拓殖民地。在到达此处女地之际，欲求上述目标能更好地得到遵循、维护和光大。此时特于上帝面前，神圣而共同的自相缔结、召集和联合在一起，组成一个民众的政治团体。凡制订、设置和颁布正义和平等的法律、法令、法案、典章，以及随时设置的职守，务使其能最适合且便于殖民地的公共利益。”①

这一批移民在北美安顿后，将公约付诸实施，成立普利茅斯市镇大会，选出总督和助理，负责市镇公共事务。不久，陆续出现其他市镇。这些市镇居民感到，前往普利茅斯开会，路途遥远，很不方便。从 1639 年开始，选举代表前去开会，遂产生了代议制议会。《五月花号公约》不仅规定宗教事宜，还涉及殖民地政治安排，它孕育了具有萌芽形式的人民主权思想、尊重自由和民主的意识。因此，美国人至今还把这批清教徒推崇为“朝圣远祖”。②《五月花号公约》成为现代成文宪法的始祖。

在殖民地早期，英国国王和国会正为最高权力争得不可开交时，远离英国政府的这块拓荒之地正好可以沿着自由、民主的路径发展。1619 年，被美国历史学家称为美国政治制度两大基石之一的弗吉尼亚议会也正式成立。这个议会是按照广大移民要求通过民主选举产生的，也是北美第一个民选议会。随后，1639 年，康涅狄格按照《基本法令》的规定，实行代议制。1644 年，马萨诸塞州形成两院制。这段时期里，殖民地市镇议会也普遍建立。他们有权决定当地事项，同时选举代表参加殖民地每年召开的州大议会，决定地区性大事。到了 1660 年，英属北美殖民地都已经形成了以法治为基础的共和政体。

① 李昌道．美国宪法纵横论［M］．上海：复旦大学出版社，1994：3.

② 于斌试．析美国法治风尚的历史渊源［M］．文山师范专科学科学报，2006（2）：55－58.

美国的所有移民中，英国移民占了大多数。根据美国政府的统计在1790年的美国白人中，英格兰裔人占62%，另外还有17%的人口是苏格兰裔人或爱尔兰裔人，此外，德国裔人占9%，荷兰裔人占3%，爱尔兰裔人占2%，瑞典裔人占1%。[①] 英国移民带来了法治的种子，在美国肥沃的土地上种了下来，并开花结果。移民北美的大批英国人，大多数秉承了英国的政治传统，而在此之前，英国在法治方面一直处于世界领先的地位。这种观念随着移民在新大陆的安顿，也在北美扎根。一方面，随着人口的增加，从17世纪末开始，殖民地大量地输入英国法律，许多具备法官、律师资格的人源源不断地来到这块肥沃的土地；另一方面，殖民地也派遣了很多学生去英国学习法律。这些法律人才对于美国的法治建设起到了不可弥补的作用。

来自欧洲的移民们同时也带来了宗教、自由、平等的思想观念，这些构成美国民情的主要因素，也孕育了以后美国的主流文化。美国的法治观念在思想渊源上可以追溯到启蒙运动时期的孟德斯鸠的权利理论和卢梭的社会契约论，杰弗逊（Tomas Jefferson）、汉密尔顿（Alexander Hamiton）和潘恩（Thomas Paine）等人在他们的基础上作了一定的发展。如杰弗逊指出，移植到美洲的人们“拥有人类的天赋权利，他们有权脱离他们由于偶然的机会而不是由于自愿的选择而隶属的国家；他们有权去寻觅新天地，并且有权在那里建设新社会，制定一些他们认为最能促进公共幸福的法律和典章”。[②] 宗教、自由与平等这些因素一旦与法制观念结合在一起，就产生了巨大影响。这些因素从根本上引发了独立战争；而指导战后美国法治建设，甚至影响美国整个历史与文化特质的，也是这些因素。独立战争对美国法治的发展起到了奠基的作用。在以后支配美国法治模式的那些原则，基本上都是独立战争后确立下来的。因此，可以说，独立战争对美国法治的影响是根本的和持久的，这些影响主要表现在以下几方面。

---

① Government Printing Office. Historical Statistics of the United States [DB]. Washington D. C., 1975：1168.

② 托马斯·杰弗逊文集［M］. 北京：商务印书馆，1963：7.

第一，北美殖民地对英国战争的胜利和美利坚合众国的建立，斩断了美国同英国的法律联系，为以后美国法治的独立发展与法治模式的形成提供了契机。

第二，独立战争中所表达出来的独立、平等和自由的精神，荡涤了殖民地时期的一些贵族特权和其他不平等制度，确立了公民权利神圣不可侵犯的法律信念，以及主权在民、法律面前人人平等、有限政府的法治观念，从而塑造了美国法治的灵魂。

第三，战争结束后通过的联邦宪法（1789）和一系列宪法性文件，连同《独立宣言》（1776）、人权法案（1791）等，确立了美国法治模式中权利神圣和以宪法为中心的法律至上的一般观念等；这些宪法性法律文件规定了美国的国家结构、政权组织形式和活动方式，以及公民的基本权利等，为此后美国200余年的宪政制度提供了法律依据。以宪法为依据所确认的国家管理活动中的民主原则、分权原则、联邦制、议会制等，使美国法治得以民主的力量为支撑，成为整合和控制美国社会的开放性机制。①

《美国宪法》和1791年批准的《权利法案》成了美国法治的最重要的基础。尤其是《权利法案》是美国人权保障的宪法基石，并成为以后其他西方各国制定宪法的范例。独立战争以后，美国宪法进入实质性的实施阶段，同时，一系列的著名的范例巩固了宪法的地位，同时也给后面的司法实践提供了指路明灯。

美国的内战结束以后，通过了一系列的法案，如林肯总统签署了《解放黑奴宣言》（1863）即美国宪法第13条修正案，宣告废除奴隶制。随后通过的第14条修正案是对第13条修正案的补充和发展。它将公民权赋予全体公民，使公民权联邦化；并为充分保障公民权利平等，限制着美国政府的行为，提供明确的宪法保障。“第14条修正案成了实现甚至在

① 曹全来．论美国法治的形成［J］．淮北煤师院学报（哲学社会科学版），2002（6）：9－15.

今天仍在美国社会中继续（延续）着的平等主义革命的主要法律手段。”①而且，第14条修正案提出的“正当法律程序”② 对公民的生命、自由和财产权作了有力的保护。

20世纪后，美国逐步进入福利国家的行列，在沿袭传统的基础上，法治的重点也开始转移，即重点由过去的对个人自由的重视转向对社会平等的重视。在教育法方面就是对教育机会平等、受教育权利平等、教育资源平等和教育过程平等的追求。

（四）科学主义

由于英国移民在美国的早期的拓荒者中占据主要成分，他们承继英国文化中的经验主义思维方式。西方自亚里士多德以来就十分推崇理性在人类生活中的重要作用，而且还注重人与自然的分离。亚里士多德曾说“人是理性的动物”，就是这一观念的典型表述，正是在这样一种信念的支持下，古希腊的思想家们对人类以后发展起来的几乎所有学科都进行过天才式的研究与大胆推测，也为未来科学的复兴做了文化上的准备。在这一时期也产生了经典的欧几里得几何学、天文学、力学以及形式逻辑、修辞学等知识，这是人类在自己幼年时期的杰出成就，同时在这些成就取得的过程中，也培养了西方文化中对理性的灌输与强化。自此以后，理性概念成了西方文化的本质特征，也为科学日后在欧洲的复兴奠定了文化的基础，尤其是在十六七世纪以培根、笛卡尔等思想家的学说为基础，彻底巩固了人类理性的地位。

以F. 培根、休谟等人为代表的经验主义是科学主义哲学渊源。培根认为一切认识都求之于感官，知识来源于感觉经验，只有将经验与理性结合起来，才能获得真正的知识。他提出科学是实验科学的看法，认为科学

① 施瓦茨．美国法律史［M］．王军，译．中国政法大学出版社，1990：102.

② 正当法律程序包括程序性正当程序和实体性正当程序，前者专注于政府执行的方法和程序，保证政府施加管制或惩罚的过程的公正性，后者专注于财产权和契约自由的限制性立法问题。

就在于用理性方法去整理感性材料，归纳、分析、比较、观察和实验是理性方法的主要条件。休谟提出两种知识说：关于“事实的知识”来自经验，只有或然性；关于“观念关系”的知识是由理性思维活动获得的，具有普遍必然性和确定性。真理的标准就是感觉本身。

实证主义哲学观促成了科学主义思潮的流行。严格地讲，实证主义是一种具有特定内涵的哲学流派，而科学主义却不是一种严格的哲学流派，它最多只能算一种泛化了的哲学观，是一种思潮，或者说是一种思考问题或从事学术活动的倾向。之所以认为科学主义的理论渊源是实证主义，是因为实证主义的哲学观构成了后来的科学主义的基本内涵。国内学者有关科学主义的定义引用得更多的是下述两个经典表述。一是1986年美国出版的《韦伯斯特新国际英语词典》的定义，科学主义是“认为自然科学方法应该用于一切研究领域（包括哲学、人文科学和社会科学在内）的主张，是一种相信自然科学的方法才能富有成效地用来获取知识的信念”。二是托姆·索雷（T. Sorell）的定义，“科学主义是一种关于科学的信念——特别是自然科学——它认为科学是人类知识中最有价值的部分，之所以最有价值，是因为它是最权威的、最严密的和最有益的”。[①] 前者把科学主义归结为一种科学方法万能论的信念，后者则把科学主义概括为一种关于科学是人类知识中最有价值的信念。[②] 这两种信念是彼此关联的、互补的，只有将它们整合在一起，才能大体上表征和覆盖科学主义的内涵。我们认为，科学主义的主要内涵包括：在科学观上，它强调绝对化科学的普遍合理性；在哲学观上，以科学的标准否定并拒斥传统的形而上学；在价值观上，把科学作为价值评判的唯一尺度。

科学主义的直接理论来源是实证主义，作为一种具有广泛影响的思潮，诞生于19世纪六七十年代。也就是伴随孔德的实证主义哲学的产生而出现，此期的科学主义主要表现为实证主义。进入20世纪，随着自然

① Sorell T. Scientism：Philosphy and the Infatudtion with Science［M］. London：Routledge，1991：1.
② 陈其荣. 科学主义：合理性与局限性及其超越［J］. 山东社会科学，2005（1）：35－39.

科学的进一步发展，人们希望用科学的规范、模式、方法尤其是物理学的话语来重新界定和统一知识，科学主义也进一步演变为逻辑主义，这被认为是科学主义的鼎盛时期。尤其是在逻辑实证主义阶段，科学主义成为西方科学哲学史上倾极一时的主流思潮。到了20世纪60年代，库恩的《科学革命的结构》宣告了社会历史学派的兴起，逻辑主义开始走向式微。他们主张科学哲学应立足于科学史和社会资料，而不是静止的逻辑分析，建立了科学发展的历史模式，否定了逻辑主义科学积累观，大胆引入社会和历史因素，强调社会心理因素在科学中的作用；也因此质疑了有关科学的极端理想化定位，使得科学主义的基本原则主张及其理论根基受到了沉重打击，科学主义也在相对主义和非理性主义反对声中步入低潮，与此相应，对科学主义从哲学、方法和理论系统等其他层面的反思也逐步增强。

实证主义在美国盛行是有原因的。1683年成立了北美第一个学术团体——波士顿哲学会。哲学会中有许多从事科学研究的人，如富兰克林等，他们为美国的科教事业作出了重要的贡献。哲学会还在政府和社会的赞助下创办了医院、医科学校、天文台、图书馆和博物馆。这些设施的建立促进了科学的发展。尽管美国在独立时，科学水平远远落后于欧洲，但美国是没有封建传统的国家，在观念上认同科学、自由、理性，把从英国继承而来的经验主义发扬至极，同时，植根于本地的实用主义和多元文化也有利于科学精神的传播与发展。进入19世纪中期，从英法等国传播而来的实证主义（特别是穆勒和斯宾塞的实证主义）流行很广，影响很大，这进一步扩大了科学主义的影响范围，于是逐步泛化成一种“主义”。其泛化的社会科学原因主要在于：一是以牛顿力学为基础的经典科学此时已基本形成，已能对自然现象给出大致协调一致的解释，尤其是像海王星被观测到以后，更使人们相信，自然科学知识就是关于自然的实际知识。二是将自然科学方法适当加以推广移植获得了巨大成功。例如，将最初在力学和物理学中形成的把观察实验与数学推导相结合的研究方法推广到化学、电磁学等领域都取得了成功，更使人们增强了自然科学方法无所不能的信心。三是自然科学通过技术释放出来的巨大能量大大改善了人类的生活，给人类带来了极大的实惠。后来的逻辑实证主义又将科学主义推向另一轮高潮。逻辑实证主义形成于20世纪20年代中叶的奥地利，其核心是由石里克（Moritz Schlick）所创建、以卡尔纳普（Rudolf Carnap）为代表的“维也纳学派”，以汉斯·赖欣巴哈（Hans Reichenbach）为代表的德国经验哲学学会、以卢卡西维茨（Jan Lukasiewicz）和塔尔斯基（Alfred Tarski）为代表的华沙学派。可以说，逻辑实证运动是一种逻辑分析为特征、以经验主义传统为基础的哲学思潮。在20世纪40年代，由于政治原因，石里克遇难，维也纳学派的主要成员移居英美等国，美国继而成为逻辑实证主义的中心，从而形成了美国实用主义式的科学主义传统。正如美国文化坚信科学主义，固守狭义的科学观。在多数美国人的眼中，只有自然科学才能称为科学，对人文科学与社会科学有一种偏见，将其称为实践科学、应用科学或行动哲学，或喻称为具有实践性和应用性的道德科学或技术，而不是指严格的理论意义上的具有高度逻辑严密性和精确成熟的独立知识体系的科学。普特南（Hilary Putnam）说，“科学的成功把哲学家们催眠到如此的程度，以致认为，在我们愿意称之为科学的东西之外。根本无法设想知识和理性的可能。”① 美国人把科学主义几乎渗透到所有的学科领域，只要一提到科学，他们一般就是指自然科学。即使在人文社会科学领域，我们可以强烈地感受到自然科学范式的影响，向自然科学看齐一度成为左右社会科学发展的风向标。

二、美国的文化传统对美国教育管理学的影响

美国文化以它独有的魅力为世人所瞩目。美国文化的核心是个体主义，美国现代文化的基本特色是多元文化和实用主义，维系社会秩序的准

① 希拉里·普特南．理性、真理与历史［M］．童世骏，李光程，译．上海：上海译文出版社，1997：196.

绳却是法律主义，对教育管理影响最大的可以说是科学主义。

（一）教育行政管理

美国的教育行政管理的典型特征是分权主义。17 世纪以来，欧洲各国向新大陆大量移民。移民们不仅带来了各自的文化传统，同时也将宗主国的教育模式结合殖民地的实际进行了相应的改造。

教育属于“自由权”，归属地方，受宪法保护。美国宪法中没有具体提到教育问题，只是在 1791 年的《人权法案》（“保留条款”，即美国宪法修正案）第十条规定“本宪法所委授予合众国或未禁止各州行使之权力，皆由各州或人民保留之”。[①]《人权法案》的制定者们列举了一些因为当时的历史和经验而为他们所关注的权利，并且明确地规定列举这些权利不得解释为否定或轻视人民所保留的其他权利（第九条修正案）。宪法授予联邦政府的权力是有限的，那些没有授予联邦政府的权力由各州或人民保留（第十条修正案）。我们不清楚《人权法案》的制定者的脑子里还想到哪些属于人民的权利或权力，但是，他们显然具有强烈的个人自主意识，他们假定了人身、财产和以自己的方式追求幸福美好生活的最大自由这些自然权利。从总体上讲，他们认为下列权利是理所当然的：结婚权和婚姻自由权；扶养家庭和教育子女的权利。此外，第一条规定人民有宗教信仰的自由，免除了建立国教的可能性，实际上是加强了教会与国家分离的原则。但条文规定国会有为公共课税等权力。宪法对联邦和州的立法权限作出规定，为联邦政府不直接干涉地方教育事务的分权制打下了基础。

实际上，在美国人眼中，公民的受教育权利和创办教育的权利，并非政府赐予的礼物，它们是固有的，先于政府而存在的，所以应该归属于地方。政府必须尊重和保护这些先在的权利。宣布独立于大英帝国的合理依

① 亨金．美国宪法在国外［M］．郑戈，赵晓力，强世功，译．北京：生活·读书·新知三联书店，1995：3.

据中所明确阐述的这套政治哲学，正是前殖民地采用州宪法的理论依据。由于美国宪法就像它所取代的《邦联条款》一样，关心的不是如何统治，而是如何联合起来，由于人们认为依照这一宪法蓝图创设的新中央政府将不会侵扰个人生活，因此就没包括人权法案，当然也就不需要阐明人权理论了。尽管如此，我们在美国宪法的序言中（宣布“我们合众国人民……制定和确立这部宪法”），在提到某些权利的时候（尽管可能不是我们认为最重要的那些权利），在对人身保护令状的捍卫中，在确认每个州的公民皆享有各州公民的“特权和豁免权”里面，仍然能找到《独立宣言》的理论的蛛丝马迹。[①] 后来增补的《人权法案》只是间接然而明确无误地反映了人权理论，如第一条修正案所涉及的“言论自由和新闻自由”是先在权利，而不是政府赋予的权利，连国会都不能剥夺，如“人民保护其人身、文件、住所和财产不受侵犯的权利”。第九条修正案规定，在宪法上对一些权利的列举，不得解释为否定或轻视“人民保留的其他权利”。

因此，个人权利并非源于美国宪法。严格地讲，它们并不是“宪法权利”。但是它们是由宪法来保护的。由此可以看出，政府将教育权利比较明显地归属于地方有了法律上的依据，各州可以自由地发展自己的教育事业，国家政权对于教育只能给予间接的影响。为什么宪法未能具体论及教育的问题。主要原因概括起来有以下方面。①美国 17—18 世纪殖民地定居者中的大部分人口来自英国。到建国之初，英国移民中约在 60%—70% 以上，这些移民或多或少地继承了英国文化传统，崇尚英国的教育管理体制，我们知道英国在 1833 年以前教育由教会、行会和个人创办，政府不管教育。制定宪法受这种教育管理传统的影响。②当时各州的教育发展情况大为不同，教育问题成为易于影响各州统一团结的因素，很难形成统一的见解来载入宪法；③承袭英国传统中的自由、民主，将教育的举办

① 亨金．美国宪法在国外［M］．郑戈，赵晓力，强世功，译．北京：生活·读书·新知三联书店，1995：5.

权下放给各州，是教育民主化、尊重地方自由的一种体现。

由于宪法作出这样的规定，加上美国的宪法自建国以来保持高度的稳定性。教育被认为是各州的事情，美国教育管理一直主要由各州来承担，从而形成了分权制的传统。正如著名比较教育学者埃德蒙·金所云，“与别国相比，美国的‘国家’较弱，而‘社会’（包括各种社区、永久性的组织和特别组织）较强。教育——美国独一无二的最大事业——最容易受到‘社会’和构成它的各种团体和个人的影响”。[①]

出于对联邦宪法的尊重，各州政府在各自的法律中，先后对教育政策作了程度不同、方式各异的规定。如纽约州在20世纪80年代建立起管理全州大中小学校的机构“大学委员会”，并以州款资助地方学校；马萨诸塞州继承1647年法令的精神，于1789年确立了学区的规模与法律地位。其他如罗德艾兰、新泽西及南方各州则因各自不同的原因，稍后也出台了一些法令。

联邦政府对地方的教育没有严格统一的内容和管理措施，依据法律，美国公民的教育是由州政府而不是联邦政府负责，所以对于受教育者应该达到什么样的水平没有全国性标准，也没有全国乃至各州统一的教学大纲和教材。联邦政府主要通过制定与贯彻全国性的教育法、与地方进行项目合作、拨款等方式，把教育政策和影响渗透到各州。州教育行政方面，州政府的教育责权，来自于州宪法，州与联邦政府不存在隶属关系。州教育委员会是教育决策机关，州教育厅是教育执行机构。各州自行决定义务教育年限，制定各自的学校法，规定师资训练和聘用的标准，等等。不过，这些限定可以看做是教育的外部框架，尽管这些规定必须严格遵守，但允许地方充分发挥主动性。每一市通常都有自己的学校制度，学校经费大部分从它自己的税收中支付，各市学校所规定的要求及其提供的教育，可大大超越州立法规定的最低标准；它可以自己决定课程，颁

① 埃德蒙·金. 别国的学校和我们的教育——今日比较教育［M］. 王承绪，邵珊，李克兴，徐顺松，译. 北京：人民教育出版社，2001：290.

布各种详尽的独立的法令。地方教育行政方面，州决定教育行政的基本方针，而把大部分实际管理权委托给学区来行使。美国现在约有 15 500 个学区，它们是美国管理学校的最基本的教育行政单位。学区包括基层学区和中间学区。

（二）高等教育管理

在联邦政府与高等学校的关系方面，宪法对联邦和州的立法权限作出规定，为联邦和州划分高等教育立法权限提供了宪法依据，也为美国联邦政府不直接干涉地方高等教育事务的分权管理打下了基础。联邦政府用立法、拨款、计划、评估、咨询和预测等方式来协调和引导高等教育的发展，其中“立法”最能反映美国教育管理的文化特征。美国高等教育法治脱胎于英国的法文化，但是美国人根据移民文化的特征和社会发展的需要催生出了具有美国本土特色的法治文化。它具有以下特征：成文法与判例法并存，判例作为成文法的重要补充；立法机制上体现分权性，实现权力的制衡与有效监督；法律的实用性，根据现实的需要使法律具有较强的可操作性，同时也与时俱进，不断调整。①

以联邦一级的立法为例，具有世界影响力的法治事件有：1785 年的《土地法令》，开创了联邦资助州立教育事业发展的先例；1862 年的《莫雷里法案》，政府通过赠地来发展各州农工商学院；1944 年的《退伍军人法》对高等教育结构进行调整，为“二战”期间的退伍军人进入大学学习提供法律依据；1958 年的《国防教育法》，对学生进行大范围、高强度和多方位的资助。后来有影响的教育法案还有 1963 年的《高等教育设施法案》、1965 年的《高等教育法》等。美国历史上还有许多有影响力的判例，如为保障私立高等学校发展权益的 1819 年著名的“达特茅斯学院董事会诉伍德沃德案”，具有里程碑意义，它为私立高等教育机构的发展提供了法律保障；确立大学学术自由、具有里程碑意义的“伊利案”和

① 姚云．美国高等教育法治研究［M］．山西教育出版社，2004：206－288.

“尼尔林案”等，为高等教育正常和有序运行提供了向导。事实上，美国的高等教育运行基本上奉行的是法律至上原则，这与美国的法治文化传统是分不开的。

联邦政府只能通过各种途径对高等教育施加各种影响，如从立法上予以规范，并在财政上予以不同程度的资助，或者说以针对高等教育的各项法律为依据，从外部支持、推动、规范高等教育管理，而不能直接干预各州的高等教育系统，更不能干涉学校的内部事务，如在1976—1997年度，政府给予公立和私立高等院校的资助达387亿美元，其中有一部分间接用于学生补助或作为税收减免。仅给予公立院校的科研补助就达20亿美元，给予私立院校的达15亿美元。各州拥有领导和管理高等教育的职权。尤其是对于私立高等教育的管理，政府的影响更是有限。

对于各类高等教育机构、开办专业和学分等方面的认可和鉴定，则交由民间的中介组织来处理。美国高等教育鉴定协会（The Council on Postsecondary Accreditation，简称COPA）是一个全国性的、专门的、非官方的庞大组织，是民间的自治的机构。1975年1月由“地区性高等教育鉴定委员会”（FRACHE）和“全美高等教育资格鉴定委员会”（NCA）合并而成。新的COPA组织在FRACHE和NCA的基础上，扩大了对1000所左右的专业学校从事鉴定工作的4个全国性团体。它们是“美国基督教大学协会”、“私立大中学校协会”、“全国职业技术学校协会”以及“全国家政研究理事会”。

COPA的财政主要来自COPA认可的鉴定团体以及7个全国性高等教育组织年度上缴的经费及评估费。COPA鉴定的根本目的是保证高等学校的基本质量。

在美国，鉴定是一种由来已久的活动。COPA代行了政府的某些职能。它一方面推动大学教育质量的提高，一方面保持大学的自治、自律，减少了政府与大学之间的摩擦。政府也借助COPA的力量变相地对大学实施控制。

在学校的内部组织方面，美国的大学由校外董事会领导并任命校长，由校长负责学校内部事务的管理。公立大学的董事会通常有两个层次，第一层是整个州立大学系统的董事会，一般由州长任命，经州立法机关确认后正式生效，第二层是本校或分校（如加州州立大学伯克利分校，纽约州立大学石溪分校）的董事会，成员由州政府任命或由公众选举。董事会把权力停留在大政方针之上，而将学校内部的一切事务的管理权力，委托给由它推选的法定代表和执行官员——校长，将校内的学术管理事务权力，交给教师评议会，由校长和教师评议会具体负责学校工作。在人员组成上，高校董事会多为校外人士，也就是说，高校董事会成员绝大部分并非来自高校，甚至多数并非来自教育界。他们多来自企业界、政府部门或所在社区，而非教师或其他高校内部群体，这是美国高校董事会制度的重要特征。一般来说，公立大学董事多是本州的或本学区的公民，政府官员担任公立高校董事的现象也比较普遍，但所占比例较小。在有些高校或高校系统董事会，学生、教师等校内人士也可以加入董事会。但是，校长担任董事的权力受到很大制约。社区学院学区董事会一般不允许校长担任当然董事。在一些规模较大的州立大学或学院，尤其是系统董事会中，校长担任当然董事的比例较大，但其权力受到严格限制。有调查表明，只有为数极少的公立高校校长拥有投票权。在私立高校，一般由捐资方或创始人选择董事会成员，人员构成上相对稳定，多由工商界法律界人士、校长、行政人员和校友所组成，换届时仍由董事会补选。

这种体现将“委员会制”置于“一长制”之上，从而成功避免了两者的不足，董事会制定学校的大政方针，可以集思广益，兼顾各方面的利益。校长在董事会通过的总体政策的范围内，自由地行使职权，充分发挥一长制的优势。尤其是董事会不会干涉学校的内部管理，这样会避免政出多门的现象，提高管理效率（见图1）。

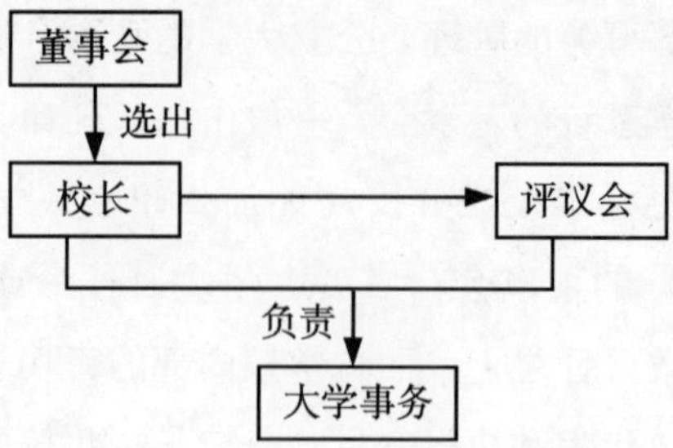

图1　美国大学自治组织系统

（三）中小学管理模式

美国中小学管理上追求民主与效率，注重实际效果，体现了实用主义的典型特征。从1910年开始，泰罗倡导的科学管理理论对美国教育管理的思想和实践产生了深远的影响，直到20世纪30年代科学管理思想才逐步被民主管理思想和人际关系学说所取代，但它对美国教育管理的理论与实践的影响远没有结束。时至今日，科学管理思想还以一种直接的方式继续影响学校管理。从20世纪20年代末到50年代，教师参与学校管理开始成为美国教育管理的一个重要特征。在教师参与管理的基础上，家长也卷入学校的管理之中。20世纪50—70年代家长参与管理，还只是强调家长配合辅导好学生在家里的学习，还没有涉及到家长在学校管理中的权力，还是“局外人”，到了80年代，家长学校管理成为校本管理的一大特点。1994年的《美国学校教育提高法案》正式倡导家长参与学校教育和管理。[①] 这是美国实用主义传统的重要体现，管理就要实用，实用的主要宗旨是在民主与法治的基础上取得良好的绩效。

学校管理体现民主参与。前面提到，许多州把实际教育管理权都委托给地方教育行政机构——学区来行使。美国的中小学管理，从历史上就形成了由各州管理的体制，公立学校和私立学校并行的体制。州管学区，每

① 孙孝花．家长参与决策：美国中小学管理的新态势［J］．基础教育参考，2005（3）：25－26.

个学校管理委员会选聘校长，由学区董事会任命，校长管理学校，校长有权决定课程。美国各州的学校委员会的形式不一样。以佛罗里达州代德县（Dade County）为例，学校管理委员会（councils）由校长、工会代表及教师、学生、职员代表、学生家长代表构成，有的学校管理委员会成员高达 30 人。学校管理委员会拥有学校决策权力，学校的发展规划、考试方案及课程材料选择，甚至新教师聘用，都由学校管理委员会批准通过。同时，这些学校管理委员会特别鼓励社区参与学校课程管理事务。在芝加哥，每所公立学校主要由学校管理委员会管理，学校管理委员会由 11 名成员构成，包含 6 名学生家长、2 名教师、2 名社会代表、1 名学生（高中）。除校长外，所有学校管理委员会成员都由选举产生，任期 2 年。芝加哥的学校委员会有三项职责：审核学校教育计划；审核学校财政预算；聘任和解聘校长。洛杉矶州的学校管理委员会根据每所学校的规模来决定大小，其成员一般由 6—16 人构成，包括校长、教师或社区代表、地方教师协会领导。在中学，学校管理委员会还包括 1 名学生。校长和教师协会领导联合执行学校管理委员会日常事务。地方学校管理委员会一般每月召开两次会议，商讨学校管理事务。学校管理委员会的首要任务是吸引家长参与学校管理。家长参与管理也经历了不同的发展阶段。20 世纪 70 年代以家长对子女的管教为主。到 80 年代，演变为某种意义上的“家校合作”，过渡到学校管理层面，主要涉及管理计划的设置和管理活动的进行。近年来，家长参与又扩展为学校、家庭、社区三者之间的合作。

注重管理绩效是美国中小学管理的一条主线，这与实用主义注重实效和功利分不开的。在管理方面注重实效的突出例子就是美国中小学实行了校长问责制。美国教育问责制的兴起主要源于公立学校品质不佳、学生学习成绩低落等引起的冲击。如 20 世纪 60 年代后期，美国公众对公立学校信心丧失殆尽，政府、家长纷纷要求对学校就儿童的学业成绩等进行问责，对无法完成预定目标的学校进行责任追究。于是，1970 年尼克松总统在向国会所做的教育通报中明确要求推行校长问责制，在 20 世纪 70 年代成为一种潮流。问责制意思是为学校系统内对学生教育成就的评估；把学生取得成就的水平与州、社区的教育目标相联系，与社区内家长、教师、纳税人及市民的期望相联系。[①] 它包含以下基本内容：控制权力滥用，预防腐败发生；确保公共资源为公益目的服务，实现公共价值（公正、公平等）；提高效率和效益；提高政策的透明度与合法性。[②] 由此可见，问责制的核心是通过一系列制度，使官员真正树立高度的责任意识、正确的权利意识和清醒的危机意识，它体现的是一种权力、责任和义务的平衡，最终目的是要从积极预防的角度实现权责的和谐统一，保证管理活动的基本目标得以实现。

20 世纪 80 年代以来，美国基础教育教育管理方面出现了一次大的改革运动，即学校重建运动。这次学校重建运动催生出了一系列的改革方案，如公校私营与特许学校、学校选择、学券制等。这些改革均是为了提高管理效率，提高教育质量的一种体现。

（四）管理风格

霍夫斯泰德（Hofstede，G. H.）（1980）经过调查发现，世界上的大多数国家都具有权力距离、不确定性避免、个体主义与集体主义和男性度四个文化特征，这四个文化特征与人们的价值观有着直接的联系。他发现，美国具有较高男性度和低不确性避免的文化特征。所谓权力距离指的是一个机构和组织中权力平等分配的程度。在低权力距离的国家，不平等应该最小化；所有的人都是相互独立的，下级把下属同等看待；处于不同权力层级上的人受到的威胁很小，能相互信任。而高权力距离的国家，人们认为这个世界上有一个不平等的秩序，人人都有他合适的位置，地位的高低受这种秩序的保护；少数人是独立的，大多数人是不独立的；科层制意味着存在着不平等；其他人对一个人的权力是一种潜在的威胁，极少数

---

① Lessinger，L.，Sabine，C. D & Cunningham，E. Accountability：Systems Planning in Education [M]. Homewood，Illinois：ETC Publications，1973：627.

② 李树峰. 论校长问责制的定义、本质与功能［J］. 比较教育研究，2006（4）：56－60.

情况下能信任他人。

"不确定性回避"（uncertainty avoidance），就是一个社会对不确定的模糊场景的容忍程度，以及为避免这种不确定的场景而去提供稳定的工作和建立正式的制度的程度，不能容忍违背常规的观点和行为。处于低"不确定性回避"文化的人们往往具有"不轻易满足于现状，敢于冒险"的价值取向。而处于高不确定性回避文化的人们，则"容易满足于现状，不爱冒险，把工作和生活的稳定性看做最重要的"。男性度（masculinity）则是指一个性别角色区分非常清楚的社会。处于高男性度文化的人们，无论男女都有极强的进取心，都有努力工作和注重物质成功的价值取向。处于低男性度文化的人们都很谦虚、温柔、不具备进取心，特别注重生活的质量。显然，麦克里兰提出的成就动机理论蕴涵的恰恰正是美国人的"崇尚变化和差异，喜欢竞争并具有强烈的工作欲和成就取向"价值观。人们普遍"喜爱竞争"，"崇尚成就的获得"。① 同时美国又是一个个体主义极强的国家，人们强烈地"追求物质利益和个人意志"并以获得"个体利益多少"作为衡量事业成功的标准，在情感上独立于组织，对私生活和言论自由予以高度尊重，个体生活方式自律且多样化，而中国属于高不确定性低男性度的国家，崇尚集体主义，权力距离高。

中美管理风格比较

文化参数	美国	中国
权力距离	偏低	高
不确定避免	偏低	高
个体主义和集体主义	个体主义（强）	集体主义（强）
男性度	中上	低

美国文化权力距离处于中低位置。根据霍夫斯泰德的调查，美国的

① Hofstede, G. H. Motivation, Leadership, and Organization: Do Americans Theories Apply Abroad? [J]. Organizational Dynamics, 1980, 9 (1): 42-63.

PDI（权力距离指标）属中低权力距离文化。权力距离，表明了一个国家里权力较小的成员对各种包括家庭、学校和社区等机构以及工作单位中权力分配不公的期望及接受程度。在美国这样的中低权力距离国家里，人们普遍认为应减少社会及工作单位中的不公平现象并推崇分权管理。因而，麦克莱格的“Y”理论充分体现了与美国的低权力距离文化特征相伴的“挑战权威”的价值观。杜拉克的“目标管理”同样也是美国文化价值观的集中体现。这一理论不仅体现了美国中低权力距离文化中的鼓励参与、授权价值观，而且还体现了与其低不确定性避免文化特征相伴随的下属和主管都敢于冒风险，敢于自己制定工作目标的价值取向，以及注重“成果与效率”、“工作业绩至上”的高男性度文化价值观。

美国社会学家巴卡德（Vance Packard）和南卡罗来纳大学的组织理论家沃伦·本尼斯（Warren Bennis）提出的切割“金字塔”式的组织结构，倡导松散型组织结构的理论在美国备受推崇，是因为这种理论是美国提倡“分权、授权”的低权力距离文化价值观的完全体现，同时也体现了美国人“不愿受束缚，喜好变革”的低不确定性避免文化价值观和“注重结果”的强男性度的文化价值观。

与“低不确定性回避”、低权力距离、个体主义等文化价值观相适应，美国教育管理中自建国以来就实行了分权制，在教育立法上的分立与制衡，民主至上、效率为本等，至今这些管理理念仍然为他们所认可和坚持。20 世纪 80 年代以来提高教育质量、改革公立学校效率低下等问题成为美国教育改革的主旋律。1983 年颁布的《国家处在危机中：教育改革势在必行》报告开启了美国对基础教育的大规模改革。该报告强调课程方面的改进与反思，掀起了以抓基础学科为重点的“回归基础”运动。1986 年后掀起的第二次改革浪潮则以“重建运动”为切入点，通过制定各种标准来改进课程与教学。在整个基础教育改革中，“学校选择”是一项重要的措施，它试图通过加强公立学校间的竞争来提高公立学校的质量，提高管理绩效。当时的布什（以下简称老布什）政府的“教育凭证计划”以及克林顿政府的“特许学校计划”都是影响广泛的举措。以特许学校为例，它拥有比传统公立学校更大的自主权，与这些权利相对应，特许学校也负有更大的绩效责任。因此，绩效责任的明确化是特许学校最大的特点。绩效责任（accounta-bility），对于特许学校而言，是指学校获得相当高的自治权力的同时，必须对完成合约的条款（主要是学校的质量提高和学生的学业成绩）负有责任，对学校的内外部绩效责任做出区分很重要。特许学校的外部绩效责任关系是指特许学校与提供其生存资源的各种实体的关系：管理机构（授予特许权）；家庭（带来生源和公众基金）；教师（其选择决定了特许学校是否能实现其教学计划）；董事会成员（可以为学校提供专家咨询和政治支持）；捐助人（必须能填补特许学校获得经费与其实际运作费用之间的赤字）。特许学校内部绩效责任关系指学校必须建立起学生、教师和管理人员之间的内部责任关系，从而帮助学校有效地利用人力、物力资源完成自己的目标。

（五）研究主题与研究风格

美国教育管理学研究的主题随着时代的变化而变化，但一直受科学主义的影响。自 1875 年威廉·佩恩出版《论学校督导》一书最早从教育自身的角度对教育管理进行专门研究。此后几十年，特别是进入 20 世纪以后，先是老一辈教育学家桑代克、达顿等人将教育调查、教育统计、教育测量、教育实验等方法运用于学校管理，对一般教育组织与管理，对学校领导、学生智力与学业成就、学生留级与升学、学校成本账目核算、学校效率和教育测验等方面进行研究，然后是新一代教育学者诺顿、莫特等人将教育预测技术、教育决策技术、教育测验技术、教育诊断技术、教育评估技术、教育分析技术等运用于教育管理，对教育管理的民主化、教育改革的基本因素及教育组织机构、学校财政、学校建筑、学校质量管理等方面进行研究，旨在建立普遍的教育管理原则和规范，发展科学的教育管理技术和程序。在教育管理理论运动至 20 世纪 70 年代以前，实证主义的方法得到了广泛运用；20 世纪 70 至 80 年代中期，实证主义、后实证主义乃至质性研究方法被广泛采用，多元研究方法逐步显现，80 年代中期以后，研究进一步多元化，众多的学者对学校效能与改进、教育管理体制（包括教育分权化、校本管理、学校选择）、教育领导理论（转型领导、道德领导、教学领导、分布式领导）等领域投入了大量的精力，涌现出大量的研究成果。其中在教育领导方面，2000年美国教育管理研究学会管理分会教育领导研究议题包括9个方面：（1）我们对成功的学校领导有什么认识；（2）教育领导者如何促进、支持成功的教与学；（3）对于来自多元背景的学生，教育领导者能否改进对其的教育；（4）教育领导者怎样才能促进、支持学校中的社会公正和民主的共同体；（5）劳动大军发展方面的新措施如何才能有助于确保强有力的教育领导；（6）学校领导者如何创制有效的而又不与绩效责任制相抵触的学校改进计划；（7）学校领导者如何与社区中各种团体建立建设性的关系；（8）教学研究的模式赋予教育管理研究什么启迪；（9）研究教育领导最有用的方法论模式是什么。①

美国教育管理的科学主义传统建基于英国的经验主义，美国人在新大陆从实用主义出发，发展了英国的经验主义，并把经验主义同实证主义有机地结合起来。实证主义建立在两个基本假设之上：一是现实的内在有序性；二是现实的客观本质。因为现实的内在有序性，所以持实证主义观点的教育管理理论家不是把有序性作为一种目的，而是把它看做是世界、社会、学校现存状况和人类行为的基本行为的根本特征。实证主义研究试图寻求所有自然和人类生活背后的联系、因果关系。这些人认为，事物的有序性及其背后的因果联系，要求人们去探索并作出概括，把所提出的概括性结论应用到相似的现象中。学校就被科学主义理论家看做是一种有序的组织，所有类型的组织和组织行为都可以与之进行比较研究，教育管理的理论被看做是一般管理理论在学校中的应用。同时，实证主义假定，学校就像所有客观现实一样，具有客观性和内在有序性，管理的角色就是为了

① AERA Division A. Committee News: Task Force on Developing Research Agenda. Newsletter, Winter 2003. ［EB/OL］.（2006-04-05）［2007-04-15］http://www.aera.net.

实现客观的学校目标，通过奖励和惩罚，来维持学校的有序性。美国持实证主义哲学的教育管理学者所假定的现实的内在有序性，成为抽象的管理行为模式，诸如决策、领导风格、制定目标、获得权力、人员评估等管理实践的核心思想，其目的是为了控制学校的环境，并最终实现有效的管理活动。

美国的教育管理研究深深地打上了科学主义的烙印。我们知道，古典管理理论和后来的行为管理理论或多或少受科学主义的影响。尽管泰勒等人都不是专业性的理论研究人员，他们的著述主要是对自身实践经验的总结而不是通过科学研究所得出的结论，但他所倡导的工作定额、标准化和工作计件工资制隐含了科学精神，也确实对企业的管理效率和经济效益起到过作用。① 有些原则也被引入到教育管理中，产生了一定的影响。② 后来的西蒙提出的管理理论却有它实证主义哲学知识论基础，自从西蒙提出科学管理理论以后，实证主义被学者们视为唯一的能从管理现实中获取可靠知识的科学方法。③ 这些管理理论形成以后对教育管理理论产生了很大的影响，如泰勒和法约尔的思想逐步蔓延到学校，美国的教育管理学者和在第一线的管理人员直接将企业管理和一般管理的研究成果运用于教育领域，着手教育领域的测量和评价以及对教师的教学和学生的学习进行量化控制等。博比特（John F. Bobbit）告诫教育家们应当采用工业界的做法，并为教师提供“如何进行工作，如何达到标准、如何采用各种方法及如何使用器具的详细指导”。④ 然后是法约尔将企业管理的研究推展至包括教育管理在内的一般管理，主张加强管理教育，要求人们遵循管理原理和原则。再是韦伯的科层制理论在教育组织内的实践，旨在建立一种理性、

① Taylor F. W. The Principles of Scientific Management [M]. New York and London: Harper & Brothers Publishers, 1915: 36-37.

② 汉森. 教育管理与组织行为 [M]. 冯大鸣，译. 上海教育出版社，2005: 32.

③ Greenfield, T. The Decline and Fall of Science in Educational Administration [M] // Greenfield T., Peter Ribbins P. Greenfield on Educational Administration: Towards Human Science. London & New York: Routledge, 1993: 134, 135, 144.

④ Bobbit, J. F. The Supervision of City Schools [M]. Chicago: University of Chicago Press, 1913: 89.

秩序、制度化的教育组织系统，以合理利用教育资源、促进教育的有效发展等。与此同时或稍后，以早期的人际关系研究为肇始，同样标榜以研究人的行为规律为志趣的行为科学也逐步膨大起来。时至20世纪中叶，教育管理理论运动在后实证主义的框架之下迅速发展起来，教育管理的理论、研究和教育机构有了长足的发展，其目的是为了追求教育管理的科学化和理性化。

美国教育管理研究的科学主义传统同样反映在他们的刊物论文中。如科南特（J. B. Conant）在1958年通过对美国中学的研究，出版了《今日美国中学》，1966年，他向国会递交的《关于教育机会均等的报告》被认为是美国社会科学史上最著名的量化报告；鲁特尔等人（Rutter，M.，Maughan，B.，Mortimore，P.，& Ouston，J.）在1979年对美国有效的中等教育的研究，出版了《15000小时》[①]；古德莱德（Goodlad，J. I.）在1984年对美国学校教育进行研究后出版了《一个名叫学校的地方》，这些都是有影响在科学主义主导下的研究。他们以系统观察为基础，调查了具体的、可测量的学校变量间可能的统计关系，如用于学习任务的时间、考试分数、父母职业、课堂学习时间的长度记忆管理纪律的频率。

教育管理研究类刊物《教育管理季刊》（Educational Administration Quarterly）是美国一份教育管理与领导方面的权威期刊，2000—2004年这五年中共刊发论文116篇，其中有数据支持的定量研究论文为77篇（这部分中多数为实证研究，少数为有数据支撑的个案研究），占总数的66.4%。值得说明的是，在非定量研究的论文中，研究综述类文章占去了较大比例，纯理论思辨的论文就更少了。

从美国教育研究会2000—2003年四届年会的教育领导与管理类论文目录和英国教育领导、管理与行政学会2002年年会的论文目录来看，基于经验性研究的定量研究论文占有绝对优势。2002年10月，美国联邦教

① Rutter，M.，Maughan，B.，Mortimore，P. & Ouston，J. Fifteen Thousand Hours [M]. Cambridge，Massachusetts：Harvard University Press，1992.

育部公布的2002年财政年度教育部资助的项目中21项学校领导类研究课题，这些课题全部为实证研究和开发研究。

第三节　日本的文化传统与教育管理

一、日本的文化传统

日本文化属亚洲儒家文化圈文化系统，在广泛借鉴中国等东方文化，后又“融汇”了西洋文化而成，不过日本文化兼收并蓄的基础形成了自己的特色。如日本文化是在不断摄取外来先进文化营养中成长起来的，具有明显的外向性特征和随时进行“组合”的文化结构机制，同时还产生了另外一个重要后果，那就是使之“本土化”；架构日本文化的主载体是日本的神道和中国的儒学，它们构成了日本文化的本质内涵，也是衡量和接受一切外来文化的价值标准；每当日本社会危机发展到必须变革的关键时刻，日本人总是首先吸收外来的先进文化为武器进行变革，最终使社会发生进步性的质变。

（一）拿来主义

日本文化的一大特点是广泛地吸纳异族文化。日本是一个岛国，土地有限、资源贫乏以及频繁的台风、地震和火山爆发，这些因素造就了日本的危机感和忧患意识，同时也铸造了他们的适应能力；岛国的独立也使整个日本形成了一种同舟共济的集团意识，同时也使日本人对外来文化有着惊人的敏感度。所有这些赋予了日本人一种独特的性格——为了摆脱危机任何对自己有用的东西都可以摄取和利用。纵观日本文化发展的历史可以发现，任何一种曾经在世界范围内产生过影响的文化，都能在日本找到它的影子。但在日本文化中，受外来文化影响最大的主要来自于两个方面：一个是中国文化，一个是西方文化。

日本对中国文化的摄取。直至19世纪，日本出现了三次摄取中国文化的高潮，他们分别是唐朝时期、宋元时期和明清时期。由于日本和中国特殊的历史渊源关系，日本对中国文化的摄取是大规模的，而且中国文化对日本的影响较持久。日本人非常清楚，他们的文字、词汇、艺术和礼仪无不打上中国文化的痕迹。

日本向西方学习可以分为三个阶段：第一个阶段是在16世纪中叶日本开始将文化的触角全方位地移到了西方。日本与西方文化的接触，始于1543年，3名葡萄牙人乘一只小船来到日本，将洋枪传到日本。1549年，葡萄牙传教士也到了日本，基督教随之在日本传播开来。继葡萄牙人之后，日本与西班牙、荷兰、英国的交往也相继展开。在欧洲人不断来到日本的同时，日本人渡海下南洋者也日渐增加，南洋日本侨民多达万人。在这种开放的气氛中，西方文化潜移默化地进入日本人的生活里。由于基督教在日本的发展，引起了幕府的不安，西方的平等思想对日本的等级制造成了很大的冲击，于是17世纪德川幕府开始禁教。直到1720年，八代将军德川吉宗提倡实学，奖励殖产兴业，放宽了西学之禁，采取了积极态度引进西学书籍，西学逐步在日本活跃起来。为了摆脱危机和落后，日本全面地引进了西方的思想、文化和科技，其基本内容是以“兰学”（此期的西学主要内容是荷兰学问，故称兰学）为主的西方思想科技文化。第二阶段是明治维新时期。此期日本大量地引进西方科技文化，明治政府把学习西方，兴办教育作为基本国策，大量聘用外国专家和派遣留学生，如饥似渴地学习西方先进的科学技术。如果说日本第一次通过学习、吸收中国的先进文化使其摆脱了野蛮时代，跨入了农业文明的发展时期，那么这一次通过对西方先进文化的引进，则使日本成功地从农业文明时代跨入了工业文明的发展轨道，因为它直接地促成了日本经济在很短的时间内高速增长，各级各类教育蓬勃发展。第三个阶段是第二次世界大战结束后。日本作为战败国面临着美国为首的西方盟国的改造，为了彻底铲除日本的军国主义并使日本从属于西方，美国在政治、经济和文化等各个方面对日本进行了改革。诸如修改宪法、惩处战犯、农地改革、解散财阀等方面。这对日本现代历史的发展都产生了极其深刻的影响，尤其是美国的企业文化在日本开始大放异彩。20 世纪 40 年代末和 50 年代初，日本大规模引进美国的现代经营管理技术和经营管理思想。在这种引进热潮中，日本先后引进了美国的企业管理人员训练方式，董事会制度、事业部制度、长期经营计划、统计制度、人事考核制度、工资制度、职工教育制度、全面质量管理等一系列新管理方式。此后，还不断采用和引进了许多西方管理概念，如企业策略、产品生命周期、市场分析、经济计量学、现代广告术、信息处理等，但是，日本并不是把美国的现代经营管理模式原封不动地移植过来，最突出的是日本在学习美国的经营管理方式的科学制度时，又注入了日本的所谓集团主义及重视人性的价值观，使之成为日本式经营管理方式的思想内核，从而形成了日本独特的更具活力的企业文化，可以说是经营中的“和魂洋术”。因此，“二战”结束后，日本第一次别无选择地被动接受了西方文化的洗礼。也正是通过这一次文化洗礼，日本荡涤了许多农业文明的残余，以完全现代化的姿态迅速跻身世界先进国家之林。

不过日本在摄取中国和西方文化时不是照搬，而是有目的地加以改造，选择所需要的，使之本土化，不是简单地“拿来”并加以接受，而是先借用它，然后同化它，使其变形，继之在此基础上创造出新的独自的制度和“文化特质”。美国的日本史学家埃德温·赖肖尔（Edwin Oldfather Reischauer）曾说过，日本人的突出之处，与其说是模仿性，勿宁说是其独特性以及他们在学习和应用外国经验时不失自己文化特征的才能。[①]

（二）集团文化

日本文化具有强烈的集团文化意识。日本的集团文化源自于日本历史上形成的“非亲族协力型社会关系”，支撑这种社会关系的社会伦理道德强调“忠”甚于“孝”。[②] 一般认为，在江户时代日本的基本伦理意识就

① 赖肖尔．日本人［M］．上海：上海译文出版社，1986.
② 依田熹惠．日中两国近代化的比较研究［M］．日本：龙溪书舍，1989：221.

是忠。其根源于中国文化的“忠”与“孝”。但与中国的忠孝观不同。我国的儒家主张“忠”与“孝”尽可能和谐，我国的“孝”以血缘为纽带，构成了家庭制度的基础，规定了宗族内部序列和相互渗透于人们生活的方方面面。在“忠”的方面，体现对君主忠诚的社会行为规范；而日本人对“孝”的理解只是尊敬父母，在“忠”的方面，至少在江户时代的社会意识中，对君主的义务观已远远优先于对血缘者的义务观，而且表现于社会的众多阶层中，如武士和庶民。这种义务观就是“非亲族协力型社会关系”，要求人牺牲亲族或亲人，乃至自己的生命而奉仕他人，忠于君主。与日本的“忠”，中国传统文化的“忠”远远没有日本文化的“忠”那么赤诚，中国古代官场违背“忠”的事实并不少见。

日本思想家、文学史家加藤周一认为，日本文化有强烈的集团主义色彩。[①] 第一个特征是：在传统日本文化中，人们从属于作为共同体的集团，个人利益服从于集团利益。例如，在种水稻的村落里，村与村之间的界限是非常清晰的，人们有着强烈的村里村外的意识，人们的行为模式在对内对外时也不太一样。在买卖时，同样的东西卖给村里村外的价格就不一样，如果外村的人比较弱的话，价格可能就偏高，如果外村的人比较强，价格可能就偏低一些。这种村与村之间的交易关系，就体现了集团主义的特征。第二个特征就体现在个人利益与村落利益冲突时，村落利益往往优先，个人利益往往受压抑。如果村人坚持己见的话，他就会变成少数，因此，个人的意见或者少数派的意见在村落中是不存在的。日本有句古语是“以和为贵”，这句话出自《论语》，圣德太子在引用这句话时是不完整的，孔子在说这句话的同时，还说了另外一句话：“和而不同”。少数人未必需要服从多数人，坚持己见未必就是吵架，“和”并不意味着统一，而是强调“和而不同”。孔子强调两个方面，“和”与“不同”，和并不是要让别人听话而已，而是要有个性。只强调“和”而不强调不

① 文琼. 日本文化的“集团主义”烙印（2005－05－13）［2007－10－10］［EB/OL］. http：//cul. sina. com. cn.

同，这可能是日本集团主义的原形。

村落的主要工作就是种水稻，是需要劳动力的，在插秧、除草和收割三个环节中，除草是最需要劳动力的，需要村里的人一起行动，相互帮助，才能维持农村的水稻生产，这可能也是日本集团主义非常强烈的原因。太平洋战争爆发前，日本劳动力有一半以上是农业人口，在这样的背景下，农业社会的村落意识，包括对邻村人的歧视意识，一直延续。

我们认为，所谓日本的集团文化是个人对所属集团保持忠诚、在个人利益与集体相矛盾的情况下，以集体利益为重，并作为该集团的成员与他人保持行动上的一致的文化。许多研究日本文化的学者都承认，日本人有强烈的集团文化，我们知道，集体文化在亚洲儒家文化圈比较盛行，但是在日本，这种现象要比其他许多地方更为突出。集团意识在当今日本社会主要包括以下几个方面：①集团内部强调“和”。“调和”是日本式集团内部人际关系的重要特征。这里的“和”是“同甘共苦”的“和”，它要求集团成员对集团忠心耿耿，要求协调默契的配合。它还是“和为贵”的“和”，是否善于处理人际关系是各公司企业录用人才时的一个极重要的标准。日本企业中的劳资关系不像欧美企业那样总是剑拔弩张，这也是“和气生财”的“和”，由此培育出了日本店员和办事人员的微笑。“和”有时强调到无条件的地步，为了“和”，个人内心真实的话不能说出，甚至有时原则也可以不讲。②得到其他集团的承认，才能指望本集体的支持。[①] 我们似乎有这样一种观念，日本人只维护本集团利益，疏远或不关心外集团利益。这种观念并不正确。在日本，每个社会成员都归属于某一特定的集团，在集团内部成员之间保持一种温情的伙伴关系，通过共同合作，履行各自对集团承担的义务和责任，集团则相应地给每个内部成员提供家族式的保护。如果集团以外的人对他不赞成或加以非难，本集团也会反对他，惩罚他，除非他能使其他集团撤销这一非难或直到撤销这一非难。因而，外部集团的赞同地位也许是其他任何社会不能相比的。③集团

① 本尼迪克特. 菊与刀［M］. 吕万和，熊达云，王智新，译. 北京：商务印书馆，2002：190.

内部不强调人的“个性”发挥。在日本式的集团里，具有突出“个性”的人通常与群体之间难以和谐共处。要想融入集体就必须去掉个性，磨掉棱角。在所属的集团中惧怕因与别人不一样而受到集团的排斥，故尽量采取与别人一样的行为。只有将自己完全融化在集团中，他们才能找到“自我”的位置和价值。

（三）等级文化

日本自古以来是非常讲究等级制的，正如著名人类学家本尼迪克特（Ruth Benedict）所指出的，“多少世纪以来，不平等已成为日本民族有组织的生活准则，既是最容易预计，也是最广泛被接受。承认等级的行为对他们来说就像呼吸一样自然。不过这还不是一种简单的西方式的权威主义”。[①] 日本文化中的等级制是有文字历史以来生活的一大准则，这种等级制与传入的公元6世纪到7世纪初中国“儒家文化”的孝道相合拍，更加巩固了日本的等级制。儒学思想的核心是道德伦理，而不是宗教信仰，它强调忠诚、信义、礼仪、勤劳，高度重视教育，因而最适合日本人务实的特征。圣德太子的“十七条宪法”就散发着浓厚的儒学色彩，它要求人们“以和为贵，无忤为宗”、“承诏必谨，每事必慎”，就是要修行和、礼、忠、仁、诚、正等美德，称得上是一部真正的儒学宪法。大化革新后的政府，便是按儒学的准则建立的。文武天皇时期，《周易》、《仪礼》、《春秋左氏传》、《孝经》、《伦语》等被作为大学或国学的必修课程。到了江户时代，儒学变成了官学，成为幕府统治的治国思想。明治时代，西化之风席卷了整个日本列岛，但是，天皇颁布的《教育敕语》仍强调“以儒学为根本，以西洋哲学为参考”。“二战”后的今天，日本似乎变成了一个西方式的国家，今天的日本人已不再像他们的祖先那样，是一种严格意义上的儒学徒了，但是，儒学的伦理道德观念已经深深地印入了他们的灵魂，构成了所谓的“日本精神”。

---

① 本尼迪克特．菊与刀［M］．吕万和，熊达云，王智新，译．北京：商务印书馆，2002：34.

日本社会传统的等级制。日本在吸纳中国文化时，未将中国文化中的那种比较宽泛的“宗法家庭”制度全盘吸收，但她也采纳了中国的官位制，并进行了改造，把官位授给了世袭的贵族和封建领主，这些成了日本等级制的组成部分。日本的封建社会划分了较为复杂的等级，每个人的身份均由世袭固定。到德川幕府时期，这种制度得到了巩固，并对各阶层成员的日常行为和规范做出了详细的规定。这种等级制的依次顺序为：武士、农、工、商、贱民。商人的地位仅在贱民之上，这是由封建社会的性质决定了的，一旦商人的地位提高，封建社会的体制将会消亡，贱民中人数最多、最为人所知的是“秽多”，这些人是清道夫、掩埋死囚者、剥取死兽皮及鞣制者。维持社会安定的是武士和农民，但武士与农、工、商三个阶层之间有一条巨大的鸿沟。值得说明的是，在 17 世纪英国发生资产阶级革命以前，日本有德川家族在江户建立的幕府统治者，天皇完全处于幕府历代将军的控制之下，地方封建主（又称“大名”）的领地称为“藩”，大名在每个藩中居于等级制的最高位置，利用特权控制着属下，幕府的将军在行政上最主要的任务是控制大名。

直至明治维新，传统的等级制不得不进行调整，但明治政府还是力求大量地保存这一制度。1880 年，宪法草拟者伊藤博文公爵派遣木户侯爵前往英国，就日本目前遇到的问题，征求斯宾塞的意见，经过长时间的交谈，斯宾塞就等级制提出了自己的看法。[①] 他认为，日本在其传统习俗中有一个无与伦比的、国民福利的基础，应当加以维护。对于长辈的传统义务，尤其是对天皇的传统义务，是日本历史上的一大优点。日本将在“长辈”的领导下稳步前进，并可克服很多个人主义国家中无法避免的种种困难。斯宾塞的建议给明治政府一个投其所好的答复，加剧了他们维护等级制的信念。明治政府在政治、宗教和经济领域都明确规定国家和人民之间“各安其分”的义务。由此，日本的等级制在明治维新后继续得以维系，其历史影响一直流传下来。

① 本尼迪克特．菊与刀［M］．吕万和，熊达云，王智新，译．北京：商务印书馆，2002：156.

二、日本的文化与教育管理

很多学者将日本的明治维新（1868—1873）和中国晚清政府的洋务运动（1862 年开始）进行过比较，日本在明治维新很快地走上了自立发展的道路，为世人所瞩目；而中国在洋务运动后，一波三折，即使新中国成立后，教育的发展也不是平稳的，可以说，到了改革开放以后，教育才慢慢走上法治、健康发展的道路。两国的经济与教育发展的巨大差异和文化传统不无关系。日本的摄取式文化、集团主义以及等级制给日本的教育发展带来意料的效果。

（一）教育行政管理体制

日本的教育管理体制经历了一个由分散、集中、再到分散的过程。直到明治时期，日本政府才真正形成了由天皇为最高君主的中央政府的集权政体。在教育上不仅创设了全国的最高教育行政机关文省部，还颁布了日本历史上的第一个国民教育法令《学制》，从而确立了一个金字塔式的中央集权的教育领导模式。二次世界大战以后受美国教育民主思想的影响，日本开始了民主教育的改革。依据《教育委员会法》，这次改革削弱了天皇和文省部的权力，使日本从高度中央集权的教育行政体制转变为地方分权和中央集权相结合，并以地方分权为主的教育行政体制。

日本在历史上政治体制上是中央集权制，但其教育行政体制却倾向于分权，日本受中国文化的影响是较深的，圣德太子曾受过良好的汉文化教育，于公元 7 世纪初推行改革就是实行中央集权的初步尝试。公元 7 世纪，日本派遣留学生使赴汉，这些学生对于唐朝的均田制和律令、中央集权制比较感兴趣，也对中国当时国泰民安，文化繁荣的大好形势，深为赞赏。回国后，他们创办学馆，宣传唐朝的典章制度。大化改新的首脑中大兄皇子和中臣镰足都曾就教于他们，并在他们的协助下制订了改新方案。大化改新后，日本模仿中国唐朝集权制，建立了以天皇为中心的律令制国家体系，设置“八省百官”等中央机构和国、郡、里等地方机构。此后，虽然由于日本社会仍然存在氏族社会遗风，豪强氏族通过担当“摄政”、“关白”把持朝政，乃至后来幕府时期的将军及其家臣掌握实际统治权，整个国家的政治体制维持着二元化体制，但这只是把天皇置于象征性权威的地位，实际上在整个封建社会，日本的政治体制都是集权制的。公元14世纪，商品经济的发展，私塾应运而生。到了江户时代，办学形式多种多样开始多样化。教育机构分为：幕府直辖的学校、藩学、“民众”教育所三等。著名的幕府直辖学校有昌平坂学问所、和学讲习所、开成所及医学所等。昌平坂学问所是最重要的儒学中心，设有祭祀孔子的圣堂。和学讲习所是传授日本国学的中心。开成所是传授西方文化科学知识和西方语言的中心。医学所教授荷兰医学。藩学一般设在大名的领地上，以培养各藩武士为主。“民众”教育的机构，包括乡学、私塾、寺子屋、心学与实学讲习所等各种类型学校。江户时期的平民教育组织遍及全国，“但那时的教育缺乏系统，学校还没有构成体制，教材、教法等均由教育者或学校经营者自己决定，因此虽然有了学校，有了学校管理，但是没有形成教育行政”。[①] 昌平坂学问所等直辖机构仅对全国教育起着示范和指导的作用，不能干预和管理全国教育。中央没有直接管理全国教育的专门机构，教育体制方面倾向于分权，在明治维新之前的二百多年里，日本基本处于政治上的“藩幕体制”之下，各藩各幕都具有相对独立的自治权利，这就决定了当时日本教育管理的分散性。

直至明治维新，教育管理的中央集权制才得以建立。1868年4月27日公布的“维新政体书”，规定天皇有无限的权力，在天皇下面设有太政官，以辅佐天皇，太政官下面设置行政、议政和司法三个部门。表面上是三权分立，实质上大权集中在天皇及其重臣手中。这样的行政体制决定了战前日本的行政体制是中央集权制。明治政府为了摆脱落后，挣脱受外国奴役的地位，赢得民族独立，进而称霸东亚，在改造封建国家的同时，大

① 王智新．当代日本教育管理［M］．太原：山西教育出版社，1995：1.

刀阔斧地进行国家的建设工作。它们提出了建国的三大政策：殖产兴业、文明开化、富国强兵。[①] 文明开化的一项重要内容就是举办现代学校，把教育作为国家的事业，期望通过教育培养具有忠君爱国、有一定实用技术的人才。于1871年，在《学制》未制定之前，日本就设置了中央教育行政机构——文部省，由它来“总括教育事务，掌管大、中、小学校”。[②] 1872年的《学制》第一条明文规定“全国的学政统一于文部省”。1879年的《教育令》和1880年《改正教育令》都明确规定：“全国的教育事务由文部卿统辖。故学校、幼儿园、图书馆等，无论公立还是私立皆在文部卿的监督之内”。日本在明治维新期间建立中央集权制一方面是对以往分散的教育行政管理体制的一种纠正，另一方面，是效仿法国中央集权制的结果，法国教育管理的中央集权制正好与日本传统的中央集权制相合拍，由此，大一统的中央集权制落地生根。

日本在1879年的《教育令》试图改革中央集权制，它以自由主义为基础，废除了学区制和中央集权制，尊重地方的自治和自由，把初等教育缩短为四年。这项改革带来了教育民主化运动的兴起，同时对中央集权制带来了很大的冲击，造成教育发展的停顿和入学率的下降。鉴于此，1880年日本修改了《教育令》，再次强调国家对教育的控制。1885年又进一步修改了《教育令》，采纳了普鲁士的中央集权的教育制度。经过改革，中央集权制得以恢复，但也混合了一点美国的自由主义。

战后日本的教育行政体制出现了重大转变。在美国占领军的指令下，改革了军国主义和极端的国家主义教育，引进了美国模式，以实现教育民主化为基本宗旨。在教育行政方面，废除中央集权制，实行地方分权制，削减文部省的权限，创建教育委员会制。著名的比较教育学者康德尔作为美国教育使节团成员之一，被派往日本，对学校的教育行政与学校制度进行改组。[③] 虽然康德尔在使节团中尽心尽力，但他预言，如果使节团不考

① 吴于廑，齐世荣主编．世界史（近代史下）［M］．北京：高等教育出版社，1992：192.
② 岩下新太郎，木神田久雄．教育行政・制度［M］．日本：金港堂，1980：61.
③ 王承绪．比较教育学史［M］．北京：人民教育出版社，1999：68.

虑日、美差异，而将美国教育制度强加给日本，肯定不会有好的效果。

以美国为蓝本的行政体制在短期内具有一定的进步意义，也对日后形成均权化的教育行政管理体制有一定的作用。随着经济的发展，地方分权制与其中央集权制的传统产生了一定的矛盾冲突，集权制在日美签订“旧金山和约”后不久便反弹出来，“政令改革咨询委员会”指出，“战后进行的教育制度改革……以国情不同的外国诸制度为范本，只急于追求理想，不适合我国实情者不少”。[①] 习惯了中央集权制管理地方行政部门很难在短期在进行角色转换。同时，由于20世纪50年代中期至70年代初经济的高速发展，需要大批的人才，也要求对教育结构进行调整。1955年，日本在经济方面开始进入高速增长时期，在政治方面左右翼社会党重新统一，成为革新势力的重要代表，自由党和民主党合并，组成“保守联合”的自由民主党，并占据议会压倒多数的优势，开始了长期一党执政的局面，也就是建立了所谓的“五五年体制”。“五五年体制”的本质是财界、政界、官界三位一体的推行经济增长主义，是一个以经济增长高度化和极大化为目标的体制。在这一体制的支配下，日本政府感觉到需要中央调控干预，以使教育更好地适应经济的发展。于是对教育进行了再改革。一方面根据财界要求，强调能力主义、人才开发，将教育计划纳入经济计划，使教育政策同经济政策统一起来；一方面强调国家对教育的管制，加强中央集权，强制推行政务评定和学力测验，并以《教育敕语》的现代版《理想的日本人》的公布作为复活军国主义教育的精神动员。在这种背景下，日本于1956年废除了《教育委员会法》，制定了《关于地方教育行政组织经营法》。该法案所遵循的基本原则是：促进地方公共团体中教育行政和一般行政的协调；确保教育的政治中立和教育行政的稳定性；建立中央、都道府县和市町村一体的教育行政制度。这项改革使以美国为指导的地方分权制大大削弱。教育委员会制改为任命制，文部省的权限加强。不过地方分权制也没有完全被抛弃，而且部分有选择性吸附在

① 张应强．文化视野中的高等教育［M］．南京：南京师范大学出版社，1999：144．

中央集权制中。

从日本的教育行政管理体制发展的轨迹来看，它从最初的分散管理体制到战后的地方分权制，直到现在的中央集权制与地方分权制的形成。我们可以看到教育文化传统的惯性的力量不为人左右。这种体制的形成是传统与变革的结果，它的发展也是适应时代的产物，与战前教育立法的"敕令主义"不同，战后奉行的是"法律主义"，各级政府依法有行使职权，依法行政。战后的教育行政民主化程度比战前大有提高，值得一提的是，战前强制的中央集权主义形式下的教育行政被作为内务行政的一环，缺乏自主性，战后的教育行政脱离一般行政，实行独立，但是教育财政预算权受到制约。① 在中央教育行政和地方教育行政相互关系上，文部省、都道府县教委和市町村教委之间既有一定的上下关系和从属性，同时它们又是对等和相互协作的关系。

（二）高等教育管理

日本具有现代意义的高等教育创建于明治时期，主要是从欧美等国直接引进高等教育管理体制和管理模式，并经过本土化改造。1868 年明治维新时代，日本政府深切地感受到长期的闭关锁国政策使各方面落后于欧美各国，必须"求智于世界"、"文明开化"，学习欧美的文化和教育制度，提高国民素养，培养经济发展所需要的人才。于是国家组团到欧美考察，成批派遣留学生出国学习；聘请外国专家、顾问协助办厂、讲学。还提出了"殖产兴业"的方针，走欧美产业革命后的道路，由各业务部省兴办部属专门学校。这些学校后来发展成为专科大学或综合大学的学部。1872 年，参照西方国家学制，尤其是法国学制，制定并颁布了日本第一部大型的、全面的近代学校教育法令。1886 年，日本吸取德国洪堡大学教学与科研相结合的精华，颁布了《帝国大学令》，明确规定大学的两大职能——教学和科研。1877 年，东京大学模仿德、法等国的大学成立，

① 顾明远．民族文化传统与教育现代化［M］．北京：北京师范大学出版社，1998：137.

设文、法、理、医四个学部，学制一般为4年。日本效仿欧洲国家大学教育模式的典型事例还有：文部省（1871年组建）在其发布的《学制令》（1872）中把全国划分成8个大学区并计划在每个大学区建1所大学（这几乎是法国拿破仑时代大学教育的翻版），自1893年起还直接学习德国和法国的做法在本国大学推行学部制和讲座制。这种学部和讲座制是明治维新后日本向欧洲学习的产物，主要来源于德国，日本名牌国立研究型大学的最小单位是讲座，每个讲座由一名正教授负责，还包括一名副教授和一至三名助教，讲座既进行科学活动，也对本科生和研究生授课，讲座主持人对讲座的控制程度随大学学部和具体情况的不同而有很大的不同。①

从1866年东京帝国大学的创立到1935年，日本的高等教育由两个部分组成，即国立部分和私立部分。随着《学制令》和《帝国大学令》颁发和实施，日本中央政府集中管理高等教育的格局基本形成。但是，由于它的国、公立大学比较接近于欧洲大学模式，私立大学又比较接近于美国大学模式，所以以混合体制为特征的日本高等教育系统不仅允许而且有利于高等教育机构的多样化。国立大学为满足国家政府的需要而建立，属文部省领导，由政府任命的校长负责制（日本）。公立大学的内部自治系统由大学校长、评议会和教授会组成，在校长下面设置评议会和教授会两个主要机构，评议会由大学校长、学部长、研究所所长、学部教授等人组成，协助校长制定规章，为大学自治的最高权力机构，评议官由文部大臣任命，其职责是提出预算方案，审议校内重大事务，所有议事均要向文部大臣汇报；后者由教授、副教授和其他教学人员组成，负责处理校长主要涉及学术和人事方面的重大事务。② 这种由政府任命的校长负责制是典型的一长制，尽管它缺少校内外组成的董事会制定大政方针，但它能有力地发挥一长制的优势（见下图）。私立大学的前身是专门学校，主要满足工业和企业的人力需求，具有法人地位，私立大学设有校董事会，对学校的

① 克拉克．高等教育系统——学术组织的跨国研究［M］．王承绪，译．杭州：杭州大学出版社，1994：130.

② 陈列．市场经济与高等教育［M］．北京：人民教育出版社，1996：120.

发展、扩充等重大决策有较大的影响力，可谓高度自治。但并不插手内政，自治权较大。在学校的内部结构方面，日本的高校大都由校级部门、学部和系（讲座[①]）三个主要层次构成，各学部（相当于系）相对独立。

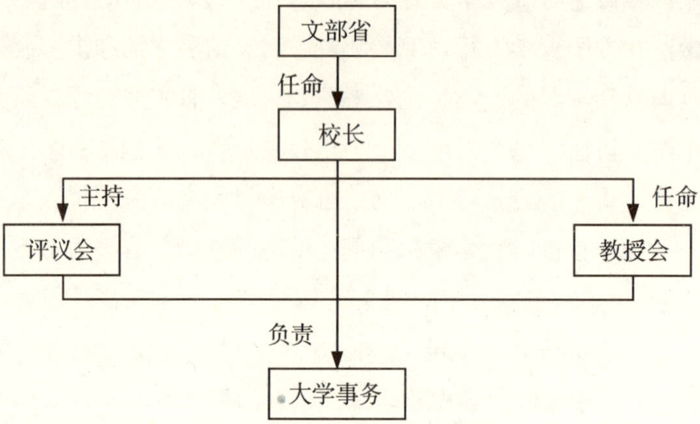

图2　日本大学自治组织系统

战后日本颁布了一系列的法令改革高等教育，如《日本国宪法》（1946）、《教育基本法》（1947）以及后来的《教育委员会法》、《文部省设置法》等。宪法第23条规定“学术自由受到保护”，据日本法学家的阐释，这条规定原则上体现了大学的研究和教育的自由以及与此相关的人事、课程设置、学生管理的自治权。由此可知，大学自治权得到了宪法的保护。[②] 据《文部省设置法》，文部省和国会只对高校作原则性的指导，如分配文教预算，审批认可国立大学等机构的设置等，并不干预学校内部事务，以确保大学的法人资格和自治。

在高等教育行政管理体制方面，基本与国家整个教育行政体制保持一致。“二战”前，日本的大学教育管理体制实行中央集权制，“二战”后接受美国的指令，同时也颁布了《日本国宪法》、《教育基本法》、《学校

① 名牌国立研究性大学的最小单位是讲座。对几乎所有的日本大学来说，不论是国立、地方的还是私立的，系都是最基本的组织单位。

② 周南照，杨典求．六国著名大学［M］．北京：人民教育出版社，1979：68.

教育法》、《教育公务员特例法》、《教育委员会法》等多部法令，实行了教育管理的根本性改革。表现在废除了过去的中央集权主义，高校管理体制由政府对国、公立大学的直接干预转向了间接监督与激励，彻底实现了教育行政的地方分权化。然而随着文部省逐次把权限移交给地方和学校，随着各地先后成立教育委员会，相应地出现中央政府对公、国立高校的管理权利被削弱，而且地方分权制与日本国情和传统之间也存在着尖锐矛盾，因此，从20世纪50年代开始又逐步加强了中央文部省对高等教育的管理权限，并逐步形成了今天日本高等教育中央集权制和地方分权制兼备的特点。1984年，由总理大臣的咨询机构“临教审”提出了四次咨询报告，要求扩大国立大学的自治权，充分发挥其活力，建立大学自主、自律的体制。1991年日本政府修订《大学设置基准》，主要策略是扩大高校的办学自主权，改变僵化、划一和封闭的管理体制，让高校更好地适应社会的发展。

近年来，日本为了让高等教育更好地适应经济的发展，根据时代的变化，不断地摄取欧美国家高等教育管理的经验，如让国立大学自主经营，成为行政法人是管理上改革的一大举措。虽然日本的独立行政法人化在基本理念和框架等方面深受西方特别是英国模式的影响，又一次体现了拿来主义的精神，但仍极具日本的特色，随着2003年小泉政府提交的《国立大学法人法》、《独立行政法人国立高等专门学校机构法》及《大学评价、学位授予机构法》等6项与法人化相关的法案在日本国会通过，“法人化”改革于2004年4月起正式开始实施。这标志着日本国立大学独立行政法人化改革进入了实质性阶段。

日本大学独立行政法人化具有以下特点：①将有89所国立大学实现法人化进行自主化运营。各国立大学将由文部科学省的直属机构转变为具有独立法人资格的办学实体。②引进第三部门经营管理机制。日本2004年以前的大学管理制度即校长领导下的评议会和教授会体制，在很大程度上限制着校长的权力。而实施法人化改革以后，国立大学引进“董事会”制度，建立和完善最高决策机构，国立大学校长为国立大学法人的首长，另设副校长、监事等若干，实行自上而下的管理。③在大学中引进竞争机制，在各大学自我评估体系基础上，积极推行中介机构评价制度。④对教职员将实行有弹性的“非公务员型”的人事制度。实行法人化之后，12万国立大学教职工不再是公务员，教师的聘用将采用公开招聘制和任期制，各大学可自行制定基于能力和业绩的工资体系。

上面我们从历史的维度分析了日本高等教育管理模式与文化传统之间的关系，可以归纳日本大学管理的特点如下：法律主义下的大学自治，日本教育法令过多过繁，一方面保证了大学有一定的自治权，另一方面，束缚了大学的发展；大学内部行政管理专职化、效率高，人员精干；受传统等级制的影响，日本大学论资排辈的现象比较严重，年轻的优秀教师难以脱颖而出，存在熬年头的现象；教师终身制的现象难以废除，其根源于日本的集团文化，为了维持集团的稳定性，教师一旦入职，就终身受聘。近年来有部分高校在部分学科推行任期制，效果怎样，还有待观察。[①]

（三）中小学管理

日本中小学的管理打上了中央集权制的烙印。公立学校的管理权拥有者是教育委员会（以下简称教委），对校长的任命权也掌握在教委里的教育长手中，所以，中小学校长的选考与任免权限一般属于都、道、府、县的教育委员会教育长（大学附属的中、小学校长的选考与任免权限属于大学校长，通常是要进行笔试、面试，并要进行体格检查，之后，才能由有任命权的机关录用；国立中小学校长的选考与任免权限属于文部大臣）[②]。公立中小学的新校长基本上都是从现任的学校教头（相当于副校长）中通过晋升校长的考试与考核合格后，选拔任用的。校长是在教育长的指挥监督下，履行本校管理职责的最高责任者。可见，校长的“婆家”是教委，“婆婆”是教育长。有日本学者在与英国对比后，对本国校

① 胡建华．日本大学教师任期改革述评［J］．比较教育研究，2001（7）：28－31.

② 袁自煌．日本中小学校长的培训［J］．中小学校长，2000（1）：60－61.

长做出这样的形象比喻：如果英国的校长像“船长”，日本的校长则像“水手长”。船出航后，船长就拥有了绝对的权威和权力，而水手长只不过起着现场监督的作用，事无巨细必须要依从船长的指示。[①]

校长作为学校法人代表，依据《学校教育法》分担“四个管理”和“两个监督”。“四个管理”包括学校教育的管理、所属职员的管理、学校设施的管理、学校事务的管理。学校教育的管理主要是教育课程的编成、实施、改善、修订、评价的运营管理。“两个监督”包括职务上的监督和身份上的监督。校务分担的组织原则是以民主性原则和合理性原则为基本，根据各校的条件、组织效能来应用，强调了组织的职能化和层级化。学校层面的管理通常由校长及教头（教头相当校长助理，具有法律意义）担任。校长在学校中具有高度权威、拥有法的权限和责任，具有统摄学校经营事务的职权，对学校依据自身特点制定经营方针、重点，开展自主的经营活动起领导、指导作用。校长对教育的管理主要是通过对所属职员，如教头、教师、保健教师、事务职员、给食指导等的间接监督进行。

日本的中小学管理体现了等级制与民主制相结合的特征。首先，日本中小学管理仍然带有传统文化的等级制的痕迹。日本中小学实行的校长负责制。尽管推行了全员参与、校务分担的管理制度，但在中层管理职能的分化和强化等级制仍然有所体现。通常学校会依法设立中层管理职位，让担任此职位的职员在校长的领导下，组织指导其他职员进行相关的教育活动及事务管理。这些职位均由教师兼任，具有教师资格。中层职能一般分指导领域和管理领域。指导方面包含了教育事务、学生指导、升学即业指导、保健指导、研究等。管理方面常指总务、图书、事务、校产、文书等的经营管理。虽然，各中小学设置中层职能有多少之分，但基本上都会依职能设立教务主任、研究主任、学生指导主任、保健指导主任、年级或班级主任、教科主任、总务主任、事务主任等。由于强调管理职能的细分

① 李东林．日本校长的选拔与权限（2004－08－26）［2008－04－07］［EB/OL］．http：//www. ep-china. net/content /president/c /20040826082808. htm.

化，各职能担当的分担任务具体明晰。例如教务主任，是学校必设的主任，主要承担教育课程的计划、实施、评价等事务，如编制课程计划，制订作息表，教科书使用、教育工学及方法的运用、学籍管理等。而作为一名普通的教师必须担当某个职能的工作，甚至是交叉地分担部分校务工作。校务分担的细分化在各中小学《学校要览》中得到具体阐述，如姬路市立船津小学《校务分担一览表》将校务分成教育运营、指导、研修、经理、杂务、涉外、管理七块，具体到教育运营就细分为教育课程、月行事计划、学校评价、指导要录、转出入事务、出勤、就读修学事务、教科书事务、学校要览、新闻、各种委员会运营等。而指导也分成学科指导、活动指导、生活指导、教育指导（如性教育、国际理解教育、环保教育）、班级管理。每一项职能的细分化都由相应的教师兼任，保证了学校经营网络的综合协调功能和效能的实现，达到了共同经营之目的。

其次，随着教育管理民主化进程的发展，中小学管理也开始出现民主化的倾向。日本的中小学基本上实行以校长为中心，全体教师参与、分担校务、共同经营管理学校的组织运营体制。这种体制对学校管理民主化、科学化，对形成和谐的人际环境和良好的师生关系，对提高教育质量起到了十分重要的作用。校务分担是日本中小学经营的基本组织原则，即所有教师必须集教学、指导、管理为一体，即直接从事教育教学活动，也相互协作，共同参与学校为实现教育目标而进行的各种管理事务和活动。校务分担往往是围绕校长这个核心而展开的，虽然中小学校各有自身特点。

（四）管理风格

日本形成了以儒家为内核，以欧美管理理论为外围的管理哲学，它也在很大程度上影响了日本教育管理风格。日本的教育风格与日本的文化传统有着密切的关系。可以说，任何管理都是某一特定文化环境的产物，民族的文化传统、民族精神和价值观念会给教育管理风格带来很大的影响。阿贝格伦（Abegglen，J. C.）于 1986 年在《日本企业》一书中指出，日本雇佣制度有两个重要特征，“终身雇佣”和“年功工资”。[①] 1973 年，欧共体调查团在上述两个特征之外，又加上了“从属于企业的工会”的特征。这种管理模式的产生，有着文化和历史等方面的因素，从文化的角度看，日本的文化和宗教有着非常密切的渊源。在日本的宗教发展史上，儒教、佛教和日本的民族宗教神道对日本影响最大。因此，企业逐渐形成了以儒家、佛教的“和”，神道的“忠”为基础的文化。16 世纪以后，日本从过去大量摄取中国文化转向摄取西方文化，尤其是在明治维新以后，在制度和技术上全面仿效欧美，但在伦理道德上仍将儒学道德作为国民的基本准则。

从历史的角度看，日本从战后到 20 世纪 50 年代中期，经济高速增长为广大企业提供了极大的成长机会，促使企业注重追求长期的成长和发展，从而重视对员工的长期雇用和培养，重视人才资源的积累。

第二次世界大战以后，日本虽然大力引进欧美先进的管理技术和方法，但是其价值观、道德规范仍然建立在传统儒学基础之上。日本人以中国儒学为哲学基础，同时注意吸收借鉴以美国为代表的西方先进的管理理论和方法，并将这些外来文化与本国国情、企业特点巧妙地结合起来，形成了有别于西方又不同于中国的独具特色的日本管理哲学模式。正是这种洋溢着浓厚儒家学说色彩的企业管理哲学，支撑着日本经济的高速增长，使日本创造了战后经济发展的奇迹。日本的管理哲学呈现以下重要特征：①日本不但重视“硬性三 S”（策略、结构与制度），而且重视“软性四 S”（人员、作风、技巧与最高目标），在管理中重视感情、精神等因素。日本在引进西方管理理论和方法的同时，注意提炼民族文化中有益的东西，使西方的唯理主义与东方的灵性主义巧妙地结合起来。②强调合作领导。日本的管理者认为，企业成功的关键是靠全体员工的共同努力，因此，鼓励员工参与管理，日本的管理者是“无情的情人”，既注重无情的

① Abegglen, J. C., Stalk, G.. Kaisha, the Japanese Corporation [M]. New York: Basic Books, 1985.

"硬件"，又注重有情的"软件"，企业对职工终身雇用，使职工有稳定感；③日本组织中即使是最能干的管理者也会与该组织融为一体，日本的管理理论不仅讲人的经济性、社会性、能动性、复杂性，还讲人的组织性，"和"在日本是一个重要的哲学范畴和管理概念，它是互助、合作、和谐、团体和团队精神，管理者重视这种团体的和谐和团队精神，重视人与人之间的和谐、相互信赖关系。①

日本教育管理的风格深深地打上了儒家文化与欧美教育管理理念的烙印。它既包括中国儒家管理思想的精髓，又包含现代西方的管理方法与理念，一方面，它以中国儒家为哲学基础，另一方面，又兼容西方管理精华，是东西方管理的冲突与融合，这也体现了整个日本教育管理的共同特征，"和魂洋才"是一条贯穿日本教育管理的主线。

首先，以人为本。"以人为本"意味着尊重人，发挥人的主观能动性，给人一种安定感，以有利于教育工作的稳定和持久发展。日本的中小学的教师实行的公务员制度，受传统和企业终身聘用制的影响，日本的教师被正式聘用之后，一般实行终身雇用制。日本中小学教师职业被视作"圣职"，教师被称为"先生"，与议员齐名。日本中小学教师的社会地位高，工资待遇高是在情理之中的。日本教师社会地位高、工资待遇高，从而导致师资水平高，即世人所称的日本教师"三高"。日本教师的高工资制度充分体现以人为本的管理精神。在第二次世界大战后的一段时间，日本中小学教师的起点工资虽然与进入企业的同等学力者相同，但由于前者增长速度大大低于后者，因此，数年后，二者之间就有了较大差距。于是，中小学教师队伍中的优秀人才纷纷流向企业，教师队伍发生了危机。有鉴于此，1974 年 2 月在日本国会通过了"关于维持和提高学校教育水平，确保义务教育的各级各类学校教职员中的人才特别措施法"（简称"人才确保法"），明确规定：给予义务教育各级各类学校教职员的工资高于一般公务员水平的优厚待遇，并强调从公布之日起按计划逐步实施改善

① 袁秀华. 日本管理哲学模式探析［J］. 经济要参，2001（68）.

和提高工资待遇的措施。这项措施从经济上保证和提高了教师生活水平。同时实行了“教师增薪三年计划”，逐渐扭转了教师工资偏低的现象，并超过了其他部门职员的增薪标准。现在中小学教师初任工资已超过一般公务员工资的16%。同时每年发放三次奖金，其总额相当于教师每年五个月的工资。另外，为了保证聘用后教学质量和知识水平能不断提高，日本建立了完善的教师进修制度。

其次，法律主义。教育立法在日本的教育管理中有着重要的地位。为了保证教育事业的顺利发展，对于每一次重大改革，日本政府都是以强有力的法律作为保障。在这一点上，很多人会产生疑问，日本属于亚洲儒家文化圈，在明治维新之前既不属于大陆法系，也不属于英美法系，为何在明治维新后，依法治教能迅速成为教育改革的利器。我们可以从日本的摄取文化特性来解释。日本在明治维新之初，把学习西方、兴办教育视为“立国之本”，当做基本国策定下来。随后，两次以天皇的名义发布指令，决定教育的宗旨，一次是1879年的《教学大旨》，一次是1890年的《教育敕语》，这就是人人皆知的教育敕令主义。[①] 即教育立法体现天皇制国家对教育的期待和统治意志，重要教育法规由政府或天皇的顾问机构立案、修改，经天皇敕裁后予以通过。它贯穿着天皇亲裁精神，与明治宪法制形式下的法律主义是相对的。敕令主义是专制主义政治统治的一部分，基于皇道主义教育观，是天皇势力和官僚强化教育统治体制的一种重要形式。在明治维新期间政府颁布了一系列法令，开始了以法治教的历程，如1872年8月2日颁布的日本近现代教育史上的第一部教育法规——《学制令》，意味着日本近代教育立法的开始，使日本的教育立法实现了从无到有。《学制令》实施失败后，明治政府迅速于1879年颁布《教育令》进行纠偏。1886年初《学校令》的颁布标志着日本近代教育体制的最终确立，它是《帝国大学令》、《小学校令》、《中学校令》、《师范学校令》

① 平原春好．现代日本教育法史纲［J］．华东师范大学学报（教育科学版），2006（4）：38－45.

的统称。战后日本在美国占领军的督促和指导下，更是加强了依法治教的力度，以“教育立法的法律主义”取代了旧有的“教育立法上的敕令主义”，也就是在国家最高法规宪法之下，首置教育基本法，并佐以各种相关法律。此期颁布了一系列的法令。进入20世纪60年代以后，以美国为首在全球范围内兴起了终身学习、终身教育的浪潮。同时，战后日本经济迅速发展，到80年代末国民生产总值已经居全球之首，战后拿来主义的《教育基本法》已经不能适应这种社会经济的蓬勃发展，在国内国际环境的共同冲击之下，1990年6月《终身学习振兴法》应运而生，是世界上少有的专门的终身学习法律，这对日本终身学习体系的形成起了不小的推动作用。由此，日本是根据时代的发展，立足于本国教育改革实际法制现状，不断博取各国之长，完善法律制度。

第三，矛盾统一。日本教育管理的一大特点是兼容并蓄，在传统与变革之间找到一个平衡点。日本传统社会是一个等级制社会，但是在明治维新以后，等级制得以破除。[①] 但等级制在明治维新以后以学历主义的形式表现出来，尽管战后日本的教育实现了教育机会均等，但学历主义盛行，考试成了地狱，学历主义成了等级制的另外一种化身，这是一种披着教育机会均等外衣的等级制；在教育行政体制上，日本不断改革创新，“二战”后从过去的中央集权制一度走向地方分权制，由于地方分权制与本国传统不兼容，20世纪50年代以后又再次集权，但此次集权不是简单走回头路，而是集中了集权与分权的优势，达到两者之间平衡与统一；在中小学管理方面，在维系校长任命制的基础上，规定公立校长不得连任，连任者需在校际之间轮换。教师在6年内一般都会流动一次。校长和教师轮换制的实行，既保证了各中小学教学管理与教学水平的均衡性，又有利于各校办学经验的交流。近年来在施行就近入学制度的前提下，不断地引入

① 1872年政府发表《关于奖励学使之被仰出书》（《学制》序文）明确表达了坚持教育“四民平等”的理念，即皇室和宫廷贵族（公卿）之下的武士、农、工、商遭到废除，公卿、藩主改称“华族”，各藩藩士及一般武士改称“士族”，农、工、商机僧侣称“平民”，废除“秽多”。

择校制，自2000年4月开始择校在日本成为现实，东京平川区40所小学划分为4个块，每一块内家长和学生可以自由选择学校，从2001年开始这一做法扩大到初中。足力区从2002年起在全区的76所小学，39所初中实行自由选择制。[①] 校长任命制与轮岗制，教师终身制与流动制，就近入学制与家长择校制看似不像一对矛盾，但通过这种调和与融合，最大限度地保证教育在形式上的公平和平等。

（五）研究主题与研究风格

从历史发展来看，日本教育管理研究的主题受中国和美国影响最大。古代日本的教育主要是通过模仿和学习中国而发展起来的。公元646年的日本“大化革新”就全面学习和吸收了中国唐朝的教育行政模式，并建立起贵族学校教育制度，还首次设立了日本的官学。9世纪中叶，日本还利用汉字创造出了日本民族的假名文字，同时在书写方面仍然借用大量的汉字。中国的佛学和儒学也对日本的教育产生了十分深远的影响。日本历代德川幕府都积极倡导和利用儒学来维护其统治。因此当时在日本发展了各个儒学派，而这些学派的儒学家大部分都在幕府的直辖学校、各藩的学校或民间私塾执教，因此，儒学家也是当时的教育家。而且，这个时期日本学校教育的主要内容就是中国的儒学经典。明治维新期间，日本大量聘用外国专家、技师作为顾问，据统计，最多时达400—500人，其中以工部省最多，文部省次之。[②] 这些外国专家对日本的学术研究产生了深远的影响，教育管理研究也不例外，同时，此期，日本大量向欧美国家派遣留学生，1971年281名，1972年356名，留学人员以后逐年增加。[③] 这些留学生不仅带来先进的文化科学知识，也学习欧美的学术研究方法，模仿他们的研究风格。战后日本社会文化的发展，是以战后初期美国文化的潮水般涌入为开端的。当时美国不仅控制了日本的政治经济，而且也主导了日

---

① 孙晓明．择校收费的经济学思考［J］．天津师范大学学报（基础教育版），2004（2）：11.

② 滕大春．外国教育通史：第四卷［M］．山东教育出版社，1992：389.

③ 渡边实．近代日本海外留学史［M］．东京：讲谈社，1977：251.

本的教育与社会文化。[1] 当时日本教育管理的一个重要主题就是如何按照美国的方式建立起日本的民主教育体制。这一时期日本还大量介绍和引进西方的存在主义、美国的实用主义、马克思主义哲学，分析哲学、心理学、教育学、教育心理学、社会学、文化人类学，人文地理等社会科学，从而奠定了此后日本哲学和其他社会科学发展的基础[2]，也决定了之后日本教育研究的方向与风格。

当代日本教育管理实行的是中央和地方合作的教育行政体制。然而，从日本“二战”后进行教育分权和民主教育的改革以来，要求加强地方分权和提倡民主教育的呼声在当代日本教育管理研究中仍然占主导地位。这方面的研究表现为反对中央集权对学校自主权的过分干涉，主张中央教育部门应适当放权，尊重地方办学的积极性。反对学校德育将爱国主义等同于军国主义教育的做法；以及反对国家行政对学术思想自由的干涉。除此之外，当代日本教育管理的研究表现出以下几个特点：从“二战”时候的全盘西化回归日本化；反对教育的整齐划一，倡导教育的多样化和个性化。[3]

“二战”以后的日本教育在取得了很大成就的同时，也存在着很多的问题。这些问题包括：如何改进日本大学的入学机制，让日本的学生和老师走出过度竞争的阴影；如何改进应试教育，使日本的教育成为能够培养学生独立性，个性和丰富人性的教育；如何让日本教育应对家庭暴力和学校暴力的威胁；如何使日本教育自主引进外国有益的教育思想，并使日本的教育走向国际化。而如何解决这些问题也就成为了当今日本教育管理研

①② 吴式颖，褚宏启．外国教育现代化进程研究［M］．太原：山西教育出版社，2005：12.

③ 赵永东：当前日本教育问题现状透视 教育研究 2007（2）；大森直树［J］．日本教育领域的现状与问题 外国教育研究 2007（4）；Hiromitsu Muta：Trends and Issues in Deregulation and Decentralization of Educational Administation in Japan［J］．Journal of Educational Administration，2000，38（5）；戴林，罗建芝：面向新世界的日本教育改革浅析［J］．日本研究，2007（1）.

究的关注的主题。[①]

在研究风格方面，当代日本受美国实证主义的影响，更注重实证的研究方法。很多日本学者认为教育是一门实践的科学，所以教育研究应该以实验和实证的研究方法为主，以其他的研究方法为辅。而且由于学者们越来越认识到教育现象的复杂性，近年来，质的研究越来越引起研究者的重视，[②] 研究者采用质的研究方法开展研究的论文数量逐年增加。[③] 日本教育管理研究方法另一个重要特色就是他们的比较教育研究。由于日本国历来重视对于外国有益思想文化的引进，因此他们的比较教育研究非常发达，日本的教育杂志上不仅有大量的文章介绍世界各个国家的教育状况，而且还有专门的文章论述比较教育的研究方法。

第四节　中国的文化传统与教育管理

一、中国的文化传统

关于中国文化传统，很多学者作出过总结，如梁漱溟将其归结为缺乏集团生活、伦理本位、以道德代宗教、无阶级、无革命、早熟等十几个[④]；司马云杰将中国传统文化的价值取向归纳为“以土地为基础的人生

① 日本教育の抱える問題点（2007－10－06）[2007－11－06]　[EB/OL]. http://www141. sannet. ne. jp/juken/inted4. html；教育の方向性に関する提言（2007－10－06）[2007－11－06]　[EB/OL]. http://www. keidanren. or. jp/japanese 宗/policy/2005/003/honbun. html.；陈宝堂．日本教育的历史与现状［M］．合肥：中国科学技术大学出版社，2004：12.

② 私の研究教育現象の理解の方法（2007－10－06）[2007－11－06]［EB/OL］. http://www. yamaguchi-u. ac. jp/yu/yu75/pdf/yu75-16. pdf.；森分孝治．社会科教育学の課題と方法：実験・実証的研究方法を．日本教育学会大会発表要旨集録［C］1974（33）：127，日本教育学会；田窪，一郎．教育原理を内容とする教育学の研究方法について．日本教育学会大会発表要旨集録［C］. 1970（29）：91，日本教育学会.

③ 赤堀侃司．教育工学研究的框架和特征．网络时代教育技术学研究的内容与方法．教育技术论坛 2001 论文集［C］．华南师范大学，2001.

④ 梁漱溟．中国文化要义［M］．北京：学林出版社，1987.

本位、以家庭为基础的群体本位和以伦理为基础的道德本位"[①]；任大援认为中国传统文化精神包括天人合一、以人为本、刚健有为、贵和尚中[②]。我们认为与管理或教育管理有关的文化传统主要包括以下几个方面。

（一）和为贵

"礼之用，和为贵"[③]。中国人讲究阴阳调和与互补。太极图和周易的阴阳就是这种文化的典型代表，与犹太基督教的善恶斗争的模式正好相反。正如华裔学者孙隆基所指出的，在西方历史发展形态中，对立与抗争的确是不断推动进步的动因，至于中国人的阴阳调和二元论，则基本上在宇宙间排除了"邪恶"的因素，因为，在这种本体论模式中，所谓"邪恶"的因素并不是必须由"善"去克服"恶"，而是阴阳失调，它是持衡的，如果出现"动"，也倾向于"动乱"，也就是一种变态，最后必然用"和合"的方式来恢复结构的动态平衡。[④] 这种以和为贵的文化传统在各个方面均有所体现。中国传统政治文化基础上奉行和崇尚的是德政仁治。在内政和外交方面，讲究"王道"，反对"霸道"，不愿动用"武力"，比较注重"道德力"。在外交政策上，一贯注意睦邻友好，强调和平主义。在对少数民族问题的处理上，汉族人的同化力可谓最强，在世界上也属罕见。历史上的异族侵略者，不论是投降者，还是成为汉族的统治者，都基本上被汉族给同化掉了。匈奴人被汉武帝打败后，部分投降的匈奴基本成为了汉族的一部分，在中国境内的匈奴族被汉人同化后就基本上"消失"了。元朝的蒙古族、清朝的满族入侵者也被同化了。[⑤] 据统计，全国熟练运用满文的人不到 20 个，居住在蒙古本地的蒙古族也面临汉化

---

① 司马云杰. 文化价值论［M］. 济南：山东人民出版社，1990：265.

② 张岱年，方克立. 中国文化概论［M］. 北京：北京师范大学出版社，2005.

③《论语·学而第一》.

④ 孙隆基. 中国文化的深层结构［M］. 桂林：广西师范大学出版社，2004：154.

⑤ 此处指的是在我国历史上，入侵中原的蒙古族和满族当权者的后裔，并非指长期居住在内蒙古的蒙古族人。

的处境。2005 年，笔者在去内蒙古的火车上曾同一个蒙古族的大学生聊天，他说，在他们村里，他爷爷能听说读写蒙文，到他父亲一代时，只会听说蒙文，不会书写了。在他这一代人，只能听说部分蒙文，完全不会写了。这就是汉族人同化异族的一般程序。实际上，在内蒙古的呼和浩特市，除了街上的标志用蒙汉两种文字题写外，绝大多数人讲的是汉文了。

"和为贵"的文化传统在日常老百姓的生活中随处可见。在人际交往上，"和"给人易相处、融洽的感觉。即使想出头、想争取应得的权利，或者在竞争中想取得优势，战胜对方，也往往是放弃公然竞争的做法，采取低调的态度，以退为进，先在道德方面征服公众，给人感觉到这人不斤斤计较，愿意吃亏。然后用迂回的手段，甚至是以退为进的方式获得"利"。

（二）中庸思维

"中庸"在传统文化中既是一种为人处世的方式，也是极高的道德境界。"中庸"是儒家理论的一个重要范畴，是中国传统伦理规范的一个重要命题，"中"在中国传统思想中源远流长。中庸的"庸"字，最早出现于中国西周时期的金文里，指一种器具。因为这种器具经常使用，"庸"便由此引申出了"常"和"用"的意义。相传尧传位于舜时已有"允执阙中"的传授，其后舜传位于禹时进一步发挥为"人心唯危，道心唯微，唯精唯一，允执阙中"的十六字箴言。后来的《说文解字段注》进而解释道，"中者，别于外之辞也，别于偏之辞也，亦合宜之辞也"，"中，正也"。意思是说，"中"是区别内外、偏正、上下的界限和标准，基本含义是中正不偏，恰如其分，恰到好处，适合时宜。

中庸思想作为一种根本性的思维态度和方式，中庸要旨在持"中"，不走极端，强烈地反映出人类的理性精神。有人认为，中庸带有强烈的调和主义色彩，本质上是折衷主义。这其实是没有真正领会其真义。从哲学上看，折衷主义是指缺乏独立的创造性的观点，只是无原则地机械地把各种不同的思想观点、理论拼凑在一起以实现表面的和谐或一致的哲学观点。中庸是指事物内部存在着对立统一的矛盾双方，在某种情景下因对立统一而达成的和谐平衡，反映的是客观事物的基本发展变化规律。朱熹在《中庸章句》中解释道，“中者，不偏不倚，无过无不及之名”。在《朱子语类》中进而释道，“中者，未动时恰好处，时中者，已动者恰好处”，“凡物皆有两端，如大小厚薄之类，于类中又执其两端，而量度以取中，然后用之”。中庸强调“允执厥中”，是指要把握准矛盾的度，认清和运用事物的基本规律，而绝非指无原则地将不能统一在一起的矛盾加以调和，更不是让人无原则地圆滑处世。

“中”是方法论，表征的是事物存在和发展的最佳结构、最佳关系和人的行为的最佳方式，进而成为中华民族构建和调节主客体关系的最一般方法论原则。崇中正不偏，防止“过”与“不及”。记得我攻读博士学位期间，扈中平老师教导我们对待人生，“既要看得穿，也不要看得太穿”；中庸思维要求做人要符合伦理道德，讲究因时权变，强调矛盾事物的统一、和谐、恰到好处。

“中”的思想体现了中国人追求应事接物的最佳理想，体现了中国人对天地自然运动和谐的变化或趋势的理论把握。但也由于“中”有经常性、庸常性而驱使中国人务实、致用、崇尚“实用理性”，往而不穷其端，行而不极其原，为“实益”，取“中节”而放弃了对客观实物极致真理的追求。中庸思维也存在很多不足之处，一方面，它往往在革命时期，使人徘徊不前，丧失前进、创新的勇气。另一方面，它又为折中主义、明哲保身的处世哲学提供了理论土壤，这又在一定程度上阻碍了社会的向前发展。

（三）专制主义

我国封建社会的重要特征是强调皇权和王权统治的合法性。中国的传统文化，总是笼罩在不容置疑的皇权和王权之下，中国哲学史上的“天”的范畴，大多数是指人格化的“天”，天即上帝。天上有上帝，人间有天子。皇权和王权是神授的。[①] 上帝和皇帝的权威都是绝对的，独一无二的，也就是儒家所说的“天无二日，土无二王，家无二主，尊无二上”。

中国自商代开始，就有了一个形式上的“中央”，自秦以来，则维持了一个大一统的局面，一直延续到今天。传统的专制主义强调中央的权力，形成大一统的格局。在秦朝大一统的时候，将郡县制度划一化与普遍化了。此后，“二千多年的大一统帝国之格局，大致上没有越出这个范围”。[②] 宋代以后，在中央集权方面，中央不仅在军事上与财政上采取削弱地方的“强干弱枝”政策，而且从根本上取消了中央官吏与地方官吏的二类划分。从宋代开始，所有的地方官吏在名义上都是中央官吏。元朝以后，干脆将地方单元当做是中央政府的延伸，当时的中央国务院叫做“中书省”，地方单位相应地被称作“行中书省”，简称“行省”。明清两代，大致沿用了“行省”制度。中央集权制有力地加强了中央对地方的控制。这种控制有力维持了封建社会的等级制和社会秩序。这种等级森严的体制，普通信息要从基层传到皇帝那里，要七层信息关卡，即直接接触老百姓的是衙役，这是第一关，衙役向书吏汇报，这是第二关。书吏再向州县官员汇报，这是第三关。州县官员再向府一级官员汇报，这是第四关。府级官员再向省级官员汇报，这是第五关。各省向中央各部汇报，这是第六关。中央各部向内阁（皇上的秘书班子）汇报，这是第七关。信息最终到达皇上面前的时候，已经是第八关。这种专制主义，在权力方面，皇上处于优势，官僚处于劣势，但官僚系统封锁和歪曲信息，往往导致腐败和下级骗上级，一级骗一级的邪气。

古代中国专制主义中央集权制度的两个基本支撑点，一是官僚制度，二是编户制度。官僚制度使整个国家行政机构成为皇权的办事机构；编户制度严密控制了社会基本成员——农民。这两个制度维系了皇权专制和中央集权；也是近代以前世界其他地区和国家所没有的，可以说是具有古代

① 王埃亮. 中国传统文化的核心——政治至上［J］. 内蒙古民族大学学报（社会科学版），2005（6）：45－48.

② 孙隆基. 中国文化的深层结构［M］. 桂林：广西师范大学出版社，2004：321.

中国特色的政治制度。研究官僚制度的先行者王亚南先生，早在1948年，他就指出，专制皇权无论是经济权力或政治权力，离开了他的官僚机构和官僚系统，都将变成空无所有的抽象。[①]“这些官僚制度使国王集权于一身，初步形成了中央集权政治，正如韩非子所述：‘事在四方，要在中央；圣人执要，四方来效’。这就为秦汉封建专制制度开了先河。”[②] 如果说，官僚制度是支撑专制主义中央集权主要的政治制度，那么，编户制度就是其主要的经济制度。侯建新认为，“自秦朝以来两千余年的古代社会中，中国只有编户齐民[③]和各种形式的佃农，所谓中国的自耕农就是国家的编户农民，即国家登籍在册并交租缴赋的农民，他们是中央王朝赋税和兵役的基本来源，他们对所耕土地拥有有限的所有权，而国家拥有最高的所有权和支配权。”[④]

政治上的集权制在我国古代社会形成等级制，这种等级制与宗法制家长式相结合便催生出了相对稳定的社会结构。秦汉以后“大一统”的封建帝国建立在小农经济基础上的。封建统治强本抑末的政策，强调以农为本、抑制工商业。封建的、分散的、封闭的、狭隘的生产方式是强权政治存在的基础。宗法家长式统治的核心是孝，孔子以“仁”释礼，而以“孝”为仁之本。“君子务本，本立而道生，孝悌也者，其为仁之本与!”孝不仅是报答父母养育之恩，而且表达了一种尊卑上下的隶属关系。同时，人的行为，人际关系等都要按“三纲”“五常”行事，“君为臣纲”、“父为子纲”、“夫为妻纲”是永恒的道德规范。集权制与宗法制相结合便形成了较为稳固的专制主义，配上封建道德伦理，从上至下，将中国编织成一个超稳定的结构。这种超稳定结构的延续过程中，一旦老百姓无法忍受官方的压迫和盘剥，就会出现周期性的农民起义。

专制主义还表现为对老百姓的教化，实行政教合一。秦始皇导用

① 王亚南．中国官僚政治研究［M］．北京：中国社会科学出版社，1981.
② 詹子庆，田泽滨．中国古代史（上册）［M］．北京：高等教育出版社，1986：129.
③ 编户齐民指编户制度下的小农，齐民；无差别之意，这里主要指政治等级上的无差别。
④ 侯建新．社会转型时期的西欧与中国（第二版）［M］．北京：高等教育出版社，2005：140.

"法家"的治国思想由于刚性太多，与当时的文化氛围不符，不利于维护大一统的局面，而导致失败。聪明的汉武帝就不一样，他成功地将儒家思想作为支配中国的思想。他启用董仲舒，采取了他提出的"罢黜百家，独尊儒术"的文教政策。董仲舒提出"天子受命于天，诸侯受命于天子"的思想，形成了只为封建专制辩护的神学目的论。与此同时，中国封建社会是一种政教合一的统治模式，家国不分形成政治权力的无限膨胀，其主要的行政职能称之为"政教"。董仲舒把这种宗法家长式统治和等级制度与中国的传统文化"阴阳五行说"联系起来，认为这些都是天意的安排，皇帝就是天意在人间的直接显现。宋朝以后，中国的政治形态越发朝着中央集权制与君主专制的方向发展，皇帝的政权越来越专制，教化老百姓的权力也越来越膨胀，政教越来越趋向统一。皇上除了下"诏书"或"圣旨"以外，还常常颁布"圣训"之举，将手下的大臣和普通老百姓都当做"教化"的对象。地方官的责任之一，就是在地方的孔庙或学宫中宣读"圣训"，教育老百姓。

我国传统提倡的"正心、诚意"，乃至"修身、齐家、治国、平天下"是一连续体，执掌政权者必须兼施教化老百姓的职能，国法范围的私人领域自然而然就成为了管理的对象，统治者有义务去转变"人心"，也就是对国民加以"思想上的儒化"。所以，历代以儒家意识作为官方正统意识形态的政府，总是打着以"德化"的枋子，用"礼乐"治国，至于"刑政"则是辅佐机器。

最后，我国传统的专制主义导致了国家与家庭（个人）两个极端，而西方国家在近代化的进程中形成了"市民社会—经济—国家"三元结构。我国传统上没有市民社会这个中间层，更没有西方国家的经济部门（私人组织），与西方社会有着很大的不同，我国只存在国家（政府）与家庭（个人）二元结构。

（四）人情至上

中国传统文化是儒家文化，传统儒家思想的核心是仁，即爱人，在于达到人的至善至美，儒家的经典著作提出了孝悌、忠信、仁义、礼智、恭敬等一系列道德规范，并把它们作为做人的根本，儒家文化主张“义以为上”①，要求“见利思义”②。这种伦理道德取向，以家庭伦理本位为基础推至整个社会伦理本位。在中国文化中，血缘关系是一切社会关系的基础，中国传统社会的一切人际关系都是从夫妇、父子这些核心关系中派生出来的。派生出来的社会关系表现为爱有等差。孟子提出的“父子有亲、君臣有义、夫妇有别，长幼有序，朋友有信”③ 的五伦关系，是一种相对的、有等差的爱，它不同于西方基督教文化伦理的博爱，也不同于西方个人本位文化的个体主义。中国文化的道德价值观是建立在自然的、相对的宗法伦理关系基础之上的。这种以伦理为基础的道德本位的中国传统文化非常注重伦理关系及其道德规范。孔子认为，人要做到“入则孝，出则弟”④，“出则事公卿，入则事父母”⑤，孝与弟推及到社会关系，就是忠与义。“忠”是对国君和普通人的“忠”，也就是为人谋而“忠”，与朋友交而信。“义”，含有信义、忠义等意思，可以说“义”是一种爱人的正义感情和伦理道德品格。正如司马云杰所云，当这种正义感情和道德品格被社会文化制度所强化的时候，他就变成了一整套价值行为模式。⑥

以伦理为基础、以礼仪为形式的道德价值取向，在现实生活中仍有很深的影响，它深深地、潜移默化地影响到我们社会生活的方方面面。我们做人，讲究人情，就是以传统的伦理和礼仪为基础的。“是亲三分近”、“远亲不如近邻”、“一日为师，终生为父”、“在家靠父母，出门靠朋友”等习语，以及过年过节走亲访友、看同事、拜上司、打电话问候等礼仪行为都是讲人情，做人的一种体现。

中国传统文化非常讲究“做人”，而且人情至上。做人“往往是自己

---

① 《论语·阳货》.
② 《论语·宪问》.
③ 《孟子·滕文公上》.
④ 《论语·学而》.
⑤ 《论语·子罕》.
⑥ 司马云杰. 文化价值论［M］. 济南：山东人民出版社，1996：264.

的心‘有到’对方‘身上’，对方的心也‘有到’自己身上”。① 把处理、周旋与和谐人际关系放在重要的位置，认为良好的人际关系是开展工作的前提。当领导的，首先是考虑如何处理上下左右的关系，然后才是开展正常的工作，而且在开展工作时，也是处处考虑人际关系，视人际关系为重要的润滑剂，我们这种人情方式往往导致人我界限不明，会把正常的工作开展与人际关系的处理混在一起，往往在工作与人际关系方面有矛盾的情况下，多数情况会优先考虑人际关系，当然也有两者兼顾的情况。现在很多企业和学校招聘人才时，同等条件当然是考虑关系户，甚至关系户的条件可以稍微差一点。国有企业和国办学校还很难推行聘任制，即使个别单位推行聘任制也是迫于上级的指令，这也是与人情有关系。显然，这种人情至上的文化氛围会导致人治倾向。

此外，官本位文化也是我国的一个重要文化传统和民族精神，其根源于隋朝于606年开始实行科举考试。通过科举取士，让广大读书之人走上读书做官的道路，是我国统治者为了维护封建统治，发展教育，选拔人才的重要渠道。读书与做官连在一起，由此，建构起来的官文化、官崇拜，为官之道成了社会的重要价值导向，“学而优则仕”成了众多学子梦寐以求的目标，至今它仍然深深地影响着广大学生、知识分子乃至全社会。

二、中国文化与教育管理

对于中国文化传统的研究，可谓仁者见仁，智者见智。上面提到的四点特征也只是针对教育管理方面来讲的，因而，远远不能穷尽中华民族文化传统的精髓，它们对中国的教育管理（学）的影响体现在以下方面。

（一）教育行政管理

我国古代的教育行政管理体制大致可以分为三个时期②。第一阶段是

① 孙隆基．中国文化的深层结构［M］．桂林：广西师范大学出版社，2004：172.

② 熊贤君．中国教育行政史［M］．武汉：华中理工大学出版社，1996：前言．

萌生时期。隋朝前的教育行政体制处于萌芽阶段，其特点是教育行政与普通行政混于一体，朝廷派遣太常兼顾教育，实际上处于不过问的状态，这表明教育行政在普通行政的襁褓之中，尽管东汉的太学极为发达，但太学对全国教育行政管理的功能太弱，此期的地方教育过多地依赖于地方教育行政首脑。第二阶段是过渡时期，自隋唐到公元1905年晚清学部的成立。隋唐以后，中央设立了国子监，设置祭酒及其副司业掌管中央主要学校，这表明，国子监既是全国最高教育行政机构，同时也是全国最高学府。但它与地方教育行政不存在隶属关系，与中央的贵胄学校、特殊学校及地方官学、私学也不存在领导与指导关系。直到宋朝，中央政府设礼部，其典守为掌礼乐、祭祀、学校、讨论典故、讲习典礼以及科举考试等，其管理权限被太常、鸿胪和国子监所分割。中央礼部名义上统管全国文化教育，但中央的学校教育实际上是由国子监掌管。地方教育行政管理由提举学事司负责，管理州、县教育。自宋朝开始，我国的教育行政管理体制就开始出现中央集权化倾向，尽管与现代意义的中央集权制相差甚远。[①] 第三阶段是专门化阶段。它以1905年晚清学部建立为标志。民国政府于1912年将学部改称为教育部，1927年曾一度改为大学院，但很快又恢复了“教育部”的称谓。

集权制的传统。早在西周时，在教育行政上，便形成了“集权式”的基本特色，强化了此前萌芽的“学在官府”、“官守学业”、政教合一和官师合一的教育行政制度。直到魏晋南北朝时期，这种集权式的教育行政仅限于对中央官学的管理。对地方官学的管理由郡守以及地方专门的行政官员来负责，以汉代为例，汉代郡国的地方专职教育行政人员为经师和文学，他们既是掌管地方教育的行政官吏，又是地方郡国学校的教师。地方教育行政与地方行政区划是一致的。

自宋朝开始，提举学事司的设置便基本上拉开了中央集权制的序幕，提举学事司是中国最早的管理全国的地方最高教育行政管理机构，可惜的

① 此处获取了王建军教授的思想。

是宋朝的提举学事司几经存废，缺乏连续性，但它的设立结束了地方教育行政附设于地方普通行政的附庸地位。元代至清代，国子监既是国家最高学府，也是全国各地的府州县各级官学的管理机构，也就是说，它是国家最高教育管理机构，明朝在中央和地方教育行政中间增加了管理京师及地方教育的教育行政机构与官员——督学。他与地方专司教育文化的高级地方行政官员提举共同负责地方的教育行政事务。清朝改革了地方教育行政官制，改提学使为学政，为督抚的属官；每省虽不设学校，却设有管理全省府、州、县、卫学的机构。解放后，我国的教育行政体制承袭了过去专制主义的传统。1949 年以后，我国教育实行的军事接管体制，1952—1957 年实行的是集中统一的教育行政体制。在 1958—1962 年推行过地方分权制。“文革”后，又恢复了中央集权制。直至当今，我国的教育行政体制依然是中央集权制。以课程标准为例，在课程管理方面尽管实行了三级课程管理体制，但国家课程的比例仍然达到了 88%—90%，地方课程与校本课程的比例在 10%—12%。

教育行政管理不能依法治教，这与我国历史上“做官”和人治倾向不无关系。皇上如此，大臣也不例外，人治是中国历史，乃至教育行政管理上的一大顽疾，万历元年（1573），朝廷曾下诏，敕令吏部慎选提学官，有不称职者，即奏请改黜。事过一年，张居正“体访各官，卒未能改于其故；吏部亦未见改黜一人”。他不无愤慨地陈言，“良以积习日久，振蛊为艰，冷面难施，浮言可畏，奉公守法者，上未必即知，而已被伤于众口，因循颓靡者，上未必即黜，而且博誉于一时。故宁抗朝廷之明诏，而不敢挂流俗之谤议；宁坏公家之法纪，而不敢违私门之请托，盖今之从政者，大抵皆然，又不独学校一事而已。”① 由此可见，我国古代的教育行政管理是以人治为基本特征的，谈不上民主、开放与法治。长官意识比较浓，有作为的官员可能会任期内进行一些改革或创新，平庸或随波逐流的官员则是毫无作为甚至贪污腐化。教育行政管理依然打上了人治和集权

① 熊贤君．中国教育行政史［M］．武汉：华中理工大学出版社，1996：271．

的烙印。1958年实行地方分权管理体制，看似民主，实则反民主。主观主义、个人专制主义盛行，教育行政失控，给教育事业带来惨重的损失。“文革”期间，实行各地革命委员会管理教育事业的体制，推行军管会、工宣队、贫宣队管理学校，违背了教育行政的正常运行秩序；1966年开始的高等学校三年不招生、工农兵上大学和在工人阶级领导下的“斗、批、改”、停课闹革命、树白卷英雄以及改革开放以后高等教育体制的持续变革，显示出我国教育政策和人事任免方面，有着很大的随意性和人为性。1990年末以来的“大学城运动”，大学为了扩大地盘，政府官员趁机拨地拨款创办大学城。很多教育政策的制定程序不健全，执行起来是上有政策，下有对策。以推行素质教育为例，政府多次下减负令，但收效甚微。人事任免方面更加如此，善于钻营的、深谙官场之道的人，在教育行政上春风得意，但也不排除部分办事公正、善于协调人际关系、懂得教育行政管理的人员发挥好的模范作用。

解放后至今，我国的教育行政管理推行的主要还是中央集权制，尽管最高教育行政部门的名称也是经过几次变化。

（二）高等学校管理

高等教育行政管理方面集权主义盛行。解放后，我国政府对社会生活实行高度集权的计划控制，国家政府权力无限膨胀，高等学校作为社会组织，成了政府机关的附属机构，类似于政府部门，被置于党和政府的直接控制之下，没有相应的办学自主权。改革开放以前的高等教育管理具有以下特征：公立高等学校国家所有、国家集中管理、计划调控和教育运行行政干预。从1993年至2001年，中国高等教育体制改革取得了突破性进展，体制内的改革目标基本完成，高等学校的隶属关系基本理顺，“条块分割”与重复办学的结构格局已经基本改变。中央委属部门将原来控制的一部分委属学校下放到当地省级政府，只保留少数学校的管理权，省、市级政府除接管部委下放的学校外，继续管理原有所在地的学校，教育部进行宏观调控。市场机制在促进学校提高办学效益的作用有所增加。1998

年《中华人民共和国高等教育法》的颁布正式确立了高等学校的办学自主权。但公立高等学校仍然没有摆脱国家宏观计划、干预、调控，甚至是行政指令左右的局面。

我国高等学校内部管理体制自建国后经历了七次变更。1950 年到 1956 年实行校长负责制，1956 年到 1961 年实行党委领导下的校务委员会负责制，1961 年到 1966 年实行党委领导下的以校长为首的校务委员会负责制，1971 年到 1976 年实行党委领导"一元化"领导制，1978 年到 1985 年实行党委领导下的校长分工负责制，1985 年开始试行校长负责制，1989 年以后主要实行党委领导下的校长负责制。[①] 党委领导下的校长负责制在 1998 年的"高等教育法"中明确加以规定，第三十九条规定"国家举办的高等学校实行中国共产党高等学校基层委员会领导下的校长负责制"，第四十条规定"高等学校的校长，由符合教育法规定的任职条件的公民担任。高等学校的校长、副校长按照国家有关规定任免"。

由此，受传统的计划经济体制和高度集中的政治体制的影响，我国高等学校的内部管理体制的建制类型类似于政府机关，主要负责人由书记和校长两人构成。在这种管理体制中，实质存在两位主要领导人，一位是"路线校长"——书记，一位是"业务校长"——校长，在多数高校中两位领导人处于同一地位（行政级别）。为了贯彻自己的办学理想，扩大个人的影响力，经常是互不相让，导致了不必要的权力纷争，造成不必要的内耗，对学校的发展势必有一定的影响。如何建立适合我国市场经济发展的高等教育内部管理体制，是一个摆在我们面前的重大课题。

大学或学院领导的产生。大学书记、校长任命权集中于中央、省和省级市或直辖市教育主管部门（包括教育部、教育厅或教育局），书记、校长主要对上负责。在这种体制下，书记、校长不是通过竞争机制产生的，往往最适于担任书记、校长的人未必能得到上级认可，而上级任命的书记、校长却往往并非最佳校长人选。书记、校长及其属下的校内干部的地

① 劳凯声．高等教育法规概论［M］．北京：北京师范大学出版社，1999：266.

位高低，则与大学的行政级别直接相关。一般来说，部属院校的书记与校长享受类似于行政机关中的正或副省部级待遇，甚至有部分高校的校长需由国务院总理来任命，省属学校的大学与学院享有类似于行政机关中的厅级待遇、专科学校则享有副厅级待遇，由这种体制产生的书记和校长，处于同一行政级别，享受同一待遇。根据《中华人民共和国高等教育法》规定，我国公办高校管理人员实行职员制度，教育部曾于2000年在武汉大学、华中理工大学、华中师范大学、厦门大学、东北师范大学五所高校启动高等学校职员制度试点工作，希望在试点基础上将这项制度在全国范围逐步展开。但是由于种种原因，此项制度未能得到有效实施①，也没有在全国推广开来。

《中华人民共和国高等教育法》规定的党委会性质类似于董事会，但党委书记并非董事长，亦非校长的直接领导。《中华人民共和国高等教育法》的第三十九条规定，高等学校党委会“执行中国共产党的路线方针、政策……讨论决定学校内部组织机构的设置和内部组织机构负责人的人选，讨论决定学校的改革、发展和基本管理制度等重大事项，保证以培养人才为中心的各项任务”。由此可见，校党委会是讨论决定学校内部组织机构的设置和内部组织机构负责人的人选，校长则行使“推荐副校长人选，任免内部组织机构的负责人”的权力；校党委会讨论决定学校的改革、发展和基本管理制度等重大事项，校长“拟订和执行年度经费预算方案，保护和管理校产，维护学校的合法权益”及其他事项。校党委会职能类似于董事会或理事会，决定重大事项，然后交由校长执行，党委会主席——书记是党委会的召集人，校长只是党委会成员。问题就出在书记并非校长的直接领导，重大的决定并非是由上级部门下达的决议，而是由与校长同等地位的书记组织的党委会上讨论而成，这样使形成的“决定”对校长的约束力大打折扣。

① 格西，魏亚萍．高校试行职员制度．森林公园—教育新闻（2005－12－07）［2006－12－10］．［EB/OL］．http：//jiaoyu. beelink. com. cn /shfuzhong/teacherzhuye/suxiuqiang/edunews/gaoxiao%20zhiyuan. htm.

党委领导下的校长负责制出现了两个“一把手”，导致权力斗争。党委领导下的校长负责制，党委对学校大事虽然有决定权，但党委是集体领导制，《中华人民共和国高等教育法》并未说明校长应服从于书记，也没有强调书记服从于校长，实际上他们两人处于同一地位，也就是说，同一所高校中有两个一把手。《中华人民共和国高等教育法》同时规定了校长是学校的法人代表，从法律意义上讲，高校法人的权力既包括民事权利和办学自主权，前者包括财产权和知识产权，后者包括招生权、专业设置权、人事权、财政权、教学和科研权、对外交往权等，如果让校长切实履行法人的权利，校长则对学校的上述诸种权利有支配权；而处于同一地位的书记亦有权对学校的发展负有责任，由此派生出了书记与校长的权力之争。斗争的结果必然造成三种不同的权力模式。

一是以党委书记为中心的权力模式。党委书记成为学校领导的核心，党委会成了学校的决定会，大事小事均可以在党委会上讨论，由党委书记最后拍板决定，或由党委会成员举手投票决定，学校内部组织机构的设置和内部组织机构负责人的人选一般要党委书记点头同意，党委会才能通过；学校的重大事项党委书记是重要的发言人，在很多情况下，没有他的同意，党委会即使讨论，也通过不了；讨论通过的重大事项，交由校长执行，校长成了校党委会决议的执行人。学校党委的文件成了学校行政主要文件。在我国的高等学校中，以党委书记为权力中心的管理模式占大多数。

二是以校长为中心的权力模式。校长是学校领导的核心，校长办公会议或校务会议成了学校的决定会，大小事由校长最后拍板决定或由各位校级领导投票决定，学校内部组织机构的设置、内部组织机构负责人的人选以及其他事项一般要校长点头同意，校长办公会才能通过，讨论通过的大小事，或者由校长直接拍板决定的事情，校长交由校内各部门执行。学校的文件成了学校行政的主要文件。这种模式在我国的公办高等学校中只占一少部分。

三是校长与书记的分离模式。这种模式产生于书记、校长上任后不久，斗争还刚刚开始，还未形成以一方为主的权力体系。由于书记与校长之间的权力斗争，双方互不配合，互相拆台，书记与校长各行其是。党委会讨论决定的事项，校长拒不执行或延期执行；校长办公会上，校长同意或支持的事项，党委书记不予赞成。双方互不相让，最后，迫于时间，只能妥协，仓促行事。

这三种权力模式在各类高校中广泛存在，但校长和书记以“和为贵”，即使有矛盾，也是面和心不和，如果一方权力和威望大过另一方，后者还是会忍耐、退让、妥协或者表面上服从，暗中则寻求展开别的攻势。

高等教育管理方面的行政化和人治倾向有目共睹，这与专制主义和官本位文化有着必然的联系，专制主义必然会导致管理的专权和民主制度的缺失，民主制度的错位导致人治倾向，官本位文化影响一部分教师“拜官”、求官，甚至放弃学术，从事专职的行政工作。行政化倾向是指高等学校类似政府机关，在办学上具有政府部门般的官僚化倾向。本身高等学校有两套行政班子，即党委办一套和校办一套，自然而然就导致两套班子组合而成的复杂行政系统的存在。大学下面的学院和系所也有两套机构，总支书记和院长、系主任和书记。这套机构的存在便形成了高等学校行政官僚化的层级系统，普通教师处于金字塔的底部。校长和书记以及院系的院长（系主任）和支部书记的双重领导，高等学校机构的设置与政府行政部门的类似，校长和书记、院长与支部书记按照政府部门的游戏规则进行管理，无疑是高等学校行政化的主要原因。我国的高等学校的行政一般来说，研究型大学的学术权力稍稍大于行政权力，但行政权力的影响不可忽视，教学科研型大学的学术权力与行政权力看起来不相上下，但行政权力还是大于学术权力；而教学型大学的行政权力远远大于学术权力。①

① 关于学术权力与行政权力大小的关系，有学者在论文中做过隐讳的论述，详见毕宪顺．高校学术权力与行政权力的耦合及机制创新［J］．教育研究，2004（9）：30－36．

（三）中小学管理

我国中小学管理体制深受政治体制的影响，经历了七个主要阶段，每个阶段都有着其产生的文化历史背景和政治效应。这七个阶段是：校务委员会制（解放初期）、校长责任制（1952—1957）、党支部领导下的校长负责制（1957—1963）、在当地党委和主管教育行政部门领导下的校长负责制（1963—1966）、"革命委员会"制（"文革"期间）、党支部领导下的校长分工负责制（1978—1985）和校长负责制（1985 年至今）。

以上三种体制可以分为三种类型：委员会制：校务委员会制、革命委员会制；一长制或首长制：校长责任制、在当地党委和主管教育行政部门领导下的校长负责制；党委领导制：党支部领导下的校长负责制、党支部领导下的校长分工负责制。

党支部领导下的校长负责制实际上是有了两个"一把手"，其弊端是显然的。党支部领导下的校长负责制存在以下问题：党支部领导，校长负责，把领导与负责分开，不符合管理原理，势必职责不清，影响工作效率；在校长上面加一个管理层次，使校长很难发挥作用，出现了两个指挥中心；容易出现党政不分、以党代政的现象。"学校的一切重大问题必须经过党支部讨论决定"，但往往重大问题与非重大问题界限不清；不利于上级教育行政部门检查和指导学校的工作。

1985 年 5 月颁布的《中共中央关于教育体制改革的决定》指出，"学校逐步实行校长负责制，有条件的学校要设立由校长主持的、人数不多的、有威信的校务委员会，作为审议机构。要建立和健全以教师为主体的教职工代表大会制度，加强民主管理和民主监督。学校中的党组织要从过去那种包揽一切的状态中解脱出来，把自己的精力集中到加强党的建设和加强思想政治工作上来；要团结广大师生，大力支持校长履行职权，保证和监督党的各项方针政策的落实和国家教育计划的实现；要坚持用马克思主义教育广大师生，激励他们立志为祖国的富强奋勇进取、建功立业，保证学生德智体的全面发展，使学校真正成为抵御资本主义和其他腐朽思想的侵蚀，建设社会主义精神文明的坚强阵地。”这是改革开放以来中央文件第一次比较详尽地提到学校内部的领导体制改革，提到校长负责制、校务委员会、教职工代表大会制度和学校党组织的职能。校长负责制是学校内部的一种领导体制。实行校长负责制的学校，校长是学校的最高负责人，是学校法人的法定代表人，处于学校的中心地位，对外代表学校，对内全面领导并负责学校的教育、教学和行政管理工作。

监督机制不健全。1985 年 5 月 27 日，在中共中央颁布的《关于教育体制改革的决定》规定，有以下几点值得注意：一是在改革开放后，首次明确提出要在中小学实行“校长负责制”；二是主张建立作为审议性机构的“校务委员会”；三是要求健全“民主管理”和“民主监督”的机构：教职工代表大会。校长负责制的内涵：上级机关领导，校长全面负责，支部保证监督，教工民主管理。在这种体制中，由于校长是由上级任命，中小学实行的不是支部领导下的校长负责制，支部位于校长之下，所以支部的监督基本流于空谈，教工的民主管理也只是流于形式。

（四）管理风格

我国教育管理的风格可以概括为人治化和人情化。这并不是说，我国完全没有法治。只不过，在人治与法治之间，人治是压倒法治的。我国管理中的人治倾向源于我国的“求善”的德性文化，治道要津不在“法治”，而在人治，而人治又特别强调道德教化的作用。在我国的社会发展过程中，道德的威力始终被看做比法律更重要。正如孔子所云，“道之以政，齐之以刑，民免而无耻；道之以德，齐之以礼，有耻且格”。[①] 正是这种德治主义的传统，中国历史上的统治者一般不单以法律主义治理国事。在我国，法学起源于春秋战国时期。当时，各学派相继兴起，百家争鸣，“法”是各家尤其是儒法两家争论的问题之一。儒家的法律思想是：强调主要依靠道德、礼仪教化手段由圣君、贤臣来治理国家，法律只能作

① 《论语·为政》.

为辅助手段，主张“德治”，“礼治”或“人治”，轻视法治，实行“德主刑辅”。[①] 秦孝公六年（前356），商鞅下变法令，改法为律，以后我国封建社会各代刑法典，一般都称为“律”。

中国古代社会封建王朝形成了以律为主，并以令、格、式为辅[②]。公元221年，秦始皇统一中国，不久他采用李斯的建议，下令禁止儒生以古非今，以私学代替法律，而只准“以法为教”、“以吏为师”。这在形式上看来仿佛非常重视法学，事实上是推行政治上、思想上的专制主义，其结果之一是导致法学在中国的衰落。后来的汉武帝“罢黜百家，独尊儒术”，儒家学说在法律中的地位，自董仲舒开始，曾发展到“经学绝狱”的地步。从此，在思想领域中，儒家学说被奉为正统，儒家的法律思想垄断了长达两千年的法学领域。唐朝的《唐律疏议》一书，对《唐律》作了权威性的解释，与唐律具有同等的效力，它以儒家的“德主刑辅”作为主导的思想。元明清时法学已日趋衰落。1740年编成的《大清律例》是中国封建社会最后一部法律。尽管我国各代封建王朝均颁布了一定数量的法律条文，但是这些法律是在公认的礼俗基础上建立的，也就是说等级秩序是第一位的，法律是第二位的，这就是我国历代君王采用的“外儒内法”的治国方略，它宠爱君权，蔑视民权。秦始皇用李斯的法治导致国家灭亡的历史教训为后代的统治者所牢记，他们都以十分注意力强化伦理训条对于子民精神的熏陶和行为的规范，并以此作为治国的根本。对于每一个社会成员来说，首先考虑的是怎样处理好人际关系，服从伦理规范，然后才是遵守法律。

人治的本质就是处理问题过于弹性化。人治是在人际关系处理中不是严格按法律、法规和既定的原则办事，在这些规章制度面前作弹性化处理，结果是在我国的监督机制不健全的背景下，弹性幅度就相对较大，甚至既定的规章制度成了一纸空文。与人治相伴随的是人情化，人情化就是

① 沈宗灵．法理学［M］．北京：北京大学出版社，2003：9．

② “令”是强制人们实行的某种制度、规定的公告，是有关国家基本制度的法律。“格”是行政法规之一。“式”是一种关于公文程式与活动细则的行政法规。

处理事件注意人际关系的和谐和面子问题。一方面，在管理中，地位的高低受等级秩序的保护，人们默认这个等级秩序的存在，逆来顺受；另一方面，又注意考虑人际关系的和谐，希冀人际关系的“优化”来维系等级秩序。“人治”在教育管理中仍然到处可见，不过其内涵已发生了变化，它是个人指在尚未触犯刑法（或者所犯的罪比较轻）时，但违犯教育法规或校纪校规时，处理问题的弹性和空间就非常大。可以大事化小，小事化了。人际关系的好坏起决定作用，是开展工作的前提。人际关系不仅是搞好工作的重要条件，也是提拔干部的必要条件。究其原因，表面看是一党制缺乏有效的党外监督，更深层次的原因则是文化传统的影响。

教育行政管理中人治现象到处可见。我国教育行政管理机构的管理从属于各级人民政府，我国的教育部归属国务院管理，各级教育行政机构在当地人民政府和上级教育行政机构的领导下，负责本地教育工作。教育行政部门立法、执法以及处理问题人治现象依然存在，如政策制定政策具有强烈的价值偏向性，高考问题就是一例，对待北京地区的考生与外地考生，实行的差异分数录取。

中小学管理中人治现象也大量存在。我国目前的中小学的校长负责制是在改革党支部领导下的校长负责制的基础上形成的，校长负责制完成了校内党政之间的权力转移，这是一种进步，这一制度从1986年开始执行，效果较为显著，克服了党支部领导下的校长负责制及党支部领导下的校长分工负责制条件下的有权力的没有责任、有责任的没有权力、办学效率低下等弊端。与此同时，也必须看到校长负责制实施中存在新的问题，主要在于：把校长等同于学校，把校长的权力等同于学校的权力，具有人治的倾向，不利于民主管理和依法治校；校长有责任，但权力不够，校长受到了太多的外控束缚。有不少校长反映，校长负责制实际上是“背锅制”，即政府在改革的时候，主要强调把责任下放给学校，但并没有相应地把权力下放给学校，校长没有人事权、办学权、财产权和课程权；同时，真正把权力下放给学校，校长又成为独裁者，在校内一言九鼎，几乎无任何约束。人治就成了中小学管理中的惯用做法。

人治和人情取向不仅发生在中小学，高等学校也不例外，渗透到每一个角落。从学校的招生、专业和课程设置、人事管理、课题申报、人事聘任和任免等方面都存在人情化和人治化现象。很多高校普遍存在“想进的人进不来（没有编制或不能解决后顾之忧），不胜任现有岗位的人又不能被辞退”的局面。课题申报方面，为了拿到课题，不少人展开各种攻关活动。即使在职称评定、硕士生和博士生导师评定方面，一部分没有足够的实力、成果仅勉强符合评定标准或者离既定标准稍有差距老师暗地向有关评审专家打招呼。

（五）研究主题与研究风格

前面尚未提到中国文化传统中的一个重要特征——“天人合一”，因为，讨论天人合一问题的书籍和论文太多。天人合一的精髓就是天人和谐，中西文化的基本差异之一就是人与自然的关系问题，中国文化比较重视人与自然的和谐统一，而西方文化则强调人要征服自然、改造自然。中国古代各个学派都从不同方面探讨人和自然的关系，从现有的文献来看，多数还是从伦理意义上来讨论这个问题。在中国文化史上“天人合一”论经历了三个阶段：上古与神话相融合的天学、《周易》的过渡和儒学。[①]值得指出的是上古天学指观天象，以测人事吉凶的学问。后来的儒学是对《周易》的形而上超越，它建构起了道德形而上学，“道”是天命，又是“人道”，也就是“天人合一”的道。大多数人认为“天人合一”基本上是一个最高的道德准则，人伦效法自然，“人法地，地法天，天法道，道法自然”[②]。如汉朝的董仲舒构建了一个“天人感应”的思想体系，天不再是一种单纯的客观存在，而是一种通过灾异表现自己好恶和意志的东西，自然灾害是社会灾害的象征。不仅一般的社会现象和“天”相对应，而且人类社会也是按照天的意志来安排的，是依则于天的；人的道德观

① 周昌忠．中国传统文化的现代性转型［M］．北京：三联书社，2002：11.

② 老子．第二十五章．

念、思想感情也都是由天所定，是按照天象确定的。他的天人合一重视的是国家和个体在外在的活动和行为中与自然及社会相适应、合拍、协调和同一。从董仲舒开始，达成天人合一的途径已开始从外在的伦理行为规范转到内在的个人德性修养；同时，自然又被人伦化，天人之间也攀上血亲关系，君王即天子，从而天人合一，主客混融。其基本思想是把人们作为整体宇宙中心来考虑，强调人是自然系统中不可缺少的有机部分，主要原则与自然规律相一致，追求人生的理想就是天人的协调和有机统一。[①]

天人合一反映到学术领域，中国文化表现出在道德论与本体论、认识论、知识论的互摄互涵。中国的“天人合一”固然有追求自然和谐统一的积极内涵，“合一”不把自然界对象化作为认识的对象，而是人合乎作为人道的心性，从而抑制了对于外部自然世界的求知欲望，无从培育对于自然界的知识态度和兴趣。受这种主客统一的思维方式的影响，中国古代乃至近代的学术研究强调德行觉悟，而轻视研究客观外在的事物，忽视研究自然规律。相反，古希腊的形而上学的存有论的出发点就是主体和客体相分这个基点，西方传统哲学从一开始就给主体和客体相分这个关系注入“认识”的内涵，“人”已交给宗教，但“人”作为主体，只存于“思维”，而客体只是思维的对象。希腊、罗马的宗法血缘解体比较早，他们的社会秩序更多地依仗契约、法律来维系，人们关注的中心不再是人际的伦常关系，而是以更大的兴趣去探索大自然和人类思维的奥秘。主体与客体两分、心灵与物质的对立的观念应运而生，自然科学发展相应较快。

我国古代乃至近代的“研究”并不是如同西方的科学思维那样，要追求事物背后的运行规律，不具有西方的科学精神，当然不是为了探究西方意义的真知识，而是为了回归个人德行与社会人伦道德秩序的体悟与重建。教育研究也同样知行合一，强调的是体悟、思辨，如同做道德文章一样。所以古代和近代的教育（管理）研究主要是思辨。学者们体悟某一个问题时，总是先考证圣贤之言，然后再根据自己的实践，“切己体验”，

---

① 陈江凤. 中国文化概论［M］. 南京：南京大学出版社，2002：81.

提出自己的看法，而且学者讨论和体悟的问题大多不会超出四书五经的范畴。[①] 这就是我国古代教育研究的典型方式，直至现在，老一辈的学者的研究方式在很大程度上有与之相似之处，不同的是研究的主题现代化了。

在“五四”运动科学精神的带动下，中国教育实证科学研究从译介外国教育著作、通过实验和其他形式的研究与消化，曾走过一段独特的实证研究的路程。20 世纪 20 年代到 40 年代，我国的教育实证研究曾走过了一段蓬勃发展的时期，据统计，单社会教育运动所开展的实验研究，到 1934 年，“全国已有 600 多个团队从事农村工作，有 1000 多处试验”。[②] 这些实证性教育实验研究，分学校教育实验研究和社会整体改革教育实验研究两种。相应的，教育实证科学研究也从译介，走向运用科学的观察和实验追求客观的因果关系，但是教育研究的科学化路程没有走多远，受制于传统文化因素的制约和中国社会革命现实的双重压力，教育研究的科学规范和科学精神很快就凋谢了。

我国教育管理研究的主题多为宏观大问题。受传统天人合一思想的影响，当今我国的教育管理研究存在几种现象：把党和政府的教育方针作为教育管理理论，对相关政策进行诠释；把个人的思考和感想当做研究，常常有冠以“关于……的思考”之类的文章发表；没有充分的实证性数据和材料，主观臆断地某种现象，然后加以评论的多[③]，等等。在研究主题方面主要表现宏观大问题，如教育体制，现代学校教育制度、校长负责制、教育公平与效率、政府政策制定与执行、大学办学自主权，等等。在研究方法上，仍然是思辨为主，实证研究和质的研究为辅。这既与我国的教育研究传统有关，同时也与我国学术共同体有关。尽管我国有大批留学归国人员，他们带来了西方国家的实证研究和质性研究方法，但我国主流

---

① 申仁洪．论教育科学：基于文化哲学的批判与建构［M］．重庆：重庆大学出版社，2006：154.

② 晏阳初．晏阳初文集［M］．北京：教育科学出版社，1989：77.

③ 如当下不少文章指出中小学校长负责制的弊端时，毫无根据地说很多校长滥用权力，腐败滋生，但怎样滥用权力，滥到什么程度，却无任何根据。

研究队伍，或者说学术共同体多是由师范大学教育学院或教育系培养出来的（少数例外），所开设的课程，对学位论文在研究方法上的要求等，是以主流的人文传统为载体的，利用的是我国传统的人文学科的一套研究方法（当然也混杂了西方的一些研究范式）。我国大陆的学术期刊、课题申报选题等也是按照主流的学术共同体的模式来指引的，教育（管理）研究图景中，缺少的就是科学精神和科学方法。在这样的一个学术共同体占支配地位的前提下，实证研究和质性研究完全处于边缘地带，海归派为了适应中国本土化的学术环境，只有接受改造，否则论文难以发表，课题申报会落空。如有学者对 1981—1997 年间发表在教育类杂志的 2 389 篇论文进行了分析，结果发现，其中有采用实证方式做研究的论文仅有 203 篇，占文章总数的 8%①。

2001 年，周作宇在“没有科学哪来主义——为教育研究中的‘科学主义’辩护”一文中指出，在我国的教育研究领域（注：我认为教育管理领域一样），科学的训练和科学的范式还没有建立，还谈不上科学主义。的确，我国的教育管理研究大量充斥的体悟、文献概括和归纳、哲学式演绎等思辨式研究，严重缺乏科学的成分，这需要我们这一代人去努力，改变思维方式，冲破传统，争取让教育管理研究中多一些科学的因素，让教育政策的制定有坚实基础，做到决策科学化、合理化、民主化。

① 汤林春. 我国十七年来普通教育管理研究之分析［J］. 上海教育科研，1999（4）.

第四章

学校组织文化

科学管理理论运动以后，霍桑实验发现工人的心理和社会性层面对提高生产率起重要作用，从而开创了人群关系运动。此后，研究者们关心的重点不再局限于工作场所的“硬性”物质环境，而是转而注重“软性”的心理环境。组织气氛研究的出现，正是应此种转变而产生。在组织气氛的概念操作中，从最初的注重对组织环境的共享知觉，发展到对更深层次的对共享规范、信念、价值及意义的关注，“文化”的意义已经凸显出来，“组织文化”成为研究的焦点是组织气氛研究发展的必然结果，加之20世纪70年代末到80年代初经济环境的影响和畅销著作的出现，组织文化研究遂成热潮。

此部分主要考察教育组织文化的形成、特征与发展趋势，并揭示教育组织文化的内在本质、组织文化与社会文化之间的关系。

第一节　组织文化的概念

在西方，文化学研究的历史比较悠久，而组织文化的研究则是近几十年的事。20世纪80年代，日益激烈的企业竞争迅速扩散至全球，日本独特的企业管理模式对其经济发展的神奇效应，使得管理学界和企业界开始反思传统管理模式的合理性和有效性。佩迪格鲁（Pettigrew，1979）在“关于组织文化研究”一文中首次提出“组织文化”的概念，它犹如一根导火索，引燃了组织心理学有史以来影响最广泛的一场“运动”。随着四本组织文化研究著作的问世，才最终成为一种商业现象，这四本书是：日裔美国学者大内（Ouchi）的《Z理论》（1981）；帕斯尔和奥得斯（Pascale & Athos，1981）的《日本经营管理艺术》；迪尔和肯尼迪（Deal & Kennedy，1982）的《公司文化》；彼得斯和沃特曼（Peters & Waterman，1982）的《追求卓越》，这四本著作奏响了这场“运动”的最强音，被称为组织文化的“新潮四重奏”[①]。其中，有两本书的作者 Ouchi（1981）、Pascale 和 Athos（1982）认为，日本企业在商业上获得了巨大的成功，这在很大程度上应归功于日本企业的组织文化。四本书的作者都同意这样一种观点：组织文化对企业绩效产生关键的影响，企业可以通过管理自己的文化来赢得竞争优势。

从研究内容上看，国外关于学校组织文化的研究，一开始主要围绕“组织气氛”进行，其中主要包括三个方面的内容：一是客观描述组织气氛；二是了解组织气氛与组织效能的关系；三是预测并控制组织气氛。把组织气氛作为组织文化的研究内容，其局限性显而易见：侧重于对学校组织心理环境的测量及研究，基本上是一种静态的描述，强调已形成的组织文化特征，忽略了对其形成动因、发展变化、对组织发展的影响等变量的分析。[②] 这一研究方法在20世纪80年代以后受到置疑与批评。有学者指出，组织气氛的调查问卷并不可靠，研究结果不一致，甚至自相矛盾。因而，随着研究的深入，研究范围逐步扩大，从组织气氛延伸至组织文化。也有部分学者从文化的角度对学校中的教师文化、领导文化、学生文化等

---

① 庄培章．现代企业文化新论［M］．厦门：厦门大学出版社，1997：8－10．

② 季诚钧，肖美良．中外学校组织文化研究之比较［J］．教育研究，2006（3）：83－87．

亚文化进行研究。

上面简述了国外组织文化研究的历史与现状，那么，什么是组织文化呢？要回答这个问题还得从“组织”一词谈起。

“组织”这个词在生活中有多种用法，也是现代科学各个领域广泛使用的概念。尤其是在系统科学中，组织是少数最基本的概念之一。在日常生活中，“组织”通常既当做名词（organization），也当做动词（organize）使用。我国编撰的《辞海》归纳了“组织”的几种含义：“按照一定的目的、任务和形式加以编制，如组织起来；也指编制起来，如工会组织；指组成的形式和部分之间的关系；纺织；指造句构辞，作诗文；多细胞动植物体内，由许多相似的细胞和细胞间质组成的基本结构，各有一定的形态结构和生理机能；织物的结构形式。”① 在这六种含义中，第一、第二种比较多用。《哲学大辞典》将“组织”理解为事物内部诸因素相互联系、相互作用的有序性，该词源于古拉丁文“organizo”，即我使之具有整齐的形态、我组织之意。《哲学大辞典》也归纳了“组织”的几种含义：“按照一定的目的、任务和形式编制的机构，如各种社会组织；事物的整顿过程，由杂乱变有序；指多细胞植物体内由许多相似的细胞和细胞间质组织的基本结构，各有一定的形态结构和生理机能；指造句构辞、作诗文。”② 显而易见，前两种含义比较多用，它与《辞海》中所概括的第一、第二种含义有一定的相似性，但又有所不同。如《辞海》中所提到的第一种含义“按照一定的目的、任务和形式加以编制”，暗含着如果要对事物进行组织，要具备“目的”、“任务”、“形式”三大要素。而《哲学大辞典》中的第二种含义“事物的整顿过程，由杂乱变有序”，是从复杂科学的自组织理论对组织所作的解释。

在英语中，“组织”的含义主要有：“一群有特别目的的群体；部件的编排或计划以形成一个有效的整体。”③ 前者是名词，后者是动词。相

① 辞海（中）[M]. 上海辞海出版社，1979：2653.

② 冯契. 哲学大辞典 [M]. 上海：上海辞书出版社，1992：2088.

③ 当代高级英语辞典 [M]. 北京：商务印书馆，1998：1056.

对于汉语来说，英文中的“organization”是名词性的“组织”；“organize”是动词性的“组织”。

20世纪50年代以来，系统科学的兴起和发展，使组织理论得到了进一步的研究，系统论、控制论、信息论和自组织理论都是以物质世界的组织性为其对象和内容的。在系统科学中，组织的含义不同于日常生活中所作的理解。吴彤在考察组织、自组织、他组织三个概念的多重含义后指出，“‘组织’是一个总概念，凡是朝向结构和有序程度增强的方向演化的过程和结果，就是组织。”[①] 至于组织、他组织与自组织三个概念及其之间的关系。“从逻辑上看，组织是属概念，自组织和他组织是它下面的种概念，这里的组织、自组织与他组织三个概念都是名词，表示某个实体或系统，也可以作为动词，表示某种过程或操作。”[②] 人类社会的组织包括自组织与他组织，组织力来自系统外部的是他组织，来自系统内部的是自组织。三者关系如下[③]：

组织 → 自组织（组织力来自事物内部的组织过程，无外界特定干预下演化）
组织 → 他组织（组织力来自系统外部的组织过程，在外界特定干预下演化）

此外，在管理学中，人们经常把组织与管理两者近似“等同”起来，如组织行为学、学校组织学。

综上所述，“组织”一词的含义具有多元性，体现在：①“组织”在汉语中既可以作动词，亦可以作名词。②作为动词的“组织”有两层含义：一是根据一定目的、任务和形式加以编制；二是由杂乱变为有序。在第一层含义中，目的、任务、形式三者相辅相成、互为一体；在第二层含义中，“组织”意味着实现从无序到有序的整合，是指事物朝向空间上、时间上或功能上的有序结构的演化过程，具有一定的结构和功能；③在系

① 吴彤．自组织方法论纲［J］．系统辩证法学报，2001（2）．
② 苗东升．系统科学精要［M］．北京：中国人民大学出版社，1998：166．
③ 苗东升．系统科学精要［M］．北京：中国人民大学出版社，1998：166；吴彤．自组织方法论纲［J］．系统辩证法学报，2001（2）．

统科学中，组织是指某种现存事物的有序存在方式，即事物内部按照一定的结构和关系构成的存在方式。组织作为一种方式，一定是一种系统。

关于组织文化的定义非常多。斯内因（Edgar H. Schein）认为"组织文化是特定组织在处理适当外部环境和内部整合过程中出现的种种问题时，所发明、发现或发展起来的基本假说的规范。这些规范运行良好，相当有效，因此被用作教导新成员观察、思考和感受有关问题的正确方式"①。罗宾斯（Robbins）认为"组织文化是组织成员共同的价值和信念体系，这一体系在很大程度上决定了组织成员的行为方式，代表了组织成员所持有的共同观念"②。佩蒂格鲁把组织文化描述为"由信仰、意识形态、语言、礼仪和神话组成的混合物"③。我国学者叶龙在总结国外学者的定义后，将组织文化定义为"组织在长期的实践活动中所形成的并且为组织成员普遍认可和遵循的具有本组织特色的价值观念、团体意识、行为规范和思维模式的总和"④。还有人认为"文化就是人们做事的方式"，"文化是人们对于标示、符号、表象和行为等共同认同的方式"，等等。因此，组织文化至今还没有大家都认可的界定，但笔者认为组织文化的核心内容至少包括组织成员共有的价值观、信仰、行为方式。台湾学者张庆勋综合相关文献，从众多学者对组织文化的界定予以分析，认为早期学者对组织文化的界定反映在人类学的观点上，其后也强调组织成员的生活方式。⑤

我国学者季诚均和肖美良对中外学校组织文化研究进行比较分析后指出，"组织文化"一词往往有两种指称可在两个层面上加以使用，其一，

---

① Edgar H. Schein. Defining Organizational Culture ［M］ //组织理论经典. 北京：中国人民大学出版社，2004：373－374；Schein，E. H. Coming to a New Awareness of Organizational Culture ［J］. Sloan Management Review. 1984：3－16.

② 罗宾斯，库尔特. 管理学 ［M］. 北京：清华大学出版社，2003：63.

③ Pettigrew，A. M. On Studying Organizational Cultures ［J］. Administrative Science Quarterly. 1979 （24）：570－581.

④ 叶龙，史振磊. 组织行为学教程 ［M］. 北京：清华大学出版社，2006：351.

⑤ 张庆勋. 学校组织文化研究方法之评析 ［J］. 台湾：屏东师院学报，2004 （18）：1－40.

特指存在于某一组织内的文化，由组织成员共享的价值、信念、行为规范和假定等因素构成；其二，是作为管理学中的一个研究领域，是组织管理理论中的一个流派。本研究在第一个层面使用组织文化。由于组织成员习惯性的行为方式是组织文化的一个重要组成部分，如研究性大学将科研地位置于教学之上，教师们花在科学研究的时间比教学要多，习惯上以科学研究水平的高低来衡量一个教师的学术地位，但他们的定义没有将行为方式概括其中。

我们认为，组织文化是组织成员所共享的价值观念、信仰系统，长期形成的思维定势和约定俗成的行为方式。该定义强调观念层面和行为方式，两者缺一不可。组织文化的核心是共享的价值观念和信仰系统，而表现在外的则是习惯性的行为方式。

在这里，有一个问题需要厘清，学校文化与学校组织文化是否是同一个概念。我国学者郑金洲认为，学校文化是组织文化的一种①，因为学校是一个社会组织。台湾学者吴秀娟认为，学校是一种特定的组织和文化的缩影，学校组织文化也就是学校文化。② 本研究认为，两者互相涵盖，互相包含，学校组织文化侧重于学校管理方面，主要包括组织成员共有的价值观、信仰、行为方式。学校文化涵盖学校的所有方面，如物质、制度和精神层面，包括学校物质文化、教师文化、学生文化、学校行政文化、学校社区文化、学校精神文化和课程文化等。

关于文化的层次，郎恩伯格（Lunberg）将组织文化分成：人工制品、观点、价值与假定③；霍伊（Hoy）和米斯科尔（Miskel）则将组织文化由抽象到具体分成隐性的假定（tacit assumptions）、价值（values）及规

① 郑金洲. 教育文化学［M］. 北京：人民教育出版社，2000：241.

② 吴秀娟. 试析组织文化与特色学校建设［J］. 台北师院图书馆馆讯，民国85（4）：103－109.

③ Lunberg, Craig C. On the Feasibility of Cultural Intervention in Organizations［M］// in Peter J. Frost, Larry F. Moore, Meryl Reis Louis, Craig C. Lunberg, Joanne Martin. Organizational Culture. Beverly Hills: SAGE Publications, Inc., 1985: 171－172.

范（norms）三个层次[1]。而本书则以舍恩（Schein）的文化层次概念作一主要说明。斯恩的文化层次概念常被应用在学校组织文化的研究，他认为文化可以分成三个层次。

1. 人为饰物（artifacts）

人为饰物在文化的层次上具有显而易见的、难以解读的特性。它是人们所建构的有形文化，包括物理环境与社会环境，诸如建筑物、文字、语言、标语、商标、制服等等。当人们目睹组织的人为饰物时，他可以描述所见与知觉其存在，却无法深层理解其意义，更遑论评断其深层的假定。

2. 外显价值观（values）

价值观是团体成员在其所处之情境而面临问题时，所采取的处事之基本原则与观点。它具有“应然面”的规范性质，亦即成员个人秉持着“应该是怎样”的基本看法，而不是“实然面”的“就是怎样”之事实描述。价值观也隐藏于各种人为饰物中，它可以被检验、被知觉，但终究只局限于文化的反映范畴，尚且无法全然得知文化的本质。

3. 基本假定（basic assumptions）

文化的本质可从文化的基本假定中予以获得，文化的基本假定被认为理所当然的、看不见的、潜意识的，它是价值与行动的来源。它是文化本质的同义词，是成员个人与组织交互作用后，所产生的信念，具有恒常性与不易改变的特性。有时基本假定宛如上帝之手，操控着组织成员的一言一行，却无法容许人们与之抗衡。人们常对其与环境的关系，本体、时空、人性、人类活动及人群关系的本质赋予假定，而形成文化本质的某些形态。

① Hoy，W. K. & Miskel，C. G.. Educational Administration：Theory，Research，and Practice［M］. New York：McGraw-Hill Companies，Inc.，1987：250.

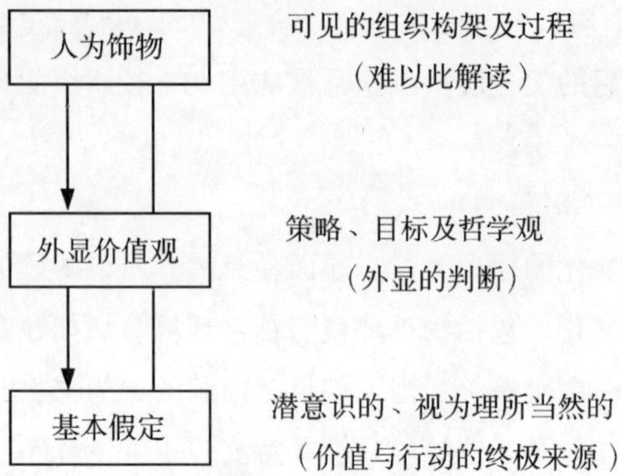

舍恩的组织文化层次

资料来源： Schein，Edgar H.. How Culture Forms，Develops and Changes. In Gaining Control of the Organizational Culture，Ralph Kilman et al. eds. San Francisco：Jossey Bass，1992：19－20.

把舍恩对文化层次的分类而应用在组织文化的研究上，就像秦梦群所言，“对研究组织文化的学者而言，最感兴趣的乃在于组织如何将基本假定、价值观、环境等变量加以组合，以形成成员间运作的基本文法或传统，并将之一代代的传递下去”①。由此，当我们进入教育现场观察其组织文化时，仅凭对人为饰物的表象研究，就草莽地作出评断，如此一来，极容易陷入以偏概全、与事实不符的研究危机。

第二节　学校组织文化的产生

学校是一个自组织与他组织的统一体。学校组织文化是自身发展与外界相互作用，自身创生的产物。因为学校，尤其是公立中小学，不完全是自组织，它们在很大程度上受政府行政部门教育政策法规、行政指令，接受社会监督和市场的调节。在中国和日本中小学校长的选任由政府参与决

① 秦梦群. 教育行政：理论部分［M］. 台北：五南图书出版公司，1998：311.

定，相对来说，在一定程度上强化了它们的他组织性，干预了它们的自组织性。同时，学校作为一个有机体，是文化与环境的产物，有着自身的机构和规程，按自己的制度运作，这就是学校的自组织性。英美等国的中小学的自组织性要强些，中国和日本的中小学的他组织性要强些。西方大学（日本除外）的自组织性稍微高些，它们有着大学自治和学术自由的传统，两者互为表里，成了自组织发展的两个有力保证；我国公立大学的自组织性要弱些，大学的办学自主权一直没有得到落实，受政府行政指令的干预，他组织性要强些。

那么，学校文化是如何产生的呢？为此，我们应该用关系论的思维方式来看待这个问题。关系论的思维方式强调存在的不可分离性与互依性，这意味着：第一，“对象及其本质依赖于同整个外界的相互关系和中介”①。第二，关系思维要研究关系。② 第三，关系思维要立足于“场”、“场所”和“关系”。第四，“破除实体本体论，批判以实体为中心的实体思维方式”③。实体式思维方式强调存在的分离性与独立性，这是我们必须加以摒弃的。

学校组织文化是整个国家文化的一个亚文化，它不是一个独立存在的实体，而是处于关系的“场域”之中。一个个不同的社会组织构成众多的社会文化组织网络，正如布迪厄所认为的，在高度分化的社会，社会世界是由大量具有相对自主性的小世界构成的，这些小世界就是具有自身逻辑和必然性的客观关系的空间，构成了社会不同的“场域”。这些场域就是社会组织的分子，具有各自的组织文化。

组织文化的产生是组织与环境作用的产物，环境包括外部环境和内部环境两个方面。外部环境包括政府、社会环境、市场；内部环境包括学校物质环境、制度和组织成员的价值观。

组织文化的形成源于组织的学习机制。在各种学习机制与学习理论方

① 罗嘉昌. 从物质实体到关系实在［M］. 北京：中国社会科学出版社，1996：295.
② 蔡春，扈中平. 立足于“关系”的教育研究［J］. 教育理论与实践，2003（12）.
③ 罗嘉昌. 从物质实体到关系实在［M］. 北京：中国社会科学出版社，1996：327.

面，皮亚杰的发生认识论较好地解释了儿童认识发生的原理。他强调认识的建构是通过主客体的相互作用完成的。他认为，“认识既不是起因于一个有自我意识的主体，也不是起因于业已形成的，会把自己烙印在主体之上的客体；认识起源于主体与客体之间的相互作用，这种认识发生在主体和客体之间的中途。因而同时既包含着主体又包含着客体……”①。皮亚杰认为，在活动中，原有的刺激—反应格式不应写成单向的 S→R，而应写成 S（A）R，A 是刺激向某个反应格局的同化，而同化才是引起反应的根源。

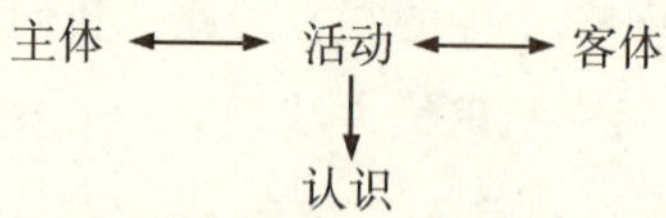

皮亚杰的认识发生论原理

由此，我们知道，他的认识发生论是三项图式。从他的学习理论出发，我们认为，组织文化的形成是一个学习过程，学校通过办学活动与外部环境不断作用，自身不断氤氲化生，形成了相应的组织文化。

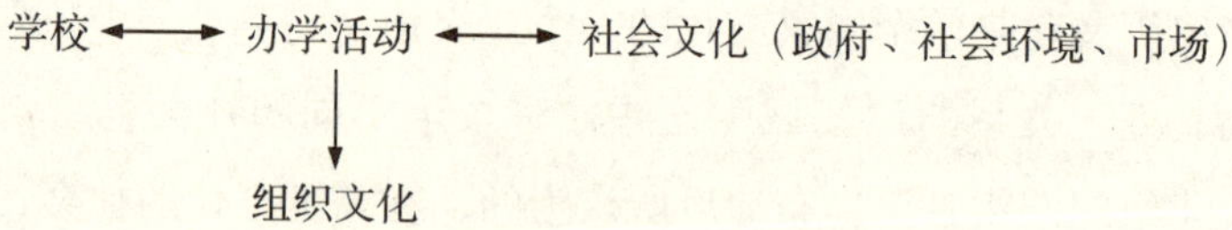

组织文化形成过程

秦梦群指出：“基本上，组织行为系产生于个人变项与环境变项的交互作用。当成员加入组织时，一方面必须适应所处环境，一方面却仍保有其特有的人格特质。在运作上，组织必须聆听个人的需求，以尽量创造一个符合成员人格特质的环境；在另一方面，个人却必须经由‘社会化’的过程，使自己的行为符合组织的常模，也就是组织文化（organizational culture）。”②

① 皮亚杰. 发生认识论原理［M］. 北京：商务印书馆，1997：21.

② 秦梦群. 教育行政：理论部分［M］. 台北：五南图书出版公司，1998：309.

因此，学校组织文化主要从以下几个方面产生。

（一）学校作为一个场域与整个社会文化不断互动，在互动过程中，相互碰撞，相互建构和整合，从而影响组织文化的建立、发展和创新

1. 学校组织文化接受教育行政的规制

各个国家具有不同的文化背景，他们对不同类型的管理也采取不同的措施，各个国家对义务教育的控制的直接、严格和规范程度要胜过高等教育，西方各国对大学的控制和干预主要体现在宏观层面，采用的手段和途径很多，其中以立法、拨款、计划指导为常见，也通过评估、预测、咨询等手段调控大学的运行。

学校组织在接受政府的规制时，自然而然就形成了与之相适应的组织文化，这是学校不同于企业的一大特征，因为企业是营利性组织，私营企业不接受国家的拨款，遵守国家的法律法规就行了；但学校是非营利性组织，义务教育阶段的公立学校全额接受国家的拨款，高等教育阶段的公立学校也部分接受国家的拨款。这就要求学校组织文化必须适应这种接受国家拨款、监控等行政调控的规制。在这个过程中，就会潜移默化地形成一些针对政府行为和（或）具有半官方性质的中介组织（如中国各级教育行政部门下属的教研室）的显规则和潜规则，显规则是公开的、人人都必须面对的，如学校规章制度的制定与国家法教育法规的协调，教职员工遵守国家的法律法规，按时完成教育教学和科研任务，讲究师德等等。但还有一些潜规则，这是不成文的，在与行政部门打交道时，趋利避害和维护个人生存权益时，不得不面对和服从的规则。组织内的个人须根据自己的悟性来掌握，这些潜规则可能有些知心朋友会教给你，但更多要靠自己的聪明才智去感受。组织文化是组织中的成员在维护组织稳定，促进组织发展过程中潜移默化的逐渐形成的共同的、含蓄的显规则和潜规则。这些显规则和潜规则构成了集团的行为模式和解决问题的一种方式。

吴思先生对我国历史上官场的潜规则做过潜心研究，得出如下体会。“在仔细揣摩了一些历史人物和事件之后，我发现支配这个集团行为的东

西，经常与他们宣称遵守的那些原则相去甚远。例如仁义道德，忠君爱民，清正廉明等等。真正支配这个集团行为的东西，在更大的程度上是非常现实的厉害的计算。这种厉害计算的结果和趋利避害的抉择，这种结果和抉择的反复出现和长期稳定性，分明构成了一套潜在的规矩，形成了许多本集团内部和各集团之间在打交道的时候长期遵循的潜规则，这是一些未必成文却很有约束力的规矩。”“官场内部有许多层面和方面的潜规则”,[①] 如淘汰清官、公平是有等级的、论资排辈、新官堕落、皇上也是冤大头（很难获取到下层真实信息，受到亲信的蒙骗）等。

显规则和潜规则是组织文化两个重要组成部分，潜规则往往与这个社会倡导的主流文化不同步，有时是与之相吻合的，有时则与之背离。如推行素质教育，减轻学生负担是我们倡导的主流文化，但教师们为了取得好的教学效果，私下争夺课时，给学生布置过多的作业，这就明显背离了国家倡导的主流文化；性骚扰在学校中是经常发生的事件，在加强法制化建设的中国，在男性骚扰女性时，多数女性还是忍让，不愿意将这些事情诉之法庭或者披露出去，这就是性角色文化中的潜规则，因为披露出去，带来的损失远远大于“沉默”；我国各类学校校长的任命由上级主管部门决定，所以，打通关系，甚至“跑官”成了一种潜规则。

2. 学校组织文化在与社会环境的互动中获取必要的养料

关于社会的解释有社会唯实派和社会唯名派两种，前者认为社会是一个客观存在的东西，是真实存在的实体。后者认为社会是代表具有同样特征的许多人的名称，是空名，而非实体，真实存在的只是个人。随着研究的深入，人们倾向于认为，社会的本质既不是在整体、也不是在个人之中，而只能在人与人的关系、个人与整体的关系之中，[②] 社会是全部社会关系的总和。从此观点出发，社会环境的外部条件包括诸多方面，如生态环境、经济、技术、政治、人口和社会文化模式，等等，这些因素对学校

① 吴思．潜规则：中国历史中的真实游戏［M］．昆明：云南人民出版社，2002：6.

② 郑杭生．社会学概论新修［M］．北京：中国人民大学出版社，2003：53.

组织文化的建立无疑都会产生一定的影响，组织文化的建立和运行或多或少会吸纳这些东西。

不同的学校组织处于不同国家的不同地域，不同国家又有其特殊的民族文化。学校在建立组织文化时，不可能不受社会文化模式的影响。学校组织文化在建立时，首先，它必须考虑民族文化传统和时代文化的背景，我国中小学广泛提倡的“尊师重教”、“言传身教”就是民族文化传统在组织文化中的体现；西方发达国家的社会力量有参与教育管理和决策、监督甚至评估的传统。如高等教育越卷入社会事务中，就越有必要用政治的观点来看待它，就像战争的意义太重大不能完全交给将军决定一样，高等教育的管理，不能完全留给教授们决定。社会力量通过有关组织在内的社会各界，如董事会、各种咨询委员会、学校评议会等以及社会名流、雇主、家长、工艺及政府官员来参与教育的各种活动。有人称“社会参与”为无形的手。“社会参与”管理就自然而然成了组织文化的一部分。社会的参与特别是类似中介机构的社会组织，如英国的高等教育基金会，德意志联邦共和国的大学校长会议、法国公立高等教育机构评估委员会、美国高等教育鉴定委员会等组织可以避免大学与政府的直接冲突，起到缓冲作用，而且能在合理的限度内，保护大学的自治权和学术自由。

其次，学校组织文化与本地文化融合，符合当地的习俗和风土人情。如我国是一个重人情的社会，尽管没有学生家长参与学校管理和决策的传统，但在中小学学生家长拜访校领导、班主任和老师的风气甚浓，逢年过节，家长想尽办法“看”班主任和老师，以求得班主任和老师对其子女的关照。这种学生家长与班主任和教师的私下接触的习惯成了学校组织文化的一部分。班主任和教师会对那些“看”过他们或有过“接触”的家长的子女更加留意，有的会予以特别关照。再次，组织文化的建立会融合不同地域的教职员原有的地域文化。

3. 组织文化的建立须接受市场的洗礼

学校组织文化的建立不可能脱离“市场”。在各类教育中，义务教育阶段与市场的关系相对于高等教育阶段来说，市场化程度还是弱一些，高等教育的市场化程度强一些。近年来，各国义务教育也开始与市场挂起钩来，“择校”运动在各国的兴起，打破“就近入学”的格局就是明显的例证。教育不可能脱离市场，但义务教育也不能完全市场化。西方国家均属市场经济体制，其中美国的大学与市场的关系最为密切。美国高等教育专家克拉克指出，“在世界上几个主要的先进国家的高等教育系统中，美国的系统是最缺乏组织的，几乎完全是一种相互之间自由竞争的市场”①。英、日、德三国的大学政府对其的干预力度大些，它们与市场的紧密程度不如美国。法国的国有经济成分高，② 学校主要由国家创办，市场调节的力量最弱，国家控制的力度最大。

美国高等教育专家克拉克把高等教育市场分为消费者市场、劳动力市场和院校市场三部分③。其中消费者指学生，劳动力指大学教师，院校市场指作为法人的院校的相互作用。

在市场经济条件下，大学身不由己地卷入了市场，大学也只有面向市场才能密切与实际的联系，市场经济要求大学具有企业的一些特征，并成为法人团体实行自治，能以法人的身份参与民事活动、政治活动，进行社会资源的分配。

市场机制的引入对学校组织文化的建立和创新是有一定的影响，这种影响是无形的，加强竞争意识，优胜劣汰成了各国各级各类学校办学的基本原则，如非升即走（publish or perish）成为美国高等学校教师流动的一大重要指标，近年来日本公立高等学校部分学科引入任期制，学校竞争意识大为增加，教职员工的危机感随着学校市场化程度的增强而提高。为取得良好的教学质量，提高科研水平，教师群体会将公平、健康的竞争机制融入组织文化之中。

① 顾建民. 西方国家政府与大学关系的基本走向［J］. 上海高教研究，1998（2）；张秋萍. 国外大学改革简介［J］. 上海高教研究，1997（3）.

② 陈列. 市场经济与高等教育［M］. 北京：人民教育出版社，1996：16.

③ Clark，B. R. The Higher Education System：Academic Organization in Cross-National Perspective［M］. California：University of California Press，1983：161－166.

（二）学校组织的内生机制

学校组织文化如何从学校内部产生，这是一个非常复杂的问题。不少学者对此做过研究，如埃德加·夏因认为，“一个团体一直运用一系列方法去解决内部问题和外部问题，并因此把这一系列方法作为认识、思考、感受这些问题的正确方法传授给组织的新成员；这一系列方法逐渐成为种种有关现实的本质、真理、时间、空间、人的本性、人的活动和人际关系的假设；长此以往，这些假设就成了理所当然的东西，并最终成为下意识的东西”。[①] 罗伯特·G. 欧文斯认为，学校组织文化随着时间的推移而产生，它由交错重叠的象征要素形成和限定，这些象征要素包括行为规范、价值观和信仰、传统和仪式、历史、故事和神话、男英雄和女英雄等。[②]

组织文化在草创时期深受组织创始者的影响。舍恩指出组织文化源之于[③]：（1）组织创始者的价值观、信念和假设；（2）组织演化时团体成员的学习经验；（3）新成员和新的领导者所带来的价值观、信念和假设。伯顿·克拉克（Burton Clark）则提出新的文化形成包括新组织的创立、现有组织开放地让文化演化和组织在危机环境下对其传统方式的检视三种情况[④]。也就是说组织文化的发展可发生于新组织，也可以发生于现存的组织。

舍恩认为，组织领导者在组织中最重要的一件事是文化的创造与管

① 汉森. 教育管理与组织行为［M］. 冯大鸣译. 上海教育出版社，2005：81；Schein，E. H. How Culture Forms，Develops and Changes［M］// Kilman，R.，et al. Gaining Control of the Organizational Culture. Sanfrancisco：Jossey-Bass，1985：19－20.

② 欧文斯. 教育管理与组织行为［M］. 窦卫霖，温建平，王越，译. 上海：华东师范大学出版社，2001：197－198.

③ Schein，E. H. Organizational culture and leadership（2nd edition）［M］. San Francisco：Jossey-Bass. 1992：211.

④ Deal T. E.，Peterson，K. D. Shaping school culture：the heart of leadership［M］. San Francisco：Jossey-Bass. 1999：101.

理。[1] Management 可以翻成中文的"管理"，也可以翻成"经营"。就研究者的观点，管理与经营最大的差异在于"管理"有上对下的意涵，由上位者决定组织文化的走向与期望。[2] 因此，组织文化的创建与管理是领导者的责任。而"经营"的意涵则指所有组织成员的对组织文化的发展与走向皆扮演某种磨合的角色。大体而言，在一个正面组织文化的组织，领导者仍然扮演领航者的角色，在极度负面学校文化的地方，领导者（尤其是学校这类的教育组织）仍可能为该组织文化的牺牲者。

这些观点较有力揭示了学校组织文化形成的过程，但他们讲得比较笼统。从学校内部文化创生来看，以学校作为一个基点，与外在环境保持开放的前提下，学校组织文化是学校办学传统、校长的办学理念、学校规章制度与组织成员价值观相互作用的结果。

任何学校的组织文化的形成都不是一蹴而就的，都是一个氤氲化生的过程。组织文化的形成是在特定的环境条件下，由某个在职的校长根据自己的教育哲学或教育理论，通过实践，选定适合本校特色的办学理念，在培养目标、课程设置、教育方法、教学科研等方面选定一个或多个作为学校整体教育发展的突破口，推动学校全局的发展，特定的办学理念是全体学生受益而非少数学生受益的，否则形成不了"组织文化"；没有特定的办学理念，就不能形成学校独有的"组织文化"，更不能产生"特色"效应。组织文化的形成一般要经历以下几个阶段。

1. 孕育

在这个阶段，校领导上任后，在所在的学校经过角色调试，逐步适应新的岗位。在充分调查研究的基础上，综合前人教育思想和外校的办学经验，渐渐地形成了自己的办学思想。校长组织教职工齐心协力办学，健全

---

① Schein, E. H.. Organizational culture and leadership (2nd edition) [M]. San Francisco: Jossey-Bass. 1992: 211.

② 林信榕，宋丰雄，徐月梅，赖清国，邓晓婷，邱创杰，黄祈颖，陈晓卉，柳嘉雯，吴宜亲. 资讯时代之学校文化探究——从组织学习与知识管理的观点. 第十届全球华人计算机教育应用会议论文集 [C]. 2006.

规章制度，发展学校文化，积累新的办学经验，初步孕育出办学理论的轮廓。

2. 选择办学理念

选择合适的办学理念是一个战略问题。办学理念立足于本校的具体特点，根据自己的目的、环境要求和组成方式等特点选择适合自身发展的办学理念，把握住办学理念各要素之间的相互协调，因为各要素只有经过科学的组合与匹配才能实现系统整体优化。

3. 倡导与实施

学校的组织文化首先是在学校领导者的倡导下形成的，同时也只有校长倡导的办学理念和办学思想为学校的广大教职工认同、普遍接受，并自觉地作为自己行为选择的依据时，组织文化才能真正意义上形成。

校长通常借助以下途径的一种或几种组织运用：其一，利用有关宣传媒体，借助各种机会，如召开会议，宣传办学理念的内容和精要，创造浓厚的环境氛围。其二，加强相关培训教育。有目的地培训与教育，能够使组织成员系统地接受领导所倡导的价值观和行为准则，并强化教职工的认同感。其三，校领导在日常工作中，实施言传身教，提出某种广大教职工能接受的办学理念，而且身体力行，自觉表现出与自己倡导的价值观和行为准则相应的行为选择，力求对周边的人，进而通过周边的人对其他成员产生潜移默化的影响，这种影响要通过一段时间来完成。其四，借助重大事件的成功处理，促进教职工对重要价值观和行为准则的认同。[①] 学校管理活动中常常会遇到一些突发性的重大事件，学校领导对这些事件的处理方式和效果会影响学校的声誉乃至今后的发展，如果处理不当，会造成较为不利的影响，这些事件的处理过程中，校领导和有关部门领导会自觉或不自觉地依循某些价值观念以及与之相应的行为准则，事件的成功处理或使这些价值观念和行为准则为教职工所认同和模仿，学校组织文化便可能在这种自觉模仿或认同的基础上逐渐形成。

① 周三多. 管理学［M］. 北京：高等教育出版社，2005：210.

4. 碰撞与磨合

任何一种新的办学理念与原有的学校传统都存在一个调适的过程，两者之间需要较长的时间来整合。办学历史悠久的学校，已有较深的文化积淀，学校组织文化已定型化，如果学校传统与新的理念存在较大的差异或冲突，在这个过程中可能会出现较为剧烈，如果新的办学理念与传统存在某种联系，或差别不大，甚至新的理念就是原来传统的延续，震荡和冲突就会小很多，组织成员的调试期就会缩短很多。

5. 逐步完善

建立必要的保障制度，促进办学理念的实施，使业已形成的组织文化走向完善，校长在办学理念的建设过程中有着决定作用。学校组织文化实质上是一个以新的思想观念及行为方式战胜旧的思想观念及行为方式的过程，因此，新的思想观念必须经过广泛宣传，反复灌输才能逐步被员工所接受。例如有经验的校长在新课程改革之际，经过宣传、发动，消除大多数教师的抵制情绪，才能将改革文化成为组织文化的一部分。

6. 定型化

学校主要领导人有较长的任期，办学理念能以一贯之，容易使学校组织文化定型化；定期不定期地加以深化，也易使学校组织文化定型。组织文化的核心价值观需要在长期实践中，通过吸收集体的智慧，不断补充、修正，逐步趋向明确和完善。

7. 新的发展

学校组织文化在新的历史时期（如我国由计划经济向市场经济转轨），或者是新的校领导更迭，重大的社会事件发生等等，都会对学校组织文化建设提出新的要求。例如，我国教育部于1999年初正式启动了基础教育课程改革，提出了“改革现行基础教育课程体系，研制和构建面向新世纪的基础教育课程教材的任务”①。2001年6月教育部颁布了《基

① 钟启泉．为了中华民族的复兴 为了每位学生的发展［M］．上海：华东师范大学出版社，2001：5.

础教育课程改革纲要》（试行），决定从2001年秋季开始，用5年时间，在全国实行新的课程体系。课程改革是一项系统工程。新一轮课程改革给中小学的组织文化建设提出了新的要求，无论中心城市，还是边远农村的中小学必须调试组织文化以应对新课改。

第三节　组织文化的特征与功能

一、组织文化的特征

关于组织文化的特征，国内外有众多的文献对此做过探讨。台湾学者张庆勋归纳综合了相关文献，认为组织文化具有传承性、独特性、共享性、动态性，并在共同分享的动态发展过程中，具有象征性及冲突的现象。他的博士论文以学校组织文化所具有的合作性、专业性、一致性、分享性及统整性作为校长领导影响学校组织效能的中介因素，作了专门的研究。里欧纳德研究加拿大市区小学的学校文化也发现，学校文化具有共享性、冲突性、动态性与复杂性的特性。①

综合以上研究，我们认为，学校组织文化具有以下特征：

1. 共享性

学校组织文化所包含的价值观、信念以及公认的行为方式一旦形成，便弥漫于整个学校，渗透到各个成员的行为举止之中，使人有意识、无意识地按照组织文化的价值观来行动。如英美国家的“大学自治和学术自由”作为一种学术组织文化，为全体教师所遵守，大学的办学便是在这种价值观的指引下进行，而且它无时无刻不在引导、制约着每一个管理人员、教师和学生的行为。我国无论是哪一类型的高校，都蔓延着行政化的组织文化，只是研究型大学、教学科研型大学和高等职业技术学院的行政

① Leonard, P. Understanding the Dimensions of School Culture: Value Orientations and Value Conflicts [J]. Journal of Educational Administration and Foundations, 1999, 13 (2): 27－53.

化程度不同，尤其是在职业技术学院，学术权力政治化、行政化，官本位价值对学术领域的污染，官本位文化在组织文化中得到强化，更多的人去关心权术而不关心学术。

2. 独特性

一所学校的组织文化经过长期的发展和积累，会形成自己独特性，并具有与时俱进的时代性和相对稳定性。它集中体现在人才培养目标、教育内容、教育方法、学校管理等方面，在某些领域形成自己独有的优势，并具有以此确立学校的地位和影响，带动学校整体的可持续发展的特性。特色文化在与社会的互动中形成，其价值取决于其人才培养方式的特点、最终为社会发展做出的被社会广泛承认的实际贡献的大小。特色的灵魂是具有适应国家、社会发展和校情的学校教育思想与办学理念，其表现为一所学校与众不同的校风、学风、师资水平、课程设置、制度规范、教学与研究方式，其目标是以服务社会发展为宗旨，培养出具有个性的人才。

3. 动态性

组织文化具有稳定性的一面，但随着时代的进步，它经常处于动态的发展过程之中。现代学校组织是一个开放的耗散结构系统，无时无刻都处于与外界的能量交换之中，组织文化不断地随着外界环境的变化而做出相应的调试。同时，随着学校领导更迭、教职工的流动，不断有人离职和加盟，新的成员的融放会带来新的文化，从而使组织文化处于动态的发展之中。

4. 复杂性

尽管组织文化为全体成员所共享，但组织文化本身是一个复杂系统，其中的文化主体包括学校行政人员、教师和学生，除了共享的价值观念、规范和信念、共同的行为方式以外，各个亚群体还有自己的小圈子内的亚文化，这些亚文化呈现出多样化表现形态，会使组织文化变化得复杂。

5. 隐喻性

学校组织文化的隐喻性是指学校组织文化中隐含着某种特定的意义。许多学校的建筑物形象都进行特别的设计，比如大门、图书馆，或在广场里摆设某件雕塑；还有学生统一的校服、校徽、纪念章都体现了一定的含义或体现学校的某种传统；各种仪式也隐含或代表一定的价值观导向，升旗是对学生进行爱国主义教育的好形式，举办表扬大会来表扬优秀的教师，少先队员的敬礼，表明对老师的尊敬等等。

二、组织文化的功能

作为一种特殊文化，组织文化具有普通文化所具有的功能，同时，学校组织文化有着自身的特色功能，组织文化可视为一种社会控制系统，它对组织成员的行为及组织效能具有重要的影响力。组织文化的功能就是组织文化表现出来的作用。学校分为不同的层次和类型，学校的办学历史也各有长短，因而组织文化表现出来的功能就大为不同。一般来说，组织文化有其正面的功能和负面功能。就正面功能而言，台湾学者谢文全认为包括以下几个方面：厘清组织界限、促成组织的稳定、促进成员对组织的认同与奉献、控制成员行为及提升组织绩效等。[①] 另一位台湾学者陈慧芬认为，组织文化在组织中扮演着厘清界线的角色，使组织不同于其他组织；增强组织成员的组织认同感、自豪感；组织文化具有凝聚功能，可以提高组织系统的稳定性；此外，组织文化还发挥着澄清疑惑与组织控制工具的作用，并有一套虽然没有明文规定但为每一位员工认同并遵守的游戏规则，起着规范员工行为的作用。[②]

罗宾斯指出组织文化具有下列的功能[③]：①它扮演了界定“组织界限”（organization’s boundary）的角色，亦即会让人觉得这个组织与其他组织不同。例如台湾大学的组织文化（学风自由为其主要特色之一）会让人觉得它与台湾其他大学有相当差异。②良好的组织文化会使成员高度

① 谢文全．教育行政学［M］．台北：高等教育文化事业有限公司，2004：188－189.

② 陈慧芬．组织文化的意义与功能［J］．台中：台中师院学报，1998（12）：1－22.

③ Robbins, S. P. Organizational behavior (9th ed.) ［M］. Englewood Cliffs, NJ: Prentice-Hall, 2001.

认同组织，亦即会使成员以身为组织的一份子为荣。例如中国钢铁公司的优良文化及杰出绩效使得员工以身为“中钢人”为傲。③优良的强势文化会使组织成员将组织的整体利益置于个人利益之上，例如成员会为了帮助公司准时交货给客户而额外加班工作。④文化可以提高组织系统的稳定性，并凝聚成员对组织的向心力，例如许多知名的企业由于具有优秀的组织文化（例如强调顾客为先，照顾员工）而使得企业能够永续经营，基业长青。⑤组织文化可以提供组织成员言行的规范，引导并塑造成员的态度和行为，进而影响企业的经营绩效。例如台塑企业文化强调的“追根究底”、“合理化”、“勤劳朴实”的价值观，充分影响台塑员工的工作态度与绩效表现。

我们认为，组织文化的正功能就是它表现出来的积极作用，而不是阻碍作用，主要有：

1. 规范功能

学校组织文化作为学校为处理内部和外部问题，所衍生的一种共同享有的基本假定和价值，以及由这套假定与价值所衍生出来的行为规范、期望，常常表现为各种显规则和潜规则，这些规则对学校成员的行为有着无形的约束，从而转化为学校成员共同的思维方式和行为准则，这些组织文化为学校的正常运作提供了有力的规范。如遵守教师职业道德，各个学校有不同的要求，作为一种组织文化，它要求教师恪尽职守外，还要求教师在待人接物，与学生交往时把握一定的分寸，不能超越一定的限度。

2. 引导功能

组织文化的学校成员会提出一种无形的期望，让他们心中产生愿景，进而对成员的行为作出引导，如华中师范大学校园中的孔子雕像会潜移默化地引导学生向孔子学习，激励自己将来成为一名好老师。北京大学的校训是爱国、进步、民主、科学，北大精神是勤奋、严谨、求实、创新；清华大学校训是自强不息、厚德载物，这些校训作为一种显在文化，对学生提出了极高的期望，在他们心中形成了愿景，引导学生自强不息，促进他们成为社会精英，直至他们毕业后多年仍然激励他们奋发向上，时刻不忘自己是北大人或清华人。

3. 凝聚功能

组织文化中共同的价值观常常将成员成功地凝聚起来，使个体对组织有强烈的归属感、自豪感，朝着共同的目标而奋斗。例如，我国中小学以考试升学为价值导向，加上校长办学指引、学生家长的升学期望、社会对学校的评价观，这些合力将一个个班级的教师凝聚在一起，为了共同的目标——学生升入高一级学校而奋斗，生怕自己任教的科目拖了后腿。

4. 激励功能

组织文化中的“神话”或故事具有较强的激励作用，俗话说，榜样的力量是无穷的，有经验的校领导会在各种大会上表彰一些“典型人物”或者“英雄人物”，借助这些人物的事迹来引导组织文化的方向，为其他人树立榜样，激励他们朝着所宣传人物的方向迈进。上海同洲模范实验学校的同力广场上，矗立着一座巨型雕塑，是当年潘多女士和她的队友在攀登珠穆朗玛峰之后，胜利欢呼情形的缩写：一只手紧握冰镐，冰镐直插云霄。紧握冰镐的手表示坚定的意志和顽强的毅力；看似破旧但依然锋利的冰镐，是经历无数次艰难险阻的象征；冰镐直插云霄则展示了攀登绝顶、傲视群峰的英雄气概和乐观精神。这一座雕塑所表达的精神，就是模范学校倡导的积极进取精神，他一直激励着师生员工开拓进取，激励学生不断向更高的成绩迈进。学校的各种奖励和惩罚措施也具有一定的激励作用。

当然学校组织文化也有负面作用，台湾学者谢文全认为，负面功能包括：造成内部冲突（如若干次级文化的冲突）、阻碍成员的活力（因强势文化而顺从其价值观而逐渐失去个性）、阻碍创新（因原先文化根深蒂固导致安于现状）和阻碍组织间的合作等。[①] 一般来说，负面功能包括以下几个方面。

第一，学校中的主要领导对某一价值观的误导，会造成负面影响。不是任何领导都能把握时局或顺应时代的发展，相反，有些领导会对某些不

① 谢文全．教育行政学［M］．台北：高等教育文化出版社，2004：188－189.

合理的价值观进行宣传，甚至作为一种榜样加以示范，常常有校领导或居于某一职位的教师对某一不合适的价值观进行宣传，造成一定的负面影响。如在广州，省教育厅执行教育部的有关素质教育文件的精神，一直在倡导素质教育，但在是某省属示范中学，校长仍然把升学当做第一要务，表面上应付上级领导，但在学校内的大会小会上强调，“升学率是生命线，是我们立足的根本，没有升学率，我们怎么向家长交待。我们要向省实验中学看齐。”他的讲话，教师们听了以后，就把素质教育的精神给淡忘了，仍然把抓升学当做首要任务，教导主任每个月组织月考，将学生的成绩排名并通知家长。在每月的家长会上，班主任反复要求家长配合抓好子女的升学。应试教育的文化导向取代了素质教育。

第二，主流组织文化与亚文化之间，或亚文化与亚文化之间的冲突。在很多时候，主流的组织文化与亚文化之间存在不适应，难以整合。另外，由于每所学校由来自不同地域的教师、不同性别、不同年龄层次的教师组成，形成了不同类型的亚组织文化，这些亚组织文化可能与主流的组织文化之间，或者亚文化与亚文化之间存在着冲突，会导致学校管理效能的下降。如我国人文社会学科研究中，思辨的方法根深蒂固，它根源于我国传统的天人合一的思维方式，它严重地阻碍了实证研究方法的运用，教育管理研究也不例外。还有我国各类学校的官本位文化也比较浓厚，导致我国各类学校中教师做官的愿望极为强烈，妨碍了他们在学术上的发展，这种状况在高等学校中贻误了一批放弃学术前途而步入仕途的学者，这就需要对官本位文化进行正确的引导，避免其负面效应。

第三，组织文化发展到一定程度，如果不进行创新，或者不进行整合，会对学校的发展和创新造成一定的阻碍。学校组织文化的发展表现出一定的相对独立性，在一定时期可能超前发展，如我国五四期间，学生的思想激进，学生组织文化明显地超前发展，但在多数时候，却表现出滞后性。由于教师专业上的自主和教学、科研发展的长期性和稳定性，需要学校组织文化相对稳定，这种稳定就会导致学校组织文化发展的迟缓性，因而，学校文化所具有的孤立、保守与惧变等特性。对于基础教育课程改革而言，学校文化具有障碍与拒斥的作用，容易阻碍创新。这就很容易解释为什么各国近现代所推进的课程改革大多数以失败告终①，主要原因是作为课程改革的主体——教师一旦形成比较稳定的课程与教学文化就很难改变，而且会延续很长时间，教师文化历来都是课程改革的动力，但往往是课程改革的最大的阻力。

第四节　学校组织文化与社会文化之间的关系

尽管整个社会文化是学校的母体，但社会文化与学校文化并非决定与决定的关系，作为一种关系性存在，是一种双向建构的关系。这样一种双向建构关系，主要体现在以下几个方面。

1. 社会文化不断地建构着学校组织文化

文化与自然的明显区别就在于文化是人的创造物，自然事物是自然物，创造性是文化的基本属性。文化在创造自身的同时，也不断地创造、建构着学校组织文化。文化是一个开放的体系。首先，它所包含的价值和意义永远处于不断的增量或减量的状态中。各种文化特质不断被创造出来，适用者保留，不适用者淘汰，加上文化传播的加快，一种文化的价值和意义总是处于质与量的变化状态之中。其次，文化世界不是静止的，而是处于不断的运动、变化状态，处于有序与无序、线性与非线性、平衡与

① 如1957—1967年发端于美国，由布鲁纳指导的，波及全球的课程改革，就以失败而告终。在20世纪60年代，美国尝试以模组功课表、迷你功课、协同教学、资源中心等弹性的课程与教学安排为主旨的实验高中（new model flexible high school）等作法，虽然喧腾一时，却是昙花一现，无法持续。近50年来，台湾地区曾经进行过两次合科课程的实验。第一次是1953年，为在台北市的台湾省立成功中学初中部所进行的以社会科为核心的生活中心课程实验，1964年因为实施省办高中县市办初中政策而停止；第二次是1968年，为在高雄市的五福国民中学所进行的以社会科为核心的生活中心课程实验，1979年由于高雄市改制，台湾省教育厅长易人，经费无着落而停止。这两次课程实验皆试图以统整合科的方式，以及生活中心的课程设计，来解决第七年级至第九年级课程中科目太多、各科之间缺乏联系、与生活脱节等问题，的确有相当正面的结果，但却都未能持续，更未收到推广之效。

不平衡的动态生成状态之中。[①] 社会文化建构学校组织文化主要通过无数的"文化场"、"行为场"、文化环境、情景和生活细节，在学校组织的心理模式、行为方式和规范方面积累、凝聚文化世界的价值和意义。尤其是当代信息技术的崛起，导致工业文化向信息文化转换，全球化进程的加快，经济贸易的发展突破了民族界限，使全球经济呈现一体化趋势，各国的交流加强，以计算机和网络为特征的信息社会将整个地球联结在一条网线上。社会变得民主、开放、自由，社会交往建立在平等的基础下。随着信息化的加快，社会文化对组织文化提出了新的要求，不断地将新的文化整合到学校组织文化之中，影响组织文化的发展和更新。

2. 学校组织文化不断地建构着社会文化

学校组织文化不断地创新着文化。学校组织文化的创新不断地推动社会文化的发展，这主要表现在以下几个方面：首先，学校组织文化不断创新与扩展建构着社会文化，尽管学校组织文化植根于社会文化，但学校组织的建立、发展和创新是一个自组织过程，是一个建构的过程；其次，不同类型学校的表现形式呈现多样化有助于社会文化的创造与发展，不同类型学校具有不同特色的组织文化，这些文化会通过毕业生融入到社会文化的海洋之中；有些别具一格的管理文化会丰富和发展社会管理文化。再次，学校是培养人才的地方，学生在学习课程的过程中无疑建构着一定的文化，具有创新精神的人才会不断地创新社会文化。文化化的课程是学生自我建构的过程。20 世纪 80 年代以来，国际课程改革的主流理论是建构主义心理学，它在知识观、学习观等方面都与传统的客观主义形成了对照，建构主义的核心思想是对前人积累的系统知识的理解是在他们已有经验的基础上主动建构起来的。课程文化是一个动态的生成过程。课程与教学必须从学生的经验出发，创建一个利于学生开展学习活动的真实环境，通过创立一定的情境开展小组活动，促进学生原有的经验顺化或同化，达成新的理解。

① 司马云杰. 文化价值论［M］. 济南：山东人民出版社，1996：5－6.

3. 学校组织文化与社会文化呈整合方向发展

信息文化背景下的学校管理呼唤管理创新，管理创新要求组织文化创新，教育的宗旨是使受教育者能走向未来。创新教育消解了学校教育与非学校教育之间的壁垒，教育已终身化、社会化、个性化、移动化、网络化。社会文化不断地创新学校组织文化，学校组织文化也不断地更新社会文化，学校组织文化与社会文化的互动加快并走向整合。两者是一种双向整合的关系，学校组织文化与社会文化不断地进行能量交换。这种整合体现在："学校组织文化→社会文化"，"社会文化→学校组织文化"。开放的社会文化与学校组织总是处于交互作用与川流不息的运动之中，文化世界与学校组织处于水乳交融、互为一体的状态。

第五章

教育管理的文化转向

西方近一个世纪教育管理理论的发展是围绕科学主义和人文主义的观点而展开的，从而也就形成了历史上两种对立的教育管理观——科学主义和人文主义教育管理观。科学主义的教育管理观以“实证主义”哲学为基础，关注组织结构而忽视组织中的人，只强调人的理性因素而忽视人的非理性因素，在人的理性因素中注重人的认知理性而忽视价值理性。人文主义的教育管理观以“主观主义”的哲学为基础，关注组织中人的因素，注重人的价值理性而忽视人的认知理性。从 20 世纪 60—70 年代开始，整个人文社会科学研究对文化予以高度关注，教育管理凸现文化转向，它是对科学主义和人文主义管理的一种超越。文化转向意味着教育管理关注组织与组织中的人、人的理性因素和非理性因素以及认知理性和价值理性等方面的统一，使它们在人的实践活动中达到和谐完美。

第一节　科学观的文化转向

科学本身就是一种文化，它受社会文化情境的制约；同时，科学既是一种知识体系，又是一种社会性事业和建制，其发展取决于两个方面：内部的逻辑和认识因素，外部的社会、政治、经济、意识形态的因素。

科学哲学的发展经历了从19世纪中期的实证主义到20世纪上半期的逻辑实证主义的历程，实证主义和逻辑实证主义都是科学主义的典型。自它们产生之日起，就招致了各方的批判。20世纪60年代以来，科学哲学的发展表明，其发展经历了一次非常重要的转向——文化转向。[①] 文化转向意味着新科学哲学所持的立场是一种文化学和人类学的立场，也就是一种广义的文化哲学的立场，其主要标志就是对科学哲学的人文理解，以纠正科学主义之偏。

首先，科学具有人性和可错性。早在20世纪30年代，科学人文主义的倡导者萨顿就提出了“科学人性化”的任务。他认为，“由于精神上的混乱是如此之深，以致单靠任何一种方法不可能消除弊病，大概可以肯定，任何不把科学人性化包括在内的药方都不会有任何功效。人们必须找到把科学和我们文化的其他部分结合起来的方法，而不能让科学作为一种与我们的文化无关的工具来发展。科学必须人性化，这意味着至少不能允许它横冲直撞。它必须成为我们文化中的一个组成部分，并且始终是为其余部分服务的一部分。使科学人性化的最好方式，即使不是唯一的方式，就是对科学作历史考察——就像我们对文化的其他要素一直所做的那样；必须研究它的发生和进化，并且使人们认识到本世纪末每个时代的科学成就，从开始到最后，都是人的成就……如果科学只被人从技术的功利主义的角度来看待，那它就简直没有任何文化上的价值”。[②] 在他看来，科学的起源和发展的本质是人性，每一个科学成果都是人性的果实。萨顿思想的核心是强调科学在人类精神方面的巨大作用；强调科学的统一性显示了人类的统一性；强调科学和人文主义结合的必要性和可能性。他的科学人

① 洪晓楠. 20世纪西方科学哲学的文化转向［J］. 求是学刊，1999（6）：31-37.

② 萨顿. 科学史和新人文主义［M］. 陈恒六，译. 北京：华夏出版社，1989：141.

性化思想源于第一次世界大战世界性的灾祸造成的普遍的思想混乱，而第二次世界大战更大的世界灾难唤醒了更多的人对科学进行深刻的反思。

波普尔则强调科学的可错性。他的一句至理名言就是“我们能够从我们的错误中学习”①。1985 年他在为中文版《波普尔科学哲学选集》撰写的前言中，意味深长地写道：“我的著作是强调科学的人性方面。科学是可以有错误的，因为我们是人，而人是会犯错误的。”② 波普尔认为，科学理论都是试探性的假说，而且永远是试探性假说。因而我们必须从错误中学习，通过经验批判和理性批判细心地寻找错误，进而排除错误、逼近真理。但错误总是伴随着认识，伴随着科学。这是一个永无止境的过程。这样，那种认为自然科学等同于全部真命题的集合的观念就是很难成立了。波普尔的贡献不唯如此，他还比较早地将解释学运用到科学哲学领域，在科学哲学领域中发动了一场“解释学革命”。

其次，科学具有价值取向。科学事业在一定程度是一种人文事业。因而，科学活动的意识即科学精神，总是受到一定历史时期、一定国家和民族人们普遍的信仰意识、价值观念、思维方式、心理特点、社会习俗或风尚以及社会制度等构成的文化传统的影响和制约。库恩的科学哲学就是如此。他强调价值理性的重要性，从而实现了从单一的科学理性到多样的价值理性的转变。他以包含信念追求、价值选择、世界观等文化价值因素在内的范式理论，否定了科学理性和逻辑方法的绝对确定性。库恩的创新，从根本来说就是变革了科学哲学与科学的实际历史、科学家的活动不相干的状况。他承认科学是一种合理性的事业，但他所理解的理性已不是冷冰冰的僵硬的逻辑，而主要是科学共同体的信念和选择。如果说波普尔所看到的科学家基本上还局限在逻辑主义范畴的话，那么库恩所看到的科学家已经走向社会历史的广阔天地。如果说波普尔注目于科学家个体的话，那

---

① 卡尔·波普尔．猜想与反驳［M］．傅季重，纪树立，周昌中，蒋弋为，译．上海：上海译文出版社，2001：序言．

② 纪树立．科学知识进化论—波普尔科学哲学选集［M］．北京：生活·读书·新知三联书店，1987：1．

么，库恩更看重科学家群体。因此，历史主义的兴起必然要冲破科学文化和人文文化的隔阂，反对科学主义的正统观点。

再次，科学具有党派性。库恩认为，科学一个学术共同体的行为，他发现学术共同体，即处于权威地位的科学家集团，本质上是一个利益集团。一个革命性的划时代的新范式，要想获得这个集团的承认，首先取决于它是否符合该集团的利益，而与新范式是否正确、是否更有价值、是否比旧范式更接近于真理无关。由此可以理解，为什么科学史上，阻碍科学进步的力量常常来自科学内部、来自科学家对于科学发现的抵制。劳丹声称："科学哲学一直是一种党派的活动（正如波普尔论马克思和弗洛伊德或杜恒论统计力学），是一种用来仲裁科学论争的工具。至于科学哲学是否有着作为意识形态的合法的地位，这是一个在现时代和在历史上都感兴趣的问题。"[①] 在劳丹看来，尽管科学哲学的研究对象是自然科学，但是它的内容广泛地涉及人、社会历史和文化，因而属于人文科学。他认为，人类对认识周围世界和本身的好奇心之需要，丝毫不亚于对衣服和食物的需要。我们所知的一切文化人类学都表明，对宇宙运行机制的精细学说的追求是一种普遍的现象，即使在刚够维持生存水平的"原始"文化亦是如此。这种现象的普遍性表明，对世界以及人在其中地位的了解，深深植根于人类心灵之中。

另外，科学哲学也需要将文化作为哲学思考的一个重要维度。费耶阿本德将文化人类学作为他进行科学哲学思考的基本支柱，"人类学方法是研究科学的结构（就此而言，也是研究任何其他生活形式的结构）的正确方法"。[②] 所谓对科学活动进行人类学研究，在费耶阿本德看来就是必须探索科学家实际上怎样研究他们的环境的方式，必须考察他们的产品即知识的实际状态，和这个产品由于复杂的社会与物质环境中的决定与行动的结果而发生变化的方式。人们用这种方法（人类学方法），试图在其历

① 劳丹．历史方法论：一种立场和宣言［J］．王过渡，译．自然科学哲学问题，1986（4）．

② 费耶阿本德．反对方法［M］．周昌忠，译．上海：上海译文出版社，1992：220．

史和社会环境中去“了解”一个完全不同的系统的“关键观念”，而不歪曲它们的非正式的性质、丰富多彩、不清晰性和暧昧性，等等，这些性质都有重要的功能，把它们加以逻辑重建，就会看不到这些功能。所以，费耶阿本德强调对于科学理论进行人类学的个案研究（包括历史文献研究和实地调查工作）的重要性。

第二节　人的文化本性

教育管理的核心是对人的管理。我们知道教育管理中存在两类关系，随着科学的发展和哲学观念的转变，以实体为中心的物体的世界观，逐渐为强调关系事件的世界观所取代。在教育管理中过去我们所说的管理方与被管理方是一种主体与客体的关系，但是从现实的互主体性的人出发，它们是一种主体间性的关系；人对作为物质的客体的管理，应该是人对事件的管理。我们应重视分析教育管理中事件（个案）的动态过程及其与特定社会情景（关系）的联系的重要性。而“事件”是由其中的人主导的事件，没有人就没有“事件”。所以，教育管理的核心是对人的管理。

人就是“文化”。文化哲学大师卡西尔在他的代表作《人论》一书中论述了“人是什么”，他对西方两千多年思想史上关于人的问题各种哲学理论作了概述。他认为，人是能利用符号去创造文化的动物。人与动物的最大区别在于“现实”与“可能”的区别，动物只有当下刺激的现实，没有“可能”，“可能”就是人“生活在理想的世界，也就是要把不可能的东西当做是可能的东西那样来处理”。人运用各种符号能创造出自己需要的“理想世界”——意义世界。文化就是人的外化、对象化。人就是符号，就是文化。他写道，“我们应当把人定义为符号的动物，来取代把人定义为理性的动物”[①]。在卡西尔看来，人作为活动的主体就是“符号

① 卡西尔. 人论［M］. 甘阳，译. 上海译文出版社，1985：34.

活动”、“符号功能”，作为这种活动的实现就是“文化”、“文化世界”，文化就是符号活动的现实化和具体化。符号活动在人与文化之间建构起了桥梁。文化作为人的符号活动的“产品”成为人的所有物，而人本身作为它自身符号活动的“结果”。人只有在创造文化的活动中才成为真正意义上的人，也只有在文化活动中，人才能获得真正的“自由”。对于卡西尔来说，文化哲学成为哲学的具体内容和生动展示，人的哲学则成为文化哲学的最终目的和内在灵魂。

人作为“文化”，在卡西尔的眼中，不是一个实体性的，而是功能性的。实体性思维强调存在的分离性与独立性，它以“实体”（entities）的形式构想存在者或事物，而“实体”的定义又恰恰是只就其自身而言它是什么，内在地脱离于宇宙中的其他实体。[①] 功能性本质观是他的关系思维的一个重要体现，人通过符号系统来表示他与周围的关系，并将文化统一于人的、也就是“符号的”或文化的能动性创造活动。从事历史创造活动的人，尽管在不同的“符号”或“文化”活动中，具体的目标、具体的过程和具体的结果各不相同，但都必然地趋向于一个共同的目的、总的过程和总的结果，这就是在创造文化的活动中必然把人塑造成了“文化的人”，亦即在创造出一切文化的同时，又塑造了人之为人的东西。人通过符号自觉地进行各种“符号形式”的活动，创造出语言、神话、宗教、艺术、科学、历史这些文化载体，它们构成的人生存和发展的圆周，形成一个整体。

第三节　教育管理文化转向的成因

西方20世纪教育管理理论出现了两种对立的教育观——科学主义和人文主义教育观，但70年代以后，教育管理理论呈现多元化趋势，实际上就是教育管理文化转向的表现。

---

① 唐力权．蕴徹论［M］．中国社会科学出版社，2001：34．

1. 科学主义的教育管理

以科学主义为指导的教育管理理论大致经过了三个发展阶段：第一个阶段是经验式的科学管理，以泰勒等人为代表，泰勒等人都不是专业性的理论人员，他们的著述主要是对自身经验的总结，而不是通过科学研究得出的结论。西蒙本人就持这种观点，他不主张将稍早于他的泰勒等人提出的科学管理理论视为科学主义管理观。[①] 但是泰勒在伯利恒钢铁厂做过了有名的搬运生铁块的实验和铁锹实验，这项实验取得了巨大成功，制定出了有科学依据的工人“合理的日工作量”和工具标准化原理，大大提高了劳动生产率。只是他对其管理理论进行的分析还没有上升到哲学的高度，但是他提出的理论比过去的经验管理要先进很多，而且他的这些观点以及其他思想被斯鲍丁（F. E. Spaulding）和博比特运用于美国教育管理中，强调测量与评价，运用量化的手段对教师与学生进行控制，注重提高学校的管理效率。第二阶段是20年代以后由心理测量、统计法等科学化方法兴起而催生的“教育科学运动”，开始在教育管理上强调客观性，哥伦比亚大学师范学院副教授大卫·斯奈登和纽约市都市研究局局长威廉姆·艾伦于1908年出版了《学校报告与学校效率》[②]，1913年汉纳斯出版了《纽约市调查报告》[③]。第三阶段是20世纪50年代初至70年代初的教育管理理论运动。决策理论的代表人物西蒙率先把逻辑实证主义运用到管理理论中，他的《管理行为》成为教育管理“理论运动”的奠基之作。理论运动的目的是把教育管理学作为一种类似于自然科学的科学理论，哈尔平、格里菲斯、哥泽尔等人对教育管理理论运用作出了贡献，理论运动对教育管理问题的研究采用逻辑实证主义，从“应然性”概括转变为解释性和说明性的“必然性”概括；研究成果为教育管理理论的教育和培

① Greenfield, T., The Decline and Fall of Science in Educational Administration [A]. In Greenfield, T., Ribbins, P. Greenfield on Educational Administration: Towards Human Science [C]. London: Routledge, 1993: 135.

② Snedden Allen. School Reports and School Efficiency [M]. New York: MaCmillan Company, 1911: 1.

③ Hanus. School Efficiency [M]. New York: World Book, 1913: 6.

训提供了基础；创办了有关刊物宣传理论运动的成果。时至今日，教育理论运动对教育管理研究的影响仍然存在，实证主义仍然是欧美国家教育管理研究的重要方法论基础。

2. 人文主义的教育管理

我们知道，任何管理都是对人的管理，管理方和被管理方是一种主体间性的关系。管理在本质上就是对人的管理，对人的本质特征的认识奠定了现代管理的人文基础。西方的人文思想起源于古希腊的人文精神。至近代文艺复兴时期得以恢复并进一步发展，人文主义承认人的价值与尊严以及人的自由意志与自我导向能力，视人为万物的尺度；把人性、人性的限度或利益作为探讨的主题。人本主义教育管理思想可以分为以下阶段：①早期的人本主义教育管理思想。人本主义教育起源于哈佛大学梅奥教授等人的霍桑实验，他在《工业文明中人的问题》阐述了与古典管理理论不同的观点，认为工人是社会人，而不是经济人；企业中存在非正式组织；生产率主要取决于工人的工作态度以及他和周围人的关系。梅奥的人际关系理论思想与杜威的民主教育理论结合在一起，成为20世纪40年代以后流行的教育管理思想。此期的人际关系理论过多地强调了个人的社会需要，忽视了对工作的责任感，把完成工作任务和满足个人的需要割裂开来，甚至对立起来。②个人需要的满足和组织目标实现的统一阶段。此期许多研究在这个方面做出了努力，如巴纳德认为组织是人的协助系统；马斯洛提出的“需要层次理论”，认为组织应满足人的不同需要；麦克雷戈提出的“X理论”与“Y理论”；赫兹伯格在马斯洛和麦克雷戈的基础上提出了“双因素动机理论”，把那些与人们的不满意情绪有关的因素称为“保健因素”，把那些与人们的满意情绪有关的因素称为“激励因素”。V. 弗鲁姆（Victor Vroom）提出了期望理论，认为只有当人们预期到某一行为能给个人带来有吸引力的结果时，个人才会采取特定的行动，该理论的核心是双向期望，管理者期望员工的行为，员工期望管理者的奖赏。他对管理者的启示是，管理人员的责任是帮助员工满足需要，同时实现组织目标。这些理论试图解决组织与个人的冲突，调和组织目标与个人需要之间的矛盾，在教育管理中得到了广泛运用。

人文主义教育管理理论是为了解决效率与人性、组织目标与个人需要之间的矛盾而出现的，试图使人与组织、组织发展与个人满足、组织与环境之间达到一种平衡。人文主义理论强调组织中的个人，进一步说是个人的需要、利益与权利等方面，但对外部文化对组织的影响重视还不够，这是它不足的地方。

3. 教育管理的文化路向

理论运动的影响依然存在，但教育管理理论已多元化。20 世纪 70 年代以前，西方教育管理研究方法论的主导范式是实证主义的认识论，包括经典的实证主义和逻辑实证主义，研究方法是以定量的研究为主，关注事实、效率等问题；70 年代以后，教育管理研究采取了社会科学的研究方法，在保留定量研究的同时，大力倡导质的研究，开始关注伦理价值问题。在过去的 30 多年里，对教育管理科学的反思已经改变了人们对教育管理科学的看法，批判理论、组织文化理论、主观论、价值论、女性主义理论、新实用主义、建构主义等后实证主义范式（有别于逻辑实证主义或逻辑经验主义）相继出现。

1999 年，美国俄亥俄州立大学教育政策与领导学院的唐莫耶教授（Donmoyer，R.），在《知识基础的持续探索：1976—1998》一文中指出，今日之教育管理学理论既未朝教育管理科学论的方向发展，也未朝格林菲德所倡导的教育管理主观论方向发展，相反，却走上了一条构筑大帐篷（building big tent）的道路。[①] 我们认为，这种多元综合实质就是教育管理文化转向的体现。教育管理现象、问题是复杂的，我们必须针对具体的问题从文化的角度，采用不同的研究方法和研究策略。

20 世纪中期以来，由于人们对科学观的认识逐步深入，在研究立场上教育管理学的研究从实证主义的研究范式走向“后实证主义”。后实证

① Donmoyer，R.. The ConLinuing Quest for a Knowledge Base：1978—1998［M］// Joseph Murphy，Karen Seashore Louis（ed）. Handbook of Research on Educational Administration（Second Edition）［C］. Jossey-Bass Publishers，1999：30.

主义的常见表现形式是批判现实主义哲学，他们相信所有的观察是有可能犯错误的，所有的理论都是可以修改的，存在可错性，科学的目标是接近真理；多元的、包含错误信息的材料只能接近现实，所有的研究均以一定的理论为前提，隐含一定的价值取向，甚至具有文化和价值倾向的偏见，在学术研究上具有党派性；后实证主义中的建构主义者认为，人的感性认识是会犯错误的，所建构的理论肯定包含错误的成分，不能完全觉知真实的世界，由于人的观察受到偏见的影响，对于客观性的把握存在着不确定性，人们只能接近它，通过学术界的广泛的争论可以使客观性愈来愈明确。这些特征使教育管理研究的后实证主义范式具备了人文主义的一些特征，从而使以后实证主义指导下的教育管理研究走向文化化。

批判理论、组织文化理论、主观论、价值论、女性主义理论、新实用主义、建构主义等都是时代的产物，它们都是继理论运动之后，对理论运动的反思与批评中兴起与发展起来的，一般都贬低科学的价值，对实证主义持批评态度，它们都可以归为后实证主义范式。①② 这些理论观点持相对主义态度，强调文化因素的作用。在某种意义上，它们都把情感、价值伦理置于推理之上，把辩护、对话、叙述置于问题解决之上。

批判理论思潮指责实证主义的教育管理理论只重视技术方面，无视多元性、种族和民族问题、社会阶层问题，呼吁教育管理理论应该有广泛的知识来源，承认“交往的知识”和“解放的知识”在人类事务中的现实意义，提出教育管理的知识基础要更多地着眼于教育现实的批评。教育管理应是一门关注人间正义、道义、平等和公正的道德科学；教育管理学是由经验的、诠释的和批判的三个向度构成的整体；重视将教育管理问题置于宽广的文化和政治背景中加以分析；重视从隐喻的角度研究管理，提出了文学模式和文学批评家的隐喻；重视学校组织管理活动的根本重建。

① 程晋宽．当代西方教育管理研究新思潮论析［J］．比较教育研究，2004（1）：67－72.

② 我国学者黄崴把批判理论、女性主义，以及格林菲德和霍金森当做典型的后现代主义教育管理思潮的代表。参见其论文：20 世纪西方教育理论及其模式的发展［J］．华东师范大学学报（教育科学版），2001（1）：19－27.

组织文化理论本身就强调文化在组织中的重要意义，表现出与自然科学明显不同特征，对组织中的文化层面（如组织象征物、仪式、神话、故事等）予以了较多的关注。

教育管理主观论的最重要的人物是格林菲德，他构建了把组织作为人的创造物的理论，其理论要点主要有：人的意图、价值、习惯和信念是构成组织管理的重要要素；所有的观察都有主观性，涉及一定程度的解释；理论研究的主要任务在于努力理解并发现为何不同的人对于同一组织现象可以做出不同的解释；教育管理不能被科学控制，只是赋予人们一种深刻的洞察力；教育管理研究方面，文学艺术的认识方式比科学的认识方式更为有用。①

教育管理价值论的重要代表人物是霍金森，张新平教授把他归为主观理论性主义②。他强调管理世界是一个价值世界，因而管理是行动哲学，它部分是艺术，部分是科学；支配管理行为与管理世界的根本观念是元价值；管理行动是由文化的、亚文化的、立法的、群体的及个人的五种不同层次的价值取向和价值功能所组成的整体；价值是复杂的，存在多种类型。

女性主义理论的基本观点与批判主义理论保持一致。该思潮从女性的切身利益出发，对授权、解放等主题给予了较多的关注，试图摆脱女性所受的不公正待遇和受压迫的地位，实现女性的自由与解放。

新实用主义思潮的代表人物霍伊基于科学动态发展的前提，认为教育管理的理论就是要帮助实践人员解决实践中遇到的问题，教育管理的理论观点要具有开放性、灵活性、多元性。

建构主义教育管理思潮的代表人物莱姆巴特（Linda Lambert）和沃克（Deborah Walker）在1995年出版的《建构主义领导者》一书中提出了教育管理的建构主义观点，认为领导是一种交互过程，这种过程使组织中的

① Greenfield, T. & Ribbins, P. Greenfield on Educational Administration: Towards a Humane Science [M]. London and New York: Routlege, 1993.

② 张新平. 外国教育管理学理论发展50年［J］. 华东师范大学学报（教育科学版），2003（4）：9－16.

成员能够自我建构意义。[①]

可以说，继实证主义以后，批判理论、组织文化理论、主观论、价值论、女性主义理论、新实用主义和建构主义教育管理理论相继出现了文化转向。这种文化转向的核心就是改变过去实证主义教育管理范式专注于事实层面的单一性，从过去强调客观性的一面，转而兼顾主观与客观，既强调教育管理的科学性，也关注教育的价值、伦理层面，重视管理背后的各种因素，如利益关系、权力分配、管理情景，等等，这种转向是因为教育管理中的“人”的文化性决定的，人们认识到人的文化性不同于纯粹的自然科学，自然科学可以从物质层面的分析得出具有普遍规律的定律，具有客观性、确定性，但教育管理却不行。教育管理活动中人的文化性具有高度不确定性、艺术性、复杂性，文化活动只有一个统一点——创造性的管理活动，这种活动是主观与客观、科学与价值、伦理的统一。不同国度、地区，不同层级的学校的管理，不同的管理人员的管理目标、管理风格、管理过程和管理评价结果都不一样，但它们具有一个共同的支点，那就是人的创造性不断地开展管理活动，进行管理创新和改革。

第四节　教育管理文化转向的表征

教育管理文化转向是时代的需要。科学管理学者认为，组织中的人本身在组织管理活动中没有自由贯彻自己意志的余地，组织及其管理系统是自然法则在管理世界中的构成物。科学管理对组织及其管理的规律性、确定性以及预测和控制的追求，已经成为一种管理学研究中的普遍心态或价值取向，并集中地体现出管理学对现代性在整体意义上的追求。教育管理的文化转向是自教育管理理论运动以后，基于对管理中的“文化人”认识后的一次深层的思想革命，这次革命摧毁了理论运动的基石，人们认识到实证主义和逻辑实证主义不能作为探讨教育管理理论的唯一理论基础。

① 程晋宽，当代西方教育管理研究新思潮论析［J］．比较教育研究，2004（1）：67－72.

教育管理（学）具有双重属性，科学与人文、主观与客观、事实与价值、伦理，两者缺一不可。

文化转向的表征是什么，或者说，“文化人”基点的教育管理（学）活动的主要特征有哪些，我们认为它具有以下特征。

教育管理观——我们并不否认以科学主义为根本的教育管理理论运动给教育管理学带来的进步，但教育管理活动本质上不完全是客观的、价值无涉的活动，教育管理学研究也不能完全只研究管理事实，而不讨论价值问题。教育管理活动本质上是一种价值活动，是一种以人为舞台的活动，在舞台表演的人是一个有血有肉，具有价值、情感的人，是理性与非理性、理想与现实的产物。

管理思想——我们主张“文化人”假设以及相应的教育管理方式。无论是科学管理背景下的“经济人”思想，还是人际关系思想下的“社会人”假说，都只是对人的本性的一个侧面反映，不能全面地反映人的本性。人是教育组织中最宝贵的财富和资源，人的最本质的特征是创新和超越。因而，在21世纪，我们强调的“文化人”管理，只是管理活动在教育中是一种创造性活动，在这种活动的引领下，进行组织制度创新、理念创新、学校文化创新等。

管理目标——教育机构不同于其他机构，中小学的主要任务是课程与教学，学校的核心目标是课程与教学，当然也有其他的目标；高等教育的主要功能有三个，即教学、科研和为社会服务，因而其管理目标也相应的有教学目标、科研目标和社会服务目标。从这些教育管理目标来看，其最终目标就是传承文化和文化创新，换句话说，教育管理的目标就是文化管理，在进行文化传承与创新的同时，使学生成为“文化人”，实现学生与文化的整合。

管理组织——教育管理组织是由人组成的机构，但“人是符号的动物”[①]，即人是文化的动物。教育管理组织不仅是实体组织，而且是功能

① 卡西尔. 人论［M］. 甘阳，译. 上海译文出版社，1985：87.

性组织，具有文化功能，它不是一个个零部件的组装物，而是由人组成的文化系统，组织具有文化功能，它是一个由内外环境相互作用的产物，组织文化成了教育组织发展的风向标。

管理职能——传统的科学管理强调“管”，把人当做“经济人”，对人实行差别化、对工作流程实行标准化管理；人际关系管理理论强调人的因素，它要求关心人、尊重人。当今是知识经济时代，民主法制的不断健全，社会整体民主意识的不断增强，追求教育公平的信念成为21世纪的主旋律。教育管理职能由过去刚性的“管”，过渡到既重视“管”，也重视“理”，“管”意味着从法律法规来规范教育管理中的事件，“理”则是从尊重人、关心人，从人与人之间的对话、沟通这个层面来考虑。

管理的民族性——教育管理是一个民族文化的积淀物。我们不能以西方的管理为模式作为我们的标准和楷模，而应从本国的传统和实际出发，吸取历史的管理智慧①，提炼我们的教育管理理论，形成具有中国特色的教育管理文化。在实践中，我们不能为西方是“美”——认为西方的管理都是好的，应在实践中探索和构建具有中国特色的、多样化的、以人为本的教育管理模式。

教育管理研究方法——教育管理的文化转向也对教育管理研究提出了新的要求，我们可以看到西方现行的研究方法从理论运动前的经验研究，经过实证主义研究的垄断，在20世纪60到70年代以后走向了多元化，定量研究、定性研究和两者的综合运用。由实证主义转向后实证主义，由一走向多，进行多元测量、多元观察和多元认知，从而呈现出费耶阿本德所讲的理论的增多和观点的增多等多元并置、流派纷呈的学术气象，增添了教育管理学的多元文化色彩。

① 在这方面，旅美学者成中英给我们提供了典范。他以《易经》为基础，以中国传统智慧与西方科学精神的融会贯通为目的，以“中国管理科学化、科学管理中国化”为宗旨，以集科学、文化、艺术三位一体为特征，注重管理功能与中华文化资源（尤其是哲学智慧与道德价值）的整合与组合，使两者相得益彰，诞生了享誉海内外的《‘C’理论——中国管理哲学》。

参考文献

一、中文部分

[1] 卡尔·波普尔著. 猜想与反驳 [M]. 傅季重，纪树立，周昌中，蒋弋为，译. 上海：上海译文出版社，2001：序言.

[2] 布雷岑卡. 教育学知识的哲学——分析、批判、建设 [J]. 李其龙，译. 华东师范大学学报（教育科学版），1995（4）：1－18.

[3] 狄尔泰. 精神科学引论 [M]. 童奇志，王海欧，译. 北京：中国城市出版社，2002：16.

[4] 哈贝马斯. 历史唯物主义的重建 [M]. 北京：社会科学文献出版社，1999：146－147.

[5] 黑格尔. 小逻辑 [M]. 北京：商务印书馆，1980：275.

[6] 李凯尔特. 文化科学和自然科学 [M]. 图纪亮，译. 北京：商务印书馆，1996：120－127.

[7] 马克思，恩格斯. 马克思恩格斯选集：第 4 卷 [M]. 北京：人民出版社，1972：243.

[8] 马克思. 黑格尔法哲学批判 [M] //马克思恩格斯全集：中文第 1 版第 1 卷. 北京：人民出版社，2003：334.

[9] 韦伯. 社会科学方法论 [M]. 韩水法，莫茵，译. 北京：中央编译出版社，2002：161.

[10] 孔德. 市政哲学教程 [M] //西方现代资产阶级哲学论著选辑. 北京：商务印书馆，1964：31.

[11] 利奥塔. 后现代状况 [M]. 长沙：湖南美术出版社，1996：30－31.

[12] 莫兰. 复杂思想：自觉的科学［M］. 北京：北京大学出版社，2001：201.

[13] 托克维尔. 论美国的民主［M］. 董果良，译. 北京：商务印书馆，1988：626.

[14] 霍金森. 领导哲学（中译本）［M］. 昆明：云南人民出版社，1987：35.

[15] 艾捷尔. 独立宣言［M］// 赵一凡，郭国良，译. 美国赖以立国的文本. 海口：海南出版社，2000：26.

[16] 安德森. 公共政策［M］. 北京：华夏出版社，1990：44－58.

[17] 本尼迪克特. 菊与刀［M］. 吕万和，熊达云，王智新，译. 北京：商务印书馆，2002：190.

[18] 费耶阿本德. 反对方法［M］. 周昌忠，译. 上海：上海译文出版社，1992：220.

[19] 汉森. 教育管理与组织行为［M］. 冯大鸣，译. 上海：上海教育出版社，2005：32.

[20] 亨金. 美国宪法在国外［M］. 郑戈，赵晓力，强世功，译. 北京：生活·读书·新知三联书店，1995：3.

[21] 康马杰. 美国精神［M］. 南木，译. 北京：光明日报出版社，1988：9，38.

[22] 克拉克. 高等教育系统——学术组织的跨国研究［M］. 王承绪，译. 杭州：杭州大学出版社，1994：130.

[23] 克雷明. 美国教育史（1）［M］. 周玉军，苑龙，陈少英，译. 北京：北京师范大学出版社，2003：139.

[24] 孔茨，韦里克. 管理学（中译本）［M］. 北京：经济科学出版社，1993：192.

[25] 库恩. 必要的张力［M］. 福州：福建人民出版社，1981：291.

[26] 赖肖尔. 日本人［M］. 上海：上海译文出版社，1986.

[27] 伦恩伯格，奥斯坦. 教育管理学：理论与实践［M］. 孙志军，金平，曹淑江，译. 北京：中国轻工业出版社，2003：2－19.

[28] 欧文斯. 教育组织行为［M］. 窦卫霖，温建平，王越，译. 上海：华东师范大学出版社，2001：83.

[29] 萨顿著. 科学史和新人文主义［M］. 陈恒六，译. 北京：华夏出版社，1989：141.

[30] 萨拉蒙. 非营利领域及其存在的原因［M］//李亚平、于海. 第三域兴起. 上海：复旦大学出版社，1998：33－35.

[31] 施里福特. 福柯、德里达论尼采和“人”的终结［M］//王民安、陈永国、马

海良. 福柯的面孔. 北京：文化艺术出版社，2001：505.
[32] 施瓦茨. 美国法律史［M］. 王军，译. 中国政法大学出版社，1990：102.
[33] 唐力权. 蕴徼论［M］. 北京：中国社会科学文献出版社，2001：34.
[34] 托马斯·杰弗逊文集［M］. 北京：商务印书馆，1963：7.
[35] 詹姆士. 实用主义［M］. 北京：商务印书馆，1995：36.
[36] 久下荣志郎. 现代教育行政学［M］. 李兆田，译. 北京：教育科学出版社，1981：21.
[37] 岩下新太郎，木神田久雄. 教育行政·制度［M］. 日本：金港堂，1980：61.
[38] 依田熹惠. 日中两国近代化的比较研究［M］. 日本：龙溪书舍，1989：221.
[39] 皮亚杰. 发生认识论原理［M］. 北京：商务印书馆，1997：21.
[40] 皮亚杰. 人文科学认识论［M］. 郑文彬，译. 北京：中央编译出版社，2002：1.
[41] 布什. 当代西方教育管理模式［M］. 强海燕，译. 南京：南京师范大学出版社，1998：25.
[42] 弗里德利希·冯·哈耶克. 自由秩序原理（上）［M］. 北京：生活·读书·新知三联书店，1997：205.
[43] 怀特海. 科学与近代世界［M］. 何钦，译. 北京：商务印书馆，1962：151.
[44] 金. 别国的学校和我们的学校［M］. 王承绪，邵珊，李克兴，徐顺松，译. 北京：人民教育出版社，2001：175.
[45] 泰勒. 原始文化［M］. 连树生，译. 桂林：广西师范大学出版社，2005：1.
[46] 曹全来. 论美国法治的形成［J］. 淮北煤师院学报（哲学社会科学版），2002（6）：9－15.
[47] 陈江凤. 中国文化概论［M］. 南京：南京大学出版社，2002：81.
[48] 陈列. 市场经济与高等教育［M］. 北京：人民教育出版社，1996：120.
[49] 陈向明. 质的研究方法与社会科学研究［M］. 北京：教育科学出版社，2000：12.
[50] 辞海［M］. 上海：上海辞书出版社，1990：173，235.
[51] 董小川. 美国文化概论［M］. 北京：人民出版社，2006.
[52] 杜育红. 美国教育管理研究理论化运动的方法论及其批判［J］. 国家高级教育行政学院学报，1999（2）：74－78.

[53] 渡边实. 近代日本海外留学史 [M]. 东京: 讲谈社, 1977: 251.

[54] 范国睿. 复杂科学与教育组织管理研究 [J]. 教育研究, 2004 (2): 52 - 58.

[55] 冯大鸣. 沟通与分享 [M]. 上海: 上海教育出版社, 2002.

[56] 冯天瑜, 何晓明, 周积明. 中华文化史 [M]. 上海: 上海人民出版社, 1990: 26.

[57] 顾明远. 教育大辞典 (增订合编本) (上册) [M]. 上海: 上海教育出版社, 1998: 750.

[58] 顾明远. 民族文化传统与教育现代化 [M]. 北京: 北京师范大学出版社, 1998: 197.

[59] 郭晓明. 论教学论的实践转向 [J]. 南京: 南京师范大学学报, 2002 (3): 70 - 75.

[60] 国家教委社科司组. 马克思主义原理 [M]. 北京: 高等教育出版社, 1998. 95.

[61] 何玉静. 西方教育管理理论运动述评 [J]. 河南教育学院学报 (哲学社会科学版), 2004 (1): 49 - 51.

[62] 侯建新. 社会转型时期的西欧与中国 (第二版) [M]. 北京: 高等教育出版社, 2005: 140.

[63] 扈中平. 现代教育理论 [M]. 北京: 高等教育出版社, 2000: 107.

[64] 黄宝春, 杨天平. 科学概念论略 [M]. 大学教育科学, 2005 (2): 15 - 18.

[65] 黄颂杰, 宋宽锋, 朱晓红, 吴新文. 西方哲学的多维透析 [M]. 上海: 上海人民出版社, 2002: 389.

[66] 黄崴. 后现代主义教育管理思想解析 [J]. 教育理论与实践, 2001 (7): 19.

[67] 纪树立. 科学知识进化论—波普尔科学哲学选集 [M]. 北京: 生活·读书·新知三联书店, 1987: 1.

[68] 卡西尔. 人论 [M]. 甘阳, 译. 上海: 上海译文出版社, 1985: 87.

[69] 劳凯生. 高等教育法规概论 [M]. 北京: 北京师范大学出版社, 1999: 266.

[70] 李伯聪. 规律、规则和规则遵循 [J]. 哲学研究, 2001 (12): 30.

[71] 李昌道. 美国宪法纵横论 [M]. 上海: 复旦大学出版社, 1994: 3.

[72] 李德顺. 哲学和人文社会科学的定位 [J]. 新化文摘, 2000 (8).

[73] 李进才. 中国当代教育行政管理 [M]. 武汉: 湖北教育出版社, 1992: 13.

[74] 李猛. 日常生活中的权力技术: 迈向一种关系/事件的社会学分析 [D]. 北京

大学硕士学位论文，1996.

[75] 李鹏程. 当代文化哲学的沉思［M］. 北京：人民出版社，1994：71.

[76] 李曙华. 从系统论道混沌学［M］. 桂林：广西师范大学出版社，2002：246－247.

[77] 李无苑. 从实体本体论到文化本体论——论当代哲学的转向［J］. 浦峪学刊，1995（3）：5－8.

[78] 梁漱溟. 中国文化要义［M］. 北京：学林出版社，1987.

[79] 林文达. 教育行政学［M］. 台湾：三民书局，1986：11－12.

[80] 林夏水. 非线性科学与决定论自然观的变革［J］. 理论视野，2002（3）：22－24.

[81] 刘放桐. 新编现代西方哲学［M］. 北京：人民出版社，2000：88－89.

[82] 刘付忱，刘树范. 教育管理学［M］//国外教育科学概述. 北京：教育科学出版社，1987：22.

[83] 刘同. 论美国管理理论中的文化价值观［M］. 郑州航空工业管理学院学报（社会科学版），2005（1）：46－48.

[84] 罗宾斯，库尔特. 管理学［M］. 北京：清华大学出版社，2003：63.

[85] 罗嘉昌. 从物质实体到关系实在［M］. 北京：中国社会科学出版社，1996：295.

[86] 马兆掌. 教育规律的逻辑分类［J］. 教育研究，1990（10）：16－20.

[87] 苗东升. 系统科学精要［M］. 北京：中国人民大学出版社，1998：166.

[88] 欧文斯. 教育管理与组织行为［M］. 窦卫霖，温建平，王越，译. 华东师范大学出版社，2001：197－198.

[89] 希拉里·普特南. 理性、真理与历史［M］. 童世骏，李光程，译. 上海：上海译文出版社，1997：196.

[90] 钱乘旦，陈晓律. 英国［M］. 成都：四川人民出版社，2003：42.

[91] 钱满素. 美国文明［M］. 北京：中国社会科学出版社，2001：299.

[92] 秦梦群. 教育行政：理论部分［M］. 台北：五南图书出版公司，1998：311.

[93] 申仁洪. 论教育科学：基于文化哲学的批判与建构［M］. 重庆：重庆大学出版社，2006：154.

[94] 石中英. 教育学的文化性格［M］. 太原：山西教育出版社，1999：190.

[95] 司马云杰. 文化价值论［M］. 济南：山东人民出版社，1990：265.

[96] 孙立平. 过程—事件分析与当代中国国家—农民关系的实践形态 [M] //清华社会学评论：特辑. 厦门：鹭江出版社，2000：1－20.

[97] 孙隆基. 中国文化的深层结构 [M]. 桂林：广西师范大学出版社，2004：154.

[98] 孙美堂. 从实体思维到实践 [J]. 思维哲学动态，2003 (9)：6－11.

[99] 唐莹. 元教育学 [M]. 北京：人民教育出版社，2002：510.

[100] 滕大春. 外国教育通史：第四卷 [M]. 济南：山东教育出版社，1992：389.

[101] 王承绪. 比较教育学史 [M]. 北京：人民教育出版社，1999：68.

[102] 王坤庆. 试析教育学科的分化的内部矛盾 [J]. 中国教育学刊，1999 (1)：10－13.

[103] 王如哲. 教育行政学 [M]. 台北：台湾五南图书出版公司，1988：387.

[104] 王亚南. 中国官僚政治研究 [M]. 北京：中国社会科学出版社，1981.

[105] 王振华，陈志瑞. 挑战与选择——中外学者论“第三条道路” [M]. 北京：中国社会科学出版社，2001：114.

[106] 王智新. 当代日本教育管理 [M]. 太原：山西教育出版社，1995：1.

[107] 魏建国. 自由与法治 [M]. 北京：中央编译出版社，2005：180.

[108] 吴式颖，褚宏启. 外国教育现代化进程研究 [M]. 太原：山西教育出版社，2005：12.

[109] 吴思. 潜规则：中国历史上真实游戏 [M]. 昆明：云南人民出版社，2002：8.

[110] 吴彤. 论复杂性与随机性的关系 [J]. 自然辩证法通讯，2002 (2)：18－23.

[111] 吴于廑，齐世荣. 世界史（近代史下） [M]. 北京：高等教育出版社，1992：192.

[112] 吴志宏. 教育行政学 [M]. 北京：人民教育出版社，2000：20－21.

[113] 西方哲学原著选读：上卷 [M]. 北京大学哲学系，译. 北京：商务印书馆，1981：450.

[114] 萧俊明. 文化转向的由来 [M]. 北京：社会科学文献出版社，2004：69－73.

[115] 熊贤君. 中国教育行政史 [M]. 武汉：华中理工大学出版社，1996：271.

[116] 休谟. 人性论（下册）[M]. 北京：商务印书馆，1983：509.

[117] 晏阳初. 晏阳初文集 [M]. 北京：教育科学出版社，1989：77.

[118] 杨天平. 西方教育管理学研究 100 年 [J]. 外国教育研究，2004 (9)：

22-25.

[119] 姚云. 美国高等教育法治研究 [M]. 太原: 山西教育出版社, 2004: 206-288.

[120] 叶龙, 史振磊. 组织行为学教程 [M]. 北京: 清华大学出版社, 2006: 351.

[121] 袁继红. 析社会科学中的规律观 [J]. 自然辩证法研究, 2004 (3): 93-96.

[122] 袁振国. 中国教育政策评论 2001 [M]. 北京: 教育科学出版社, 2001: 前言.

[123] 詹子庆, 田泽滨. 中国古代史 (上册) [M]. 北京: 高等教育出版社, 1986: 129.

[124] 张岱年, 方克立. 中国文化概论 [M]. 北京: 北京师范大学出版社, 2005.

[125] 张福墀, 杨静. 管理哲学 [M]. 北京: 经济管理出版社, 2003: 14.

[126] 张庆动. 学校组织文化研究方法之评析 [J]. 台湾: 屏东师院学报, 2004 (18): 1-40.

[127] 张新平. 新世纪国外教育管理学理论的发展趋势 [J]. 比较教育研究, 2004 (3): 50.

[128] 张新平. 教育管理学导论 [M]. 上海: 上海教育出版社, 2006: 89.

[129] 张新平. 教育组织范式论 [M]. 南京: 江苏教育出版社, 2001: 148.

[130] 张应强. 文化视野中的高等教育 [M]. 南京: 南京师范大学出版社, 1999: 144.

[131] 赵凯荣. 从复杂性哲学看规律的复杂性 [J]. 系统辩证学学报, 2003 (2): 14-18.

[132] 赵凯荣. 复杂性哲学 [M]. 北京: 中国社会科学出版社, 2001: 235-236.

[133] 郑杭生. 社会学概论新修 [M]. 北京: 中国人民大学出版社, 2003: 53.

[134] 郑金洲. 教育文化学 [M]. 北京: 人民教育出版社, 2000: 241.

[135] 钟启泉. 为了中华民族的复兴 为了每位学生的发展 [M]. 上海: 华东师范大学出版社, 2001: 5.

[136] 周昌忠. 中国传统文化的现代性转型 [M]. 北京: 生活·读书·新知三联书店, 2002: 11.

[137] 周三多. 管理学 [M]. 北京: 高等教育出版社, 2005: 210.

[138] 周作宇. 论教育问题 [J]. 高等师范教育研究, 1994 (1).

[139] 庄培章. 现代企业文化新论 [M]. 厦门: 厦门大学出版社, 1997: 8-10.

二、英文部分

[1] Abegglen, J. C. & Stalk, G. . Kaisha the Japanese Corporation[M]. New York: Basic Books, 1985.

[2] Alexander, A. Outlines of Moral Science[M]. New York: Scribner, 1854.

[3] Bobbit, J. F. The Supervision of City Schools[M]. Chicago: University of Chicago Press, 1913: 89.

[4] Wolfgang Brezinka. Philosophy of Educational Knowledge : An Introduction to the Foundation of Science of Education, Philosophy of Education and Practical Pedagogics[M]. trans. by Brice, J. S. Eshelman, R. Boston: Kluwer Academic Publishers, 1992: 183.

[5] Clark, B. R. The Higher Education System: Academic Organization in Cross-National Perspective[M]. California: University of California Press, 1983: 161 – 166.

[6] Culbertson, J. A. Theory in Educational Administration: Echoes from Critical Thinkers [J]. Educational Researcher, 1983, 12(10): 15 – 22.

[7] Culbertson J. A. A Century Quest for a Knowledge Base[M]//Boyan, N. J. (Eds). Handbook of Research on Educational Administation. New York: Longman Inc, 1988.

[8] Deal, T. E. & Peterson, K. D. Shaping School Culture: the Heart of Leadership[M]. San Francisco: Jossey-Bass, 1999: 101.

[9] Durkheim, E. The Nature and Method of Pedagogy in Education and Sciology[M]. trans by Fox, S. D. New York : The Free Press, 1956: 103.

[10] Emerson. Historic Notes of Life and Letters in New England[M]// Miller, P. The Transcendentalists. Massachusetts: Harvard University Press, 1978: 494.

[11] Evers, C. W. , Lakomski, G. Science in Educational Administration: A Postpositivist Conception [J]. Educational Administration Quarterly, 1996, 32(3): 278 – 279.

[12] Fayol, H. General and Industrial Management [M]. London: Sir Isaac Pitman & Sons Ltd, 1949: 55.

[13] Foster, W. P. Paradigms and Promises: New Approaches to Educational Administration [M]. Prometheus Books, 1986: 35.

[14] Giroux, H. Theories of Reproduction and Resistance in the New Sociology of Education:

A Critical Analysis[J]. Harvard Educational Review, 1983, 53(3).

[15] Gorard, S. Current Contexts for Research in Educational Leadership and Management [J]. Educational Management Administration & Leadership, 2005, 33(2): 155 – 164.

[16] Government Printing Office. Historical Statistics of the United States[DB]. Washington D. C, 1975: 1168.

[17] Greenfield, T. & Ribbins, P. Greenfield on Educational Administration: Towards a Humane Science[M]. London: Routlege, 1993: 152.

[18] Griffiths, D. E. Theoretical Pluralism in Educational Administration[M]// Donmoyer, R., Imber, M. & Scheurich, J. J. The Knowledge Base in Educational Administration: Multiple Perpectives. NY: State University of New York Press, 1995: 300 – 309.

[19] Griffiths, D. E. Administrative Theory[M]// Boyan, N. J. Handbook of Research on Educational Administration. Longman Inc, 1988: 27.

[20] Halpin, A. W. Administrative Theory in Education[M]. London: Macmillan, 1969: 6.

[21] Hanus. School Efficiency[M]. New York: World Book, 1913: 6.

[22] Hill, C. The World Turned Upside Down[M]. New York: Penguin Group, 1972: 15.

[23] Hodgkinson, C. Educational Leadership: The Moral Arts [M]. Albany, NY: State University of New York Press, 1991.

[24] Hofstede, G. H. Motivation, Leadership, and Organization: Do Americans Theories Apply Abroad? [J]. Organizational Dynamics, 1980, 9(1): 42 – 63.

[25] Howard, H. & Sansted, R. Single-gender Piloting Study: Single-Gender 9 Grade American Government Class Report to the Edina Public Schools Board of Education [R]. August 2003.

[26] Hoy, W. K. & Miskel, C. C. Educational Administration : Theory, Research, and Practice [M]. New York: McGraw-Hill Companies, Inc, 1996: 12.

[27] King, Edmund J. Comparative Studies and Educational Decision [M]. the UK: Mehen, 1968.

[28] Leonard, P. Understanding the Dimensions of School Culture: Value Orientations and Value Conflicts[J]. Journal of Educational Administration and Foundations, 1999, 13 (2): 27 – 53.

[29] Lessinger, L. , Sabine, C. D. & Cunningham, E. . Accountability: Systems Planning in Education[M]. Homewood, Illinois: ETC Publications, 1973: 627.

[30] Lunberg, Craig C. On the Feasibility of Cultural Intervention in Organizations[M]// in Frost, P. J. , Moore, L. F. , Louis, M. R. , Lunberg, C. C. & Martin, J. Organizational Culture. Beverly Hills: SAGE Publications, Inc, 1985: 171 – 172.

[31] Mill, J. S. On Libertyand Other Writings [M]//Collini S. Cambridge: Cambridge University Press, 1989: 13.

[32] Nisbet, J. When the ' Rot' Set in: Education and Research, 1960 – 75[J]. British Educational Research Journal, 2000, 26(3): 409 – 421.

[33] Pettigrew, A. M. On Studying Organizational Cultures[J]. Administrative Science Quarterly, 1979, (24): 570 – 581.

[34] Riordan, C. Student Outcomes in Public Secondary Schools: Gender Gap Comparisons from 1972 to 1992[C]. Paper presented at the Annual Meeting of the American Sociological Association, San Francisco, 1998.

[35] Robbins, S. P. Organizational Behavior (9th ed.) [M]. Englewood Cliffs, NJ: Prentice-Hall, 2001.

[36] Rutter, M. , Maughan, B. , Mortimore, P. & Ouston, J. Fifteen Thousand Hours [M]. Cambridge, Massachusetts: Harvard University Press, 1992.

[37] Schein, E. H. Organizational Culture and Leadership (2nd edition) [M]. San Francisco: Jossey-Bass, 1992: 211.

[38] Schein, E. H. Defining Organizational Culture[M]//组织理论经典. 北京: 中国人民大学出版社, 2004: 373 – 374.

[39] Schein, E. H. Coming to a New Awareness of Organizational Culture[J]. Sloan Management Review, 1984, 25: 3 – 16.

[40] Shcein, E. H. How Culture Forms, Develops and Changes[M]// Kilman, R. , et al. Gaining Control of the Organizational Culture. Sanfrancisco: Jossey-Bass, 1985: 19 – 20.

[41] Snedden, Davids. & Allen, William H. School Reports and School Efficiency[M]. New York: MaCmillan Company, 1911: 1.

[42] Sorell, T. Scientism: Philosphy and the Infatudtion with Science[M]. London: Routledge,

1991: 1.

[43] Taylor, F. W. The Principles of Scientific Management [M]. New York and London: Harper & Brothers Publishers, 1915: 36 – 37.

[44] Whitehead, A. N. The Function of Reason[M]. Princeton : Princeton University Press, 1929: 47.

[45] Winthrop, R. H. Dictionary of Concepts in Cultural Anthropology[M]. Connecticut: Greenwood Press, 1991: 50.

后　记

本书是我近年来从文化哲学的角度对教育管理学的诸多问题进行反思的结晶。早在20世纪90年代初我在家乡的中学任教时，就开始参与学校的管理工作，经历了一幕幕令人难忘的事情。这些事情时常萦绕在我的脑海中，其中有一件事令我记忆犹新：

> 我于1993年在洪湖某中学当老师兼出纳时，就碰到过这样的事情。我们有一位同事S，他有偷窃的习惯。第一次，他偷了同室A老师近1000元。不过，事后他不肯承认，但从事发后的现场来看，肯定是他干的。第二次，他利用和我套近乎，跑到我的宿舍里，和我睡在一起，趁我熟睡期间用我的钥匙打开钱柜，偷走了学校的公款1300元。事后，我向B校长报告，B觉得他出面查处此事，会打草惊蛇，万一S碍于面子不承认，事情就糟了。他要我和S私下谈谈，也许会有转机。于是，我找到S，问他是不是缺钱用，拿了我的钱；如果拿了，暂时不用还，以后从工资里扣，结果S承认了。第三次，他偷了初三班主任C老师2000元。C老师怀疑此事系S所为，要B校长出面查处，但B觉得无凭无据，要先密切关注S的行踪。此事惊动了教委，镇教委D主任亲自破案，S偷钱后露出了蛛丝马迹。在多人提供的证据面前，S不得不承认偷窃系他所为。后来，有人向当时的D主任反映S曾经两次行窃的事情，但镇教委D主任碍于人情，没有对S做出任何处理。只是由于他教学质量不好，新学期开学后，将他调到一所小学任教。

此事给我的感受并不是教委的领导和B校长对S的姑息与纵容，而是我对教育实践管理问题处理方式的认识。对S的处理，我觉得D主任和B校长的做法也是可以理解的，他们这样做既是给S改过自新的机会，也是符合当地的管理习俗和风土人情的，这是他们管理智慧的体现。

1998年研究生毕业后，我在广州电大教务处专门从事管理工作，接触了一批优秀的领导和管理人员，如许慈如、李文斐、刘兆诚、翁绍桦、孙云、刘国生、吕泉荣、黄安心等人（而今他们有的更换了工作岗位，有的已退休），他们给了我人生丰富的经历，启发了我的思维。与他们的朝夕相处中，我自己也成熟了起来，同时我也在不断思考教育管理中诸多现象与问题，如中国城乡的教育管理实践有什么不同？为什么我国的中小学和高校教育管理与英美等国不同？为什么我国的高校实行党委领导下的校长负责制，而美国实行的董事会领导下的校长负责制？管理艺术如何个性化……这些问题萦绕着我，令我夜不能眠。

2000年，我阅读了顾明远教授主编的《民族文化传统与教育现代化》，此书对我后来的研究起了导向作用。此后我系统地阅读了泰勒的《原始文化》、J. G. 弗雷泽的《金枝》、奥斯瓦尔德·斯宾格勒的《西方的没落》、克洛德·列维-斯特劳斯的《结构人类学》、恩斯特·卡西尔的《人论》、本尼迪克特的《菊与刀》和《文化模式》。我开始用文化学的方法研究教育基本理论和教育管理中的问题，同时也密切关注国外教育管理学的研究动向，发表了一系列论文，如《文化哲学视野下的教育交往》、《文化传统对教育信息化的影响》、《文化传统与职业教育》、《论课程与文化之间的关系》等。随着我对教育管理文化问题研究的深入，我迫切感觉到需要从文化哲学的角度对教育管理问题作一系统的反思与清理，并在理论上进行构建。在这方面孙绵涛教授给予我很多鼓励与帮助，他亲自邮寄给我近些年来的著作，并密切关注我的研究动向，以他多年来用马克思主义哲学的思维方式研究教育管理基本理论为例，启迪我对教育管理基本理论问题进行哲学反思。这是教育管理研究长者对晚辈的莫大鼓励和鞭策。

本书的修订与出版得到许多教育管理前辈、同行和朋友的鼓励、帮助与支持。中央教育科学研究所科研管理处的陈如平研究员力荐此书，并在出版方面给予了很多关照，在此向他表示衷心的感谢！教育科学出版社的郑庆贤老师和编校人员加班加点认真审校此书，到了无微不至的程度，旨在不断提高此书的质量，也向他们表示最诚挚的谢意！湛江师范学院教育学院的李方院长多年对我的成长倾注了很多心血，要我持之以恒的从事教育研究；华南师范大学公共管理学院的胡中锋副院长和于奇志副院长对我们个性化的研究持宽容的态度，这使我摆脱世事的纷扰，保持一份宁静从事自己感兴趣的研究，而不是随风飘逐；岳母王兆华自我儿子出生至4岁半，寸步不离，含辛茹苦的将他带大；爱人袁慧芳也大力支持我的研究。我指导的研究生唐淋源帮我查找日文资料，撰写了日本的“研究主题与研究风格”部分；在此一并向他们表示感谢！

彭虹斌

2008年9月于广州

责任编辑　郑庆贤
版式设计　杨玲玲
责任校对　贾静芳
责任印制　叶小峰

图书在版编目（CIP）数据

教育管理学的文化路向/彭虹斌著．—北京：教育科学出版社，2009.1（2016.11重印）
（教育管理新概念丛书/陈如平主编）
ISBN 978-7-5041-4640-3

Ⅰ．教…　Ⅱ．彭…　Ⅲ．教育管理学—研究　Ⅳ．G46

中国版本图书馆CIP数据核字（2008）第176469号

出版发行　教育科学出版社
社　　址　北京·朝阳区安慧北里安园甲9号　　市场部电话　010-64989009
邮　　编　100101　　编辑部电话　010-64989559
传　　真　010-64891796　　网　　址　http://www.esph.com.cn

经　　销　各地新华书店
制　　作　北京金奥都图文制作中心
印　　刷　北京玺诚印务有限公司
开　　本　169毫米×239毫米　16开　　版　　次　2009年1月第1版
印　　张　15.75　　印　　次　2016年11月第2次印刷
字　　数　220千　　定　　价　28.00元